WHY SOME THINGS SHOULD NOT BE FOR SALE

Debra Satz

有毒市场

[美]黛布拉·萨茨——著
尚义晗——译

浙江人民出版社

WHY SOME THINGS SHOULD NOT BE FOR SALE: THE MORAL LIMITS OF MARKETS
by Debra Satz
Copyright © 2010 by Oxford University Press, Inc.
WHY SOME THINGS SHOULD NOT BE FOR SALE: THE MORAL LIMITS OF MARKETS was originally published in English in 2010. This translation is Published by arrangement with Oxford University Press. Zhejiang People's Publishing House is solely responsible for this translation from the original work and Oxford University Press shall have no liability for any errors, omissions or inaccuracies or ambiguities in such translation or for any losses caused by reliance thereon.
WHY SOME THINGS SHOULD NOT BE FOR SALE: THE MORAL LIMITS OF MARKETS 最初以英文于2010年出版。本简体中文翻译版经与牛津大学出版社商定出版。浙江人民出版社是本简体中文翻译版的唯一负责方，牛津大学出版社不对本版本中存在的任何错误、遗漏、不准确或歧义负责，也不对由本版本而造成的任何损失负责。

浙江省版权局
著作权合同登记章
图字：11-2022-090号

图书在版编目（CIP）数据

有毒市场 /（美）黛布拉·萨茨（Debra Satz）著；尚义晗译. — 杭州：浙江人民出版社，2023.8
ISBN 978-7-213-11055-9

Ⅰ.①有… Ⅱ.①黛… ②尚… Ⅲ.①市场经济-研究-美国 Ⅳ.①F737.12

中国国家版本馆CIP数据核字（2023）第082991号

有毒市场
YOUDU SHICHANG
［美］黛布拉·萨茨 著 尚义晗 译

出版发行：浙江人民出版社（杭州市体育场路347号 邮编 310006）
市场部电话：（0571）85061682 85176516
责任编辑：鲍夏挺
责任校对：姚建国
责任印务：刘彭年
封面设计：甘信宇
美术编辑：厉 琳
电脑制版：杭州兴邦电子印务有限公司
印　　刷：浙江海虹彩色印务有限公司
开　本：880毫米×1230毫米 1/32　印　张：10.875
字　数：224千字
版　次：2023年8月第1版　印　次：2023年8月第1次印刷
书　号：ISBN 978-7-213-11055-9
定　价：78.00元

如发现印装质量问题，影响阅读，请与市场部联系调换。

献给理查德·C.弗里德曼

目录

致　谢 　i
导　论 　v

第一部分 　1
 第一章　市场何为？ 　3

第二部分 　31
 第二章　变换中的经济学视野 　33
 第三章　市场在当代平等主义政治理论中的
    地位与范围 　64
 第四章　有毒市场 　100

第三部分 　129
 第五章　女性生殖劳动的市场 　131
 第六章　女性性劳动的市场 　157

第七章　童工：一个规范性视角　　　　　183

第八章　自愿奴役与市场的限度　　　　　203

第九章　人类肾脏供给中的伦理问题　　　228

结　论　　　　　　　　　　　　　　　　250

注　释　　　　　　　　　　　　　　　　256

参考文献　　　　　　　　　　　　　　　298

索　引　　　　　　　　　　　　　　　　310

致　谢

关于这个话题，我的思考与写作已经持续了很久。一路走来，我欠下了许多人情债。如果有人要我以金钱的形式把这些人情债通通兑现，那我就要破产了。幸运的是，我受益于这些关于互惠互助、与人为善的社会规范，希望能够用这种"货币"来偿还这些债务。

我希望我们的世界并非是一个只能接受或容忍的、一成不变的所在。许多人的帮助使我感受到，这种希望是可能的。这些人不仅使我摆脱了成长过程中的外在贫困，他们也帮我摆脱了志气的不足。在此，我必须感谢我的父亲，是他用书籍填满了我们整个家。我还必须感谢Richard Friedman，是他让我走上了这条道路，并在背后激励我前行。

许多人非常慷慨地给我提供了建议与信息，阅读了本书的部分内容，有些人还通读了全书手稿。我想感谢以下这些人，还请原谅我无意间遗漏的其他人的名字：Rob Reich、Josh Cohen、John Ferejohn、Elizabeth Hansot、Andrew Levine、Elizabeth Anderson、Susan Okin、Barbara Fried、Zosia Stemploskawa、Adam Rosenblatt、Allen Wood、Tom Nagel、

Lewis Kornhauser、Seana Shiffrin、Jonathan Wolff、Yossi Dahan、Ben Hippen、Anabelle Lever、Liam Murphy，以及 Paul Gowder 都向我提出了有益的意见。因为他们的努力，本书的一切增色不少。

我曾在不同场合介绍过这项工作的部分内容，并且收到了极佳的建议。我感谢下列机构与听众：密歇根大学哲学系与 Marshall Weinberg，他们资助了我的讲席职位，让我在安娜堡度过了三个月的时光；纽约大学法学院的法律、政治与社会哲学研讨会，纽约大学法学院的法律、经济与政治研讨会，亚里士多德学会，麻省理工学院哲学系，拉马特甘法学院，维多利亚大学，普林斯顿大学人类价值中心，多伦多大学法学院，得克萨斯大学奥斯汀分校法学院，斯坦福大学全球正义工作坊，以及墨尔本大学。

我还受益于许多极具天赋的斯坦福本科生研究助理的工作，他们包括 Eric Pai、Joseph Shapiro、Jose Campos、Caleb Perl，以及 Alexander Berger。在斯坦福大学任教，最大的好处之一就是有机会和这么多才华横溢又充满激情的学生进行互动。我还得到了哲学系与鲍恩·H. 麦科伊社会伦理家庭中心工作人员无与伦比的支持。如果没有 Joan Berry 的帮助，我不可能完成这些工作。感谢你们所有人。

在本书写作期间，我得到了许多经济资助。包括斯坦福大学人文中心和普林斯顿人类价值中心提供的研究基金，斯坦福大学负责本科生培养的副教务长提供的研究资助，以及作为 Marta Sutton Weeks Faculty Scholar 的资助，这一份也是在斯坦福。我很感谢这一切的支持,它们为我的研究换来了难以估价的时间。我还应该提到雷耶斯角站的霓虹玫瑰客房(Neon Rose Guest Cabin),我在那儿拥有一个自己的房间(可以看到旧金山湾!),这才得以完成本书。

本书的部分章节曾以各种形式发表过。我感谢以下期刊的编辑,他们允许我重印这些早期论文的更新版本:*Philosophy and Public Affairs*(第五章)、*Ethics*(第六章)、*The World Bank Economic Review*(第七章)、*Social Philosophy and Policy*(第八章)、以及 *Aristotelian Society*(第九章)。本书第四章的一个"远亲版"曾出现在《全球化、文化与市场的限度》(*Globalization, Culture and the Limits of the Market*),该书由 Stephen Cullenberg 和 Prasanta Pattanaik 编辑(New Delhi: Oxford University Press, 2004)。第二章有一个相对晚近些的"近亲版",它出现在《19世纪哲学》(*Nineteenth Century Philosophy*)之中,该书由 Allen Wood 编辑(Cambridge: Cambridge University Press, 2010)。

毫无疑问,我的朋友们听我讲了太多关于这本书的内容,以及我写作它的种种尝试,这远远超出了他们所能容忍的限度。我很庆幸自己拥有一个横跨帕洛阿尔托(Palo Alto)到布朗克斯(Bronx)的朋友圈。有他们的友谊与陪伴,我度过了许多起起伏伏。我特别感谢 Kathryn Pryor,是她使我保持专注。

我还要感谢我在牛津大学出版社的编辑 Peter Ohlin,以及本书所在的丛书系列的编辑 Samuel Freeman 的慷慨评论。Judith Hoover 的审稿工作使本书手稿能够最终定型。

我还拥有一个无论多少金钱都买不来的福气：一个幸福的家庭。我很感谢我的丈夫唐·巴尔（Don Barr），以及我们的儿子艾萨克·巴尔·萨茨（Isaac Barr Satz）的爱与支持。唐阅读了本书的大部分内容，和我一起讨论，提供了许多编辑上的建议，并支持我的一切努力。艾萨克将他那些关于分配正义的诸理论的知识用在了他的少年棒球联盟比赛上，这给他母亲带来了无穷的快乐。

导　论

　　市场是社会与经济组织的重要形式。有了市场，许多本来未曾相识的人得以在一个自愿交换的体系中进行合作。通过市场，人们向对方发出关于他们想要什么的信号，他们传播资讯、奖励创新。市场让人们能够以互动的形式调整彼此的活动，而不需要一个居于中央、负责规划的权威。此外，市场还被认为是我们在复杂的经济体中，组织生产、进行分配的最有效率的方式。

　　因此，随着苏联共产主义的垮台，市场本身以及那些主张扩大市场的政治理论显著复苏。这一点并不令人感到惊讶。市场不仅仅在全球散播，它还拓展到了诸如环境污染等全新的领域之中。[1]对于很多人来说，市场制度扮演了一个全能角色，它可以弥补许多缺陷，比如西方世界中臃肿的政府官僚机构、南方世界的贫困，以及计划经济下强制性的国家管控。尽管最近①市场有所衰退，上述事实依然成立。

　　在市场不断扩张的同时，关于某些市场的许多道德争议也

---

① 本书最初出版于2010年。——编注

应运而生，此类市场涉及人类器官、生殖服务、助长了血腥内战的钻石、性、武器、拯救生命的药品、成瘾性药物，以及现在的那些信用衍生工具。人们一般认为，这些商品的市场与汽车、大豆市场有本质的区别，并且它们也引起了人们不同的反应。我们可以说，这样的市场在许多人看来是有毒的（noxious），它们对许多重要的人类价值有害。这些市场引发了人们广泛的不适，在极端情况下则令人憎恶。

考虑一下我将在第七章中讨论的童工案例。童工在许多发展中的社会里很常见。事实上，童工在如今这些发达国家中也一度盛行。一些经济学家和政策顾问曾经论证，禁止童工是错误的，因为某些家庭的生存就依赖于他们孩子的劳动。与此同时，许多人相信，保护幼儿免于工作是任何正派社会的道德要求。

考虑第二个例子：人类肾脏。截至目前，出售肾脏在任何一个发达社会都是非法的，尽管这些社会长期缺乏可用的捐献器官。从经济学家的视角来看，禁止出售器官是低效的，因为金钱的激励很可能会增加供给，从而拯救更多的生命。但是，也有些人在任何情况下都无法接受器官买卖。我将在第九章中讨论这个案例。

在关于此类市场的讨论中，我们应该考虑哪些因素呢？是否确有不应该被买卖的东西？更广泛地说，某些交换行为性质的什么部分让我们觉得它们就是有毒的？我们的社会政策应该如何应对这些有毒市场？十多年来，我一直在就这些问题进行思考和写作。这本书提出了一些答案，并为这些答案辩护。

在很大程度上，我的答案是在回应当代主流的经济学、政治哲学关于市场及其限度的观点中形成的。尽管这些观点中有重要洞见，但我发现，它们所采用的理论的类型并不能很好地回答这些问题。这是因为，这两类学者一般都假设市场是一个同质的制度（homogeneous institution），它在不同的领域中产生的问题是类似的。但这种假设是错误的。市场不仅根据不同的用途分配资源、根据不同的人分配收入，特定的市场还塑造了我们的政治、文化，甚至我们的身份认同。有些市场阻碍了可欲的人类能力；有些市场以成问题的方式形塑了我们的偏好；有些市场支持人与人之间应被反对的（objectionable）等级关系。效率显然并非评估市场的唯一价值：我们必须考虑市场的诸多影响，比如关于社会正义，以及关于我们是谁、我们对彼此负有什么义务，以及我们能够拥有什么样的社会。比如说，即使像把童工作为商品的市场是高效的，我们依然有理由反对它们——如果它们给幼童带来了有害的结果，或者它们威胁民主治理。[2]在本书中，我挑战许多经济学教材中常见的、对市场的单维的观点，并且试图把市场作为这样一类对象来处理：它们引发的不仅有经济问题，更有政治与道德问题。

我还拒斥了当代自由主义哲学中依然可见的那种扁平的市场观。大多数自由平等主义的理论家以分配为切入点，对那些成问题的市场加以分析，而不是（或不仅仅是）像经济学家那样以效率为切入点。在平等主义者看来，有毒市场——关于性、器官、童工、肾脏或奴役的市场——的基础是一个先行的、不正义的资源分配，尤其是关于收入与财富。根据这种观点，童工的问题所在是驱使家长们勒令其子女工作的贫穷与饥饿，而不是童工市场本身。

这是一个强有力的观点。和这些平等主义者一样，我也认为，财富和收入的基本分配的公平性与我们对市场的评价紧密相关，这包括那些童工市场。当然，某些令我们感到有毒的市场的确如此，它们起源于赤贫（destitution）与绝境（desperation）。但在本书中我将论证，我们有理由取缔某些市场，对金钱能够购买的领域施加限制，即便这些限制无法被经济上的绝境，或者在先的不正义的收入与财富分配等考量所证成。我所倡导的那种平等具有非经济的维度，它取决于人们获得特定益品（specific goods）的权利，比如教育、医疗保健与就业。

除了批评当代处理市场限度的主流进路，我还试图恢复政治经济学和平等主义政治哲学的更早传统。这些早期传统承认，不同的市场具有不同的性质。早期的市场理论家们，比如亚当·斯密和大卫·李嘉图，尤其注意到了这样一点：以不同方式，特定的市场既能够促进，也能够损害社会成员之间的自由和平等关系。比如，古典政治经济学家就指出，劳动力市场就可以在其运作中，以种种方式将其参与者塑造为服从性下级，与执着于行使其武断权力的支配性上级。这些思想家还注意到，某些市场的内在特点是信息不对称与执行问题（enforcement problems），这让某些市场中的参与交换者能够剥削他人。同时，他们认为，如果市场的结构是合理且限制得当的，市场在破坏封建社会等级组织（hierarchical organization）、促进平等主义的社会关系方面，就能够发挥其非常积极的作用。

19世纪的自由主义者如T. H. 马歇尔（T. H. Marshall）曾论证，如果公民要成为平等者，一些特定益品比如教育、就业机会、医疗保健与投票就是必要的，这些益品也因而应当被作为人们的权利而得到保障。至少在一定程度上，权利是居于市场的领域之外的东西。比如说，如果我们把医疗保健看作一种权利（right），那么我们实际上是认为，人们拥有享有医疗保健的资格（entitlement），这种资格与金钱关系无涉。言论自由权其实也是如此：尽管获得大规模听众的权利可能会非常昂贵，但既然言论自由是一项权利，这就意味着，没有人应该付出金钱来购买说话的自由本身。正如马歇尔所写："现代形式的社会权利意味着地位对契约的侵犯，市场价格对社会正义的服从，也意味着自由的谈判被权利的宣言取代。"[3]

虽然我在许多细节上不认同斯密和马歇尔这样的思想家，但概而言之，我的书恢复了这些早期的论证——有些市场以成问题的方式形塑个体与社会，以及有些特定益品需要被排除在市场的运作之外。本书及其核心论证有这样一个富有活力的愿景，它关乎一个平等社会，即一个由平等者组成的社会，其中"再没有卑躬屈膝、勉强度日，也没有拍马屁的谄媚讨好；再没有战战兢兢；再没有高高在上；既没有主人，也没有奴隶"。[4]正如我们将看到的，市场能够为实现这样的社会做出重要贡献。但要做到这一点，它需要受到限制，并且需要确保某些益品人人皆能享有。

本书的规划

本书源自我早期的一些文章，在这些文章的基础上，我将本书整合成了一个更加普遍的评价市场的理论。这一理论的发展分三部分进行。本书的第一部分介绍了市场作为一种经济与社会机制的理念，它能够设定价格、协调行为，并且能够丰富选择。福利经济学（welfare economics）与新古典经济学（neoclassical economics）为支持这样的市场机制提供了强有力的论证。特别地，市场往往（但并不总是）在技术性的意义上优于其他替代机制：对其中涉及的每个人而言，市场都能产生更加高效的结果。我解释并辩护了（部分）来自这两种经济学进路的对市场的理解。尽管如此，有几个例子可以用来表明这些经济学推理模式存在的局限性。我认为，这两类进路都不能充分解释我们对于某些种类的市场（性、武器、污染）的负面反应，也不能解释为什么对某些市场（投票、雇佣兵或救赎）的禁令可能依然是可以被证成的，哪怕这些禁令可能带来低效。

本书的第二部分则建立起我自己的理论。在第二章中，我首先阐述了古典政治经济学中关于市场的观点。对古典经济学家而言，市场这一术语实际上指的是种种经济关系的一个异质性集合。亚当·斯密和他的追随者们提出的独特理论，不仅能够解释消费品市场的运作，而且能够解释土地、劳动力和信贷市场的运作。他们的理论关注那些在不同的市场里被交换的特定对象：斯密指出了借款人带有风险的动机；李嘉图和马尔萨斯则关注土地供给的自然限制；马克思则指出了人类劳动力作为商品的独特性质。通过对这种商品的购买，一些人获得了控制他人的权力与权威。[5]

古典理论中对市场的处理方法有两个特点，这两个特点对于我所要发展的观点非常重要。首先，古典政治经济学家关心，特定的交换如何能够影响我们成为哪一种人。特别是他们看到劳动力市场能以商品市场（比如汽车市场）所办不到的方式，形塑交换中的各方。这些理论家指出，一个人能够做什么、成为什么样的人，他想要什么、能够希望什么，都受到劳动力市场的结构与特点的强烈影响。

其次，这些理论家还指出，某些市场的结构——即不同市场参与方退出市场、寻找替代品的不同能力——带来了这些参与方之间的支配和从属关系。例如，他们认识到在某些情况下，一些人急需被其他人控制的益品。在这种情况下，弱势的一方不仅容易被虐待和剥削，而且完全依赖于另一方的意愿。[6]

在第三章中，我探讨了市场在当代平等主义政治哲学中的地位。这是最小圈子化的一章，其中包含了许多哲学上的细节论证，它们关心的是最近有关市场在正义社会中的作用。从历史上看，平等主义者关于市场的观点充满纷争，但如今大多数平等主义者都承认，市场具有实质性作用。同时，一些当代的平等主义者走得更远；比如，哲学家和法理学家罗纳德·德沃金（Ronald Dworkin）就曾论证，市场对于我们理解究竟何为平等至关重要。他之所以得出这样的结论，是因为他认为平等要求人们拥有平等的资源，而市场则让拥有不同偏好的人群，在不违反资源平等的要求的情况下，获得对他们有意义的益品。我们需要市场来表明，平等主义理论所说的那些我们人人都具有原始所有权的不同益品，实际上具有平等的价值。第三章的目标之一是论证，认为市场可以在决定何为分配平等上发挥这种先验的作用，是错误的。市场是非常重要的制度，它也的确在促进社会平等上发挥作用，但平等主义者有充分的理由拒斥市场带来的一些结果，哪怕它们是完美无缺的市场带给我们的。

即便是那些把市场当作生产财富的工具性机制的平等主义者，他们也倾向于认为关注特定市场（specific market，即特定益品的市场，比如劳动力市场或者肾脏市场）是错误的。大多数当代的平等主义者是经济学家詹姆斯·托宾（James Tobin）所称的"一般平等主义者"（general egalitarians）。[7]一般平等主义者们关注到，对具体市场的针对性干预——比如对汽油供给量进行配给——往往比一般性的收入再分配要更加低效。一些政治哲学家也拥护一般平等主义，因为他们反对针对具体市场的封锁，因为这是对个体自由的父爱主义式的（paternalistic）侵犯。他们认为，除非有其他人受到了伤害，否则我们就不能限制人们如何使用自己的收入，这才是尊重他们。在一般平等主义看来，我们应该关注基本的资源分配，而不是任何特定市场的运作。一旦基本的资源分配是公平的，我们就应该让市场发挥其作用。如果市场是不完善的，或者我们就是认为市场带来了太多不平等，那我们也可以通过一个税收和转移支付系统来修正这些问题。

我将论证,对于主张税收和转移支付的平等主义来说,它们过于忽视特定市场带来的政治性的和关系性后果,也忽视了特定市场形塑我们、我们与他人之间的关系,以及我们的社会的方式。一个正义的社会需要对其公民可能作出的某些市场选择加以限制;一个显而易见的例子就是关于投票的市场。但我希望表明的是,还有很多并不那么显然的例子。

第四章是本书的核心,阐发了是何种特质使特定市场变得有毒的理论。这是一个复杂的理论。我确定了与评价单一市场相关的四个参数,它们是脆弱性、弱能动性、对个体而言伤害极大的结果,以及对社会而言伤害极大的结果(vulnerability, weak agency, extremely harmful outcomes for individuals, and extremely harmful outcomes for society)。[8]

前两个参数,即脆弱性和弱能动性,刻画的是市场中的资源:即人们将何种物品带到市场交易之中。[9]市场有可能会在这样的情况下出现:有一些人极度贫困而绝望,他们乐意接受任何提供给他们的交换条件。让我们说,在这样的市场之中,这些人受困于脆弱性。另一些情况下,市场还有可能这样出现:一些交易方对他们所交换的商品信息并不了解,或者有些交易方并非直接参与交换,而是依赖于其他人的决定。让我们说,在这样的市场中,这些人受困于弱能动性。[10]

后两个参数刻画的是市场带来的结果。有些市场的运作方式可能会使某些参与者处于极其糟糕的境地之中,比如使其一贫如洗,或使其最基本的利益遭到剥夺。我们可以说,这样的市场给个体带来了极大的伤害。另一些市场则不仅仅是对个体，而且是给社会带来了极大的伤害：它们破坏了一个由平等者组成的社会所必需的框架，支持了羞辱性的主从关系或者无须负责的权力。

在第四章中，我将详细解释这四个参数的含义。我还将论证，哪怕仅仅在某一参数上分数过高（比如说，童工市场就给孩童带来了极大的伤害），都足以将一个市场划入"有毒"的范畴。尽管原则上讲任何市场都有可能是有毒的，我也论证，特定的市场可能远比其他市场更容易产生伤害极大的结果、彰显弱能动性、利用潜在的脆弱性，也更容易维系伤害极大的、不平等的社会关系。比如说，与苹果的市场不同，医疗保健、教育、劳工与政治影响力市场等等，都对当代美国社会中的人际关系结构产生了重大影响。这些市场对我们是谁、我们关心何物、我们能做何事，以及我们能够实现何种社会，都有重大的影响。最后，我试图说明许多——如果不是全部——有毒市场是如何对民主制产生威胁。

第四章的论证提供了一个思考市场的框架。它也可以作为一个标准，用以判别何种潜在的市场介入需要加以限制。对于一个有毒市场来说，取缔它是不是最佳做法，这并非是一个显而易见的结论。在某些情况下，取缔某个特定的市场，很可能会使其存在的问题进一步恶化，而这些问题恰恰就是我们最初谴责它的原因。[11]例如，相比让儿童卖淫在黑市中泛滥，将童工合法化或容忍童工的存在，就可能要更加可取。如果我们有充分的理由不去禁止一个特定的市场，我们可能希望采取一些直接针对其具体问题的措施，也许是通过改变背景财产权，也许是通过收入再分配。不过，我还是想要表明：一些特定的市场需要被彻底取缔，我们有充分的理由为此划定一些底线。

在本书的第三部分将运用我所发展的理论，分析当下有关市场之限度的争议。第五章到第九章讨论了女性的生殖、卖淫、童工、债役（bonded labor），以及人体器官买卖的市场。在每一个案例中，我都呼吁大家关注因这些市场而引发的道德关切。这些道德关切很难从经济学，或者从税收和转移支付（tax-and-transfer）的平等主义那里得到彻底的解释。在每一个案例中，我的考量都超越了效率与分配平等，而关注这些市场在广泛意义上的文化与政治影响。

我应当强调，本书是一部政治哲学作品，而非经济学作品。它所挑战的是新古典主义与福利经济学家的市场进路中规范性的一面，并非是它们的解释力。借助这些进路的主要范畴，我们无法提出我认为与评价市场相关的全部问题。诚然，这些进路并非是为了提出此类问题而设计的。本书还对当代平等主义理论所赋予市场的角色进行了批评。当我们只从商品分配的角度，而非从生产、交换这些商品的人的关系的角度来思考市场时，许多关键的评价问题也被排除在我们的决策框架之外了。出于评估市场的目的，我们不仅需要考虑商品的生产与分配，还必须考虑，这些市场所维系与支持的那些社会与政治关系。这包括富人和穷人、女性与男性，以及权力较大的人和权力较小的人之间的关系。我们需要检验各种市场对于社会规范的影响，是这些社会规范支撑着我们彼此之间的关系。

本书有两个目的：第一个目的是理论性的，主要针对的是当代的政治哲学家，以及了解哲学思想的经济学家；第二个是实践性的，主要针对的是眼下的政策争议。首先，我希望能够对当前关于平等的讨论有所贡献。我所考虑的是以下几个问题：市场能以何种方式促进社会平等？对基于同意的成年人之间的市场交易施加限制，这是否一定是父爱主义的？在一个民主政体中，市场与平等的公民资格之间是怎样的关系？我的第二个更具有实践性的目的是，我希望勾勒出一种研究市场的进路，这种进路不仅可以用来启发本书所具体讨论的那些案例，还有助于启发更多充满争议的案例，比如说，在救命药的生产与分配、私人监狱、教育、次级抵押贷款、碳监管、政治影响力等案例中，市场应该扮演什么样的适当角色。当然，这每一个案例都带来了非常复杂的经验问题，这些经验问题直接影响了我们应该采取的措施。我在这里所发展的观点并非是要给出一个蓝图。

实际上，正如读者将会看到的，我的进路是非常开放性的：我不对评价市场的诸种参数进行排序，也没有提供数学上的精确定义；没有任何公式能够确定，某个参数的值必须达到多高，我们才能将一个市场视为有毒的。相反，如果我能够说服我的读者，我们需要对市场及其与社会平等之间的关系有一个更加精细化的看法，那我的论证就已经是成功的了。

第一部分

第一章 市场何为？

经济学家对于市场性质的论述少得惊人。他们也许认为，市场是一个简单的概念，其指称是清晰或明确的。比如，在最为通行的一些经济学教材中，许多并没有对市场的定义。[1]但在现实中，市场则是一种复杂的制度。正如我们将在接下来的几章中看到的，我对于市场的看法是，它们甚至比我在这里给出的基本描述要更为复杂。

首先，市场作为一种制度，各参与方自愿地在其中进行交换。[2]因为一切人类行为都是在一定的限制范围内进行的——我无法仅凭愿望就用手臂飞翔——所以"自愿"（voluntary）和"不受约束"（unconstrained）并不是同一个意思。一切人类行为都受到外部和内部因素的制约。关于自愿行为的性质，哲学上已经有了极其丰富而微妙的文献，这些文献尝试区分这些自愿行为和受到不正义的约束的行为。[3]出于当前目的，我将简单地假设，在市场交换中，买卖双方都有权拥有他们用来交易的资源，都有接受或拒绝交换提议的自由，都能尝试提出新的提议，或者与其他人达成更好的交易。[4]

此外，市场并不是两个个体之间的仅此一次的交换；哪怕不存在一个有毒的市场，一次交换确实也有可能是有毒的。[5]市场通过价格信号来协调行为，为了做到这一点，市场中就必须有足够的交换行为，以便人们能够根据他人的行动和预期行动，来调整自己的行为。如果世界上仅仅只有两种商品，那么你我之间虽然可能交换这些商品，但除非我们有可能就未来的交换行为进行协调，我们就还没有真正的市场，至少是在我这里使用这个词的意义上。

《新牛津英语词典简编版》(New Shorter Oxford English Dictionary)将市场定义为"人们为购买和出售食品或牲口而见面、聚集之地"，以及"买卖的商业活动或者行为"。[6]但市场不仅仅是见面之地或一系列单独的交易：它们是需要人们建立和维系的社会制度。[7]市场最初可能是自发草就的，但最终它们需要社会的维系；所有市场的运转都依赖于背景财产规则，以及一系列复杂的社会、文化和法律制度。如果交换行为要想构成市场结构，我们还有许多元素必须到位：需要定义、保护财产权，需要明确、执行订立契约与协议的规则，信息需要顺畅地流动，还需要以内部和外部的机制，让人们以可信赖的方式行事，以及需要限制垄断。在所有发达的市场经济体中，政府都在确保这些元素上发挥着巨大的作用。

出于这个原因，把国家与市场当作反义词就是错误的做法；国家必然地塑造并支持着市场交易的过程。刘易斯·科恩豪泽(Lewis Kornhauser)和罗伯特·姆努金(Robert Mnookin)有一句令人印象深刻的话：所有（市场）的讨价还价都发生在法律的影子下。[8]当交易个体走到街角店铺买饭吃时，他们依赖于国家提供的基本保障；他们期望国家能够执行有关食品生产、加工的健康和安全要求；他们还期望，如果店主不能履行他这次交易的承诺，他将会受到制裁。法律和制度支撑市场交易，这一事实意味着，这些交易行为至少在原则上不同于自由至上主义哲学家罗伯特·诺齐克（Robert Nozick）的有名论述，即相互同意的成年人之间的、私人的资本行为。相反，它们是所有公民的公共关切，无论他们是否直接参与其中。

除了具体市场，比如土地市场、劳动力市场或像游艇这样的奢侈品市场，有时候人们还说"市场体系"，或者市场经济。这是一个进一步的抽象，它通常指的是，通过相互交易得以实现的"社会范围内的人类活动协调"。[9]有些人也用这个词来指市场与"生产资料中的私有制"[10]的结合。但市场能够在非常不同的财产规则下协调各方的行为。我使用市场一词的语境是特定类型的交换和交易，我所说的市场体系则是连接所有此类市场的抽象概念。本书的一个重要论点是：为了理解和充分认识市场的种种道德维度，我们需要关注特定市场的具体性质，而不是市场体系。

市场德性

要理解市场体系或任何特定市场如何运作，都是件很困难的事。市场就像蚁群中的蚂蚁一样，其中合作的个体"没有独裁者，没有将军，也没有邪恶的主谋。事实上，根本就没有领导者"[11]。至于买什么、卖什么，市场中的参与者没有义务听从他人的命令。通过市场，个体之间相互协调并调整其行为，而且这种协调并不需要依靠一个有意识的组织者来实现。以某种方式，市场秩序从数百万个独立的个体决定中产生，尽管如我之前所强调，这些决定背后也有一系列政府和非政府机构的支持。协调很大程度上是通过许多个体的决定才发生的，而不是通过一个中央的指挥控制结构。这一事实解释并支持了与市场相关的两种特别的德性，至少在市场运转良好的时候：市场与效率的联系，以及市场与自由的联系。让我们依次考虑这两种德性。

效率

市场交易将多条贸易链联系在一起，并将横跨全球的合作行为囊括其中。举个例子，我永远都不会见到的印度工人使用从非洲进口的、通过互联网向供应商订购的材料，组装我的手机，然后一家跨国航运公司的员工将这部手机运送给了我。市场通过价格向卖家、买家以及中间人发送了数百万种商品的价值信号，这些人永远都不会见到彼此。在这个过程中，市场的功能是有效地分配资源，向卖家表明应生产什么、生产多少，向消费者表明应支付什么价格，向投资者表明应在何处投下他们的资本。由于理性的个体只有在有所得利时才会彼此交换，（在理想情况下）市场将会将经济体中并不那么可欲的商品清除掉；给定交易各方所拥有的资源，市场还会把他们挪到他们最喜欢的位置。供给和需求的不断调整彰显在不断变化的价格中，这使市场能够"清理"掉已生产出的东西。当库存全部被清理时，过剩的需求或过剩的供给都将不复存在：在某个价格上，供给与需求相等。

一组值得关注的定理将市场与效率之间的联系进行了形式化。第一个定理是所谓的福利经济学基本定理。根据这个定理，在完全竞争的情况下，任何市场均衡的结果都是帕累托最优的。[12]一个社会状态被描述为帕累托最优的，当且仅当没有人的境况（以他的偏好满足度来衡量）可以在不减损其他人的境况的情况下得到改善。这个定理背后的直观想法是，人们将参与到能够互利的交换当中，并继续这样交换下去，直到他们已无法通过进一步的交换来改善其境况。当一切交换停止时，最佳分配就已经达成。一旦达到这一点，任何偏离都会使至少一个人的境况变得更糟。

第二个形式化的结果证明了上述命题的逆命题，即每个帕累托最优的社会状态，都是某些初始资源分配的一个完全竞争均衡。值得注意的是，任何经济体通常都有一个以上的帕累托最优状态；此外，给定不同的初始分配，市场竞争将产生不同的结果。这个定理允许这样的情况：对现状的彻底改变仍然是高效的。它表明，我们总是可以发现一些资源的初始分配，搭配对市场的运用，会支持一个特定的帕累托最优的（高效的）社会状态。

这两个结果具有直观的、伦理上的吸引力。就第一个定理而言，让人们过得更好似乎是显而易见的。如果我们有两个前景,在其中一个前景中某些人比另一些人要过得更好,而且对其他人来说至少也是一样好,那么这就是一个更好的前景。[13] 然而,尽管在某些方面,这些关于效率的结果可能具有强大的吸引力,但从规范(伦理)的角度来看,它们的实际意义非常有限。帕累托效率并没有提供给我们凌驾一切(overriding)的运用市场的理由,也没有提供反对干预市场的此类理由。正如阿玛蒂亚·森(Amartya Sen)所指出的:"一些人处于极端痛苦之中,而另一些人则在奢靡中打滚,这样的国家也可以是帕累托最优的,只要其中穷困的人过得更好的唯一方式是削减富人的奢侈。"[14]

在评价市场时,我们有充分的理由不仅仅关心帕累托效率。例如,我们有理由关心社会中资源的初始分配是否公平。事实上,如果出于正义的考量你认为个体有资格享有某些财产权,那么哪怕有基于另一种财产权分配方式的某种社会状态更高效,对你而言,这一事实也没有任何规范性力量。这就是为何即便事实证明奴隶制是帕累托高效的(只要对分配方式进行改变,奴隶主的境况都会因此变得更糟),对奴隶制的反对也并不会因此受到动摇。

第二条定理在这里似乎有所帮助,因为有了它,我们可以把来自分配正义的反驳纳入其中。如果一位批评者不喜欢某个特定的帕累托均衡,她总是可以按照她想要的方式重新分配初始资源(比如废除奴隶所有制),然后让竞争性的市场来产生另一个帕累托最优结果。当然,对再分配的安排是另一个问题。

在实践中,我们很难找到不会使得至少一个人的情况变差的政策性干预。考虑一下那些促进修建道路、医院、桥梁或者学校的政策。几乎总有某些人希望这些任务不被执行；比如说，一条新的公路会使得一些企业受益，但却会给那些位于旧公路沿线的其他企业带来伤害。尽管如此，我们依然可能有很好的理由铺设这条公路。出于这个原因，许多经济学家偏好以这样的方式思考效率问题：我们可以让其他人多出来的获利，抵消某些人的损失。我们可以把社会状态R定义为对社会状态S的一个潜在的帕累托改进，当R中的赢家所得能够抵消R中的输家所失，同时赢家还依然保有比他们在S中所拥有的更多的东西。这种关于效率的理念有时被称为卡尔多-希克斯效率（Kaldor-Hicks efficiency），它实际上是成本-收益分析的一种形式。成本-收益分析告诉我们，在其他条件不变的情况下，应当采取具有最大净收益的政策（比如在是否修建新路的问题上）。然而我们应当记住，一个具有最大净收益的政策，在现实中可能不会将部分收益分配给输家。因此，追求这种形式的效率（与帕累托效率不同）最终可能会采取真的会让某些人处境更糟的政策！

就评估经济政策而言，卡尔多-希克斯效率是一个比帕累托效率更有用的概念。但是，因为太多交易都会产生赢家和输家，所以在规范性意义上，这两个概念仍然是评价经济成就的狭隘的方式。两者采用的标准都没有将何为公平的分配结果等问题纳入考量。事实上，当初发展这些效率概念，其部分动机就是希望把经济学家眼中无争议的研究和更有争议的问题区分开来，前者即关于经济进步的研究，后者是伦理和分配正义的问题。

我相信这样一种彻底的分离在实际上是不可能的。比如说，接受帕累托标准作为经济进步的衡量标准，取决于一个关键的规范性假设：进步要在个体偏好的空间中衡量。换言之，在这种关于效率的观点下，人们自己（前后一致的）偏好越得到满足，他们的生活就被认为越好。此外，制定这个标准是为了避开就不同个体的偏好满足度进行人际间比较，这种比较被认为毫无意义，因为"没有可以完成这种比较的手段"[15]。

但肯定不是所有的偏好都同样值得满足。首先，有些偏好是真正迫切的需要，而其他一些偏好则完全是草率的（frivolous）。在森的例子中，满足那些极端痛苦的人的需求，肯定比给那些已经在奢靡中打滚的人添置金库要更重要。仅仅说向穷人转移收入会使富人的处境变得更糟，这并不足以反对这样的转移。第二，从道德的观点看，某些偏好并不会被予以重视，比如对伤害他人的偏好。如果其他一切条件相同，而奴隶主想要更多奴隶的偏好得到了满足，或者虐待狂致人痛苦的偏好得到了满足，这真是一种进步吗？

出于这些原因，大多数政治哲学和道德哲学家（实际上是大多数人）所使用的评价社会政策的标准，超越了帕累托效率，甚至也超越了卡尔多－希克斯式效率。他们诉诸公平以及人类福祉的概念，使我们能够比较不同政策对不同个体带来的好处和损失。在比较人们的福祉时，我们可能会被带向这样的结论：要降低百万富翁的偏好满足度，以满足极度贫困者的迫切需求。事实上，我们还有可能会被带向这样的结论：应当拒绝将偏好满足度作为人际比较与评估比较结果的正确参数，也不应将其作为评估经济事态的正确参数。（在本书的后面我将更详细地讨论，把偏好满足度作为评估市场的焦点标准，这样的做法局限何在。）

然而，关于贸易的互利性质背后的个体主义基础，那些关于效率的定理的确给了我们一些洞见。在市场与价格的背景下，个体决定即是协调行动的信号，这些行动是为了最大限度地满足给定的约束条件下行为主体的愿望。在市场的最佳情况下，信息能够自由流动，交换不存在第三方效应（third-party effect），没有垄断力量，且各方都完全值得信赖；个体贸易网络在此的作用是产生进步，使人们得到他们想要的东西。因此，它产生出相对于这些需求的效率；它限制了浪费，并高效地利用人类资源与非人类资源。然而，在现实世界的场景中，我们不能不假思索地得出结论：市场比其他方式更高效。在几乎所有的实际市场环境中，都存在着信息与执行方面的问题，这意味着干预可以改善效率，我很快会回到这一观点上。

自由

从规范的视角看，市场的主要吸引力之一是它与个体选择和决定的关系。市场：

- 为行为主体提供在一系列备选方案中进行选择的机会（部分是通过为个体提供创造物质财富的激励实现的，

这是拥有广泛选择的前提条件)。

- 为行为主体提供激励，使主体预测他们的选择带来的后果，从而强化一种工具（手段—目的）理性。
- 将决策去中心化，让行为主体单独地拥有买卖东西的权力，而不要求他或她征求其他人的同意，或考虑其他人的价值观。
- 通过提供（至少是形式上的）退出渠道，限制强制性社会关系的可行性。
- 将信息去中心化，从而使权威滥用权力的可能性降低。
- 允许人们进行试验，尝试新的商品，培养新的品味，并且能够选择放弃传统的生活方式。
- 通过诉诸个体在相互交换商品时的互惠自利（reciprocal self-interest），以及强化交换的匿名性，助力消除种族、民族与宗教歧视。

22　　因此，重视个体自由的自由主义理论倾向于为市场分配一个中心角色。这些理论指出，市场的领域是个体选择的能力得以发展之地，实际上也是自由主义的个体自身得以发展之地。市场唤起了我们作为个体决策者的权力，他们可以否决或签署交易，而且市场为这些权力的行使提供了空间。在这个意义上，市场可以成为促进自由的工具：它们发展我们进行选择的能力。此外，市场可以成为自由的组成部分。正如阿玛蒂亚·森所指出的，与他人进行交易的自由，决定在哪里工作，生产什么，消费什么，是一个人整体自由的重要组成部分。[16]很多时候，选择本身拥有内在的价值；对我们而言，我们采取的许多行动拥有特别的意义，恰恰就是因为是我们选择要这么做。想一想为一个忠实的朋友买生日礼物。即使我可以雇人替我做选择、替我下单，我也可能还是想自己动手，这是表达和交流我的感受的一种方式。即使有一个精心设计的计算机程序，它能够把人们分配到与他们的才能相匹配的职业，这也与允许人们选择（也许结果不那么令人满意）自己的职业有很大不同。我们中的许多人都希望，我们自己的价值观与判断能够反映在我们做的工作、我们消费的东西中，以及在我们在生活中侍奉的那个（马克斯·韦伯所称的）诸神之战中的神身上。

许多政治和社会理论家重视市场，恰恰是因为他们认为，市场有助于发展和行使我们作为个体决策者的能力。这是因为，即便如洛克和卢梭所认为，我们生来就拥有自由的状态，但人们还是普遍相信，要发展和实现各种自由，需要教育、规划、实践和与他人合作。自由个体的发展实际上是一个巨大的社会成就。市场在促进自由的实现方面发挥了重要的作用，它激发了我们在选择中所需的能力，并为这些能力的行使提供了一个广阔的舞台。

依靠市场来分配商品与服务，这也是尊重个体和不同价值的重要方式。要想两个人在市场上交换某种商品，他们并不一定非要就这种商品的重要性，或者就其在有价值的生活中的地位达成一致。想想像《圣经》这样宗教文本的买家与卖家。买家和卖家可能对《圣经》的重要性，以及一个人对《圣经》应该采取的适当态度有很大分歧，但他们仍然可能在价格上达成一致。在市场体系中，不存在个体必须遵守的、预定的价值模式；市场允许人们对他们想要购买或出售什么、他们想要多努力工作、他们想要储蓄多少钱、他们重视什么且如何重视它，以及他们想要消费什么，做出他们自己的判断。事实上，市场体系将这样的想法制度化：任何东西都潜在地可以被用来换取任何东西，而且任何人都潜在地可以进入这个巨大的交易游戏。

在《共产党宣言》中的一个著名段落中，卡尔·马克思赞美了市场体系的这种世界性与解放性特点：

> 一切固定的僵化的关系以及与之相适应的素被尊崇的成见和见解都被消除了，一切新形成的关系等不到固定下来就陈旧了。一切等级的和固定的东西都烟消云散了，一切神圣的东西都被亵渎了。人们终于不得不用冷静的眼光来看他们的生活地位、他们的相互关系……旧的、靠本国产品来满足的需要，被新的、要靠极其遥远的国家和地带的产品来满足的需要所代替了。过去那种地方的和民族的自给自足和闭关自守状态，被各民族的各方面的互相往来和各方面的互相依赖所代替了。[17]

诚然，马克思对市场体系的解放作用的看法是很矛盾的。他认为，资本主义下有太多的劳动者受制于他们的雇主，并受制于他们自己的贫穷；但正如这段话所表明的，他也看到了市场以一种从根本上全新的方式将人们联系在一起的潜力,这与从前将人们束缚在传统的、"固定的僵化的"角色中的那些"素被尊崇的成见和见解"截然不同。市场将人们置于新的社会关系中——这种关系是横向的、平等的和匿名的——这是市场最早的捍卫者以及诋毁者所提出的主题。

有时,人们认为市场支持的自由类型在本质上是消极自由,即不受他人干扰的自由。在市场中,消费者被认为是她自己的"主权者",她不受制于任何他人的权威。(正如我所指出的,这完全是错误的:市场总是依赖于财产规则,这些规则通过公共强制力来执行,它们干涉了部分个人自由。如果你拥有这辆车,那么我就不能自由地使用它。同样,房地产和土地的所有权也对人们的行动自由施加了巨大限制。)但市场也可以支持一种更积极的自由,即通过减少奴役性的依赖、破坏等级社会关系,从而掌控自己生活的自由。亚当·斯密将市场的这一特点与"好政府"一起作为市场"最重要"的影响:

> 商业和制造业逐渐引入了秩序和好政府,随之而来的则是这个国家之居民的个体自由与安全,他们以前几乎一直生活在与邻居的战争,以及对上级的奴役性依赖中。这一点虽然最少被人观察到,但却是其一切影响中最重要的。[18]

在封建制度下,富有的地主雇佣了数以百计的家丁、仆人和农民,这些人都依赖地主的生活和保护。[19]相比之下,斯密指出,商业和制造业将个体从这种有辱人格的奴役中解放出来，因为在一个运作良好的劳动力市场中，没有人依赖任何一个特定的主人。至少是在理论上，任何工人都可以在受到羞辱或任意对待的情况下，转投另外一个雇主。[20]并且在竞争性市场之中，没有任何个人拥有定价的权力：价格取决于所有人的决定。

当然，重要的是，我们不能过分夸大市场自由和封建依赖之间的对比；许多劳动者曾经且现在依然不得不服从工厂车间里的一个武断的主人。老板能对其雇员行使权力，但雇员并不能对雇主行使同样的权力。[21]但是，竞争性劳动力市场拥有两个特点，它们可以缓和工人在工作中所面临的羞辱性奴役的程度。

第一个缓和性特征是，市场关系是基于共同的自我利益的、非私人的（impersonal）关系。正如斯密所提醒我们的，"我们的晚餐并非来自屠夫、酿酒师或面包师的仁慈，而是来自他们对自己利益的考虑"[22]。人们追求自我利益的动机哺育了市场，这种动机不同于对傲慢的、私人的权力的行使。用阿尔伯特·赫希曼（Albert Hirschman）的话来说，在市场社会里，"利益"驯服了"激情"。[23]在竞争的压力下，虐待下级、强逞威风的动机，以及释放复仇、荣耀和嫉妒等不稳定情绪的诱惑，都必须受到对生产力效率之需求的约束。[24]此外，市场还将匿名的陌生人联系在了一起，这些人彼此之间并没有私人关系，因此也没有私人利益可图。

竞争性劳动力市场的第二个缓和性特征是，在不同程度上，它们允许退出的可能性存在。由于雇主需要争取到雇员的忠诚度、承诺和责任感，这些雇主就有理由缓和他们本可能行使的权力。退出是一种对人际关系及互动形式的强大影响。在许多情况下，一个人仅仅是威胁要退出某种关系，就可能使得其他人更谨慎地考虑她的利益，并更好地对待她。

在离开工作岗位时，雇员也会从他们的雇主那里退出。这与封建主义不同；他们回到了另一个领域之中，在这个领域里，他们的雇主并不被假定拥有权威。封建主义给予土地所有者（地主）的种种权利，使得领主可以对生活在他们土地上的人（农民）进行直接控制，包括惩罚他们、命令他们与邻近的地主开战。虽然资本主义也有"公司镇"（company towns），但资本主义管理者们通常不会在工作时间之外向他们的雇员下达命令，并且就雇员生活中与工作不相干的部分而言，他们几乎没有直接的控制力。在发达资本主义经济体中，居住与工作在很大程度上是分离的，尽管我们将在本书后面看到，在发展中国家的一些地方，这种退出可能被劳动力市场本身的形态所排除在外。[25]

当然，限制雇主武断地滥用权力，不仅靠的是雇主自己为了最大限度提高生产力作出的谨慎决定，而且（也许是尤其）靠工会的出现。工会在工厂车间的一个重要功能就是通过制衡雇主的权力，保护工人的自由和平等。

即便我们可以说，市场促进了独立性和个体自由，我们也不应该忽视这样一个事实：市场也可以与那些否认或限制基本政治自由的政治制度共存。最后，那些在市场体系中处境很差的人——他们保住的是一份没有成就的低薪工作，没有其他可行的办法来养活自己,缺乏信息等——可以合理地声称他们仅仅拥有最低程度的、退化了的自由形式。

市场也不是通往个体自由和独立性的唯一途径。在非市场背景下,个体同样可以体验到重要的自由,比如当她参与集体的政治努力时,或者在与朋友和家人分享一项事业的时候。我们许多重要的集体与个体自由并不直接或间接地依赖于市场。事实上,其中某一些自由,比如加入一个紧紧相连的、同质化的社群的自由,或者能够逃避与他人竞争性的互动的自由,都可能会因为市场的存在而遭到实际削弱。[26] 我们也不能保证,市场所促成的所有自由都是有意义的自由;免受奴役与虐待的自由至关重要,但能够在几十种牙膏品牌中进行选择,这并不能有意义地促进一个人的自由。

市场的效率和自由之背景性条件

市场并不会自动或自发地实现其效率或自由的德性。要使市场能够促进这些价值,我们必须有一个合适的平台。从亚当·斯密到大卫·休谟,理论家们都认识到,经济活动的前提是财产、交易规则,以及契约和执行。此外,就市场与自由和效率的价值之间的兼容性而言,不同的平台将产生极其不同的影响。换言之,特定市场与自由和效率的价值之间的积极关系是偶然的:至少在很大程度上,这种关系取决于市场所建基的平台。在下文中,我将使用通用术语来描述这个平台中的几个最重要的元素。[27]

财产权

只有在有既定的财产权且这种财产权受到保护的情况下，市场才能有效地运作。这就要求有法律和监管框架的存在，以确保契约得到执行，既定的财产权得到尊重。但市场的运作要求国家不仅仅是简单地干预，如防止盗窃与欺诈。我们还必须要有一个解决商业纠纷的机制；必须有一个健全的银行系统，以此为企业提供信贷服务；还需要有一套税收制度，以便实现必要的、集体性的目标，比如教育、建造并维护基础设施，以及执法。

财产权也与一个人所能实现的、真正的自由相关。比如，在一个某些人可能成为所有物的市场之中，那些可能变成他人财产的人，其自由就受到了限制。一个令人们几乎没有任何社会权益的市场，则可能会损害穷人实现重要的、实质性的自由的能力。套用阿纳托尔·法朗士（Anatole France）的话说，在一个市场体系中，即便穷人和富人都有在纽约市最昂贵的餐厅就餐的自由，但这种自由对穷人来说没什么价值。如果要说一个人拥有实际上的（effective）机会——即真正的自由——能够过许多种生活、做许多事情，她必须首先有机会获得一些市场可能提供也可能不提供的商品。如果一个人正在挨饿，或者是一个文盲，又或者无法摆脱过早患病，那么她很可能无法参与集体决策，也无法实现某种个体独立性，甚至无法作为一个市场行为主体发挥作用。

更一般地说，一切财产权都使某些自由成为可能，并对另一些自由施加限制。一些私有产权赋予了个体所有者对其财产的排他性权威（exclusive authority），从而同时将其他所有人排除在外。[28]除此之外，一切财产权都是法律与习俗的产物，它们支撑并执行这些权利。[29]如果我无力阻止他人夺取我的某种益品，那么我对这种益品的所有权就毫无意义。这种观点有一个重要的推论：自由市场必然建立在关于财产规则、政府法规以及社会习俗的强制力之上。真正的自由放任政策（laissez-faire）甚至在逻辑上都是不可能的。

信息自由

除非买家知道各个商品的售价，否则他们就有可能超额支付。如果卖家掌控了价格和产品信息，那么买家就可能会受到误导，购买到低劣的产品，而卖家也并没有动机去降价。那些看起来对买方有利的交易，在有可靠信息的情况下，完全有可能被证明是一个误判。效率要求人们在充分了解收益与成本的情况下做出决定。

在市场上，信息并不总是自由流通。获取信息的成本很高，需要人们花费时间与精力去了解有哪些商品，它们的价格各是多少。而要确定它们的质量如何，则需要付出更高的成本。买家和卖家都有动机对信息有所保留，这能够增加他们自己的市场权力（market power）。要想确保信息流通，需要许多制度、习俗、法规和规范。有了黄页、谷歌和公司商标等服务，消费者寻找信息的成本降低了。批发商和贸易公司降低了企业的信息成本。政府法规力图保证品控，以及产品的准确信息。[30] 但是在某些交易中，买家和卖家之间仍然可能存在巨大的信息不对称，比如医疗保健市场和二手车市场。[31] 在这些情况下，买家很难确定所售商品的质量。正如我们将看到的，童工市场也往往与信息不畅密切相关。

即使拥有关于产品的信息，人们也不善于对这些信息加以处理；他们经常错误估计与不同产品相关的风险概率，而且他们很容易信息过载。比如说，即使是一个对有关信息相当了解的人，也有可能选择淡化吸烟的致癌风险，因为尽管他们知道那些数据，他们并不把癌症当作是一种会发生在他们身上的东西。近期有关决策偏差的研究表明，人们经常高估名义损失的重要性，高估他们的成功率，并受"框架效应"（framing effects）影响，根据选项如何呈现做出不同反应。[32] 在这些情况下，偏差意味着，我们有可能通过某种干预行为（教育活动、改变默认的起点、营销）来改善市场结果。并没有看不见的市场之手，能够自动地产生高效的结果；正如约瑟夫·斯蒂格利茨（Joseph Stiglitz）所说，亚当·斯密的"看不见的手"是看不见的，因为它就不存在。

信任

只有在参与者值得信任的情况下，市场才能良好运作。因为在许多交易中，购买和销售之间有一个时间差，买家和卖家相互依赖于对方履行他们的协议。由于获取信息和监督的成本甚高，当各方都不意图相互欺骗时，市场才会更有效率。这意味着，尽管人们常说市场是由最大限度的自我利益推动的，但它们也必须由社会情感和规范来支撑。经济人可能只是为了自己而行动，但也并不能为了获得最大的收益而总是偷窃、撒谎、欺骗或谋杀，因为这样市场将无法运作。[33]盗窃也涉及商品的交换，但很显然不是市场交换。

有趣的是，对社会中信任与可信性（trust and trustworthiness）的可能性，市场有可能产生不同的、相反的影响。一方面，因为可信的声誉对市场成功至关重要，市场鼓励人们明智地追求利益，而不是鲁莽的激情。[34]当一方的行为不值得信任时，其他各方就可能拒绝在未来与他进行交易。一旦知道了这一点，他违背契约协议，也就违反了他的自我利益。这样一来，自我利益就可以作为互利行为的基础。另一方面，信任的可能性取决于若干因素，而这些因素本身又受到市场的影响。人们似乎更有可能信任那些与他们反复互动的人、那些与他们有共同信仰和价值观的人，以及与他们能够进行直接交流的人。市场通过增加贸易伙伴的数量，以及贸易伙伴之间的异质性，对上述一切因素都带来了负面影响。[35]市场交流的匿名性往往有利于更短暂的交流、更随机的个人配对，这种配对比全是朋友的小社群来得更加随机。随着交易伙伴的数量与异质性的递增，监督与执行成本也将递增。此时要产生良好的社会结果，自我利益就变成了一个不那么可靠的基础。尽管市场使其参与者能够不太在意德性，但那些交换也不能完全不考虑德性。

反垄断

一个高效的市场需要抑制垄断的倾向；特别地，要想福利经济学的两个定理能够成立，竞争是必要的。在完全竞争中，没有人对其他任何人拥有任何权力，我们认为，所有的人都是独立于他人而行动的，没有人可以决定价格。因此，竞争约束着公司；他们必须以足够低的价格，生产足够高质量的产品，以保持相对于竞争对手的领先。垄断者没有这样的激励机制；他们可以坚持以虚高的价格，提供低劣的产品。他们还可以武断地定价，因为没有替代品存在。为了防止垄断的形成，社会有时必须依赖于那些反托拉斯的立法、那些禁止操纵价格的法律，以及有关合并和收购的法规。

即便有这些措施存在，许多市场也并非完全竞争的。规模经济带来了生产方面的优势，这导致了大型生产商对市场的垄断。有些行业是自然垄断的，多个供应商的存在并没有意义。例如，考虑到开掘通往同一地点的管道成本，有两个供水系统平行运行，将比只有一个供水系统的社会成本来得更高。

如果没有替代品的存在，许多重要的自由也会受到损害。在垄断条件下，买家无法从多个卖家那儿得到他们想要的东西。至于那些他们所需要的商品，他们则完全依赖一个供应商。考虑一下拥有沙漠中所有水资源的人的权力。垄断是一种特殊形式的强迫，它在自由市场社会的中心地带，重新建立了一种封建的依赖关系。

总而言之，运作良好的市场背后需要得到支持。这种支持并非全有或全无，而是有程度之分。现实中的绝大多数市场，都位于教材上完全竞争和纯粹垄断这两个极端之间。个体带着迥然不同的资产进入市场，对替代方案也有着不同程度的了解，这可能使某些交易方对交易的依赖程度远远高于其他人。

国家监管、再分配，以及对同情、诚实等规范的广泛接受与践行，都可以使市场更接近其理想状态。比如，国家可以执行财产法，遏制垄断，监管通信系统，并承担义务教育。然而，即便这四个支柱都已就位，即便已经有了既定的财产权、自由的信息，也有了信任和竞争，市场仍然可能无法提高效率，或者实现自由主义的自由。即使它们确实支持效率与自由主义的自由，我们仍然会发现，某些商品的市场令人感到不安。对于市场如何与自由失之交臂，我把详细的讨论留待后面的一章。届时，我将讨论劳动力市场是如何与极端的奴役和依赖性相兼容。[36] 即便是高效的、促进自由的市场，同样也有可能是成问题的，我对这个问题的讨论留待第四章；在那里，我还将探讨安全、教育等特定益品的市场。作为本章的结尾，我接下来集中讨论当代经济学对市场的主要关注：市场的效率。为什么即便是在市场拥有良好支持的情况下，市场和效率之间的联系依然有可能失灵？

市场失灵

经济学界公认，市场交易有时会给并未参与其中的第三方带来成本。这些成本通常被称为"外部性"（externalities），这构成了经济学家的市场失灵理论的核心。举个例子，考虑一下污染带来的影响。这种影响并不仅仅局限于那些进行交换、从而制造污染的各方。今天，世界上最为严峻的种种环境问题，都是源于因工业生产、燃料消耗的增加所带来的外部的、无法估价的影响。同样，国际武器的销售，也会对那些与交易各方毫无关系的人产生影响。市场失灵的其他基础还包括非零交易成本，以及那些产生规模经济的技术。由于这些因素的存在，只有垄断或寡头公司才能生存下来，它们还导致了自然垄断的存在。

当市场因外部性而失灵时，有某些未被市场中的个体考虑到的成本被引入进了市场。实际上，这里面的某些成本可能是有益的，它们是公共益品而非公共害品（public bads），但我们在这里关注的成本通常不是有益的。作为市场交换的副产品，公共害品的产生构成了在经济学上对市场进行监管的基础。

曾几何时，经济学家们在做研究时，还会把外部性当作是什么不寻常的东西。并且，他们遵循这样的规则：对并非直接交易方的个体而言，大多数交易并没有什么影响。[37]但只要稍加思考便会发现，这种假设是错误的。在一个密集的、相互依存的、复杂的社会中，几乎任何交换都有可能给第三方带来成本。建造高层公寓楼会阻挡邻近房屋的阳光。汽车会带来拥堵。香烟的烟雾会飘来飘去。事实上，只要我对你的行为或其影响有所偏好，我们也拥有外部性。如果我对某个特定的宗教文本表示不赞成，因为我鄙视这种宗教，那么你购买或者出售该文本就会对我产生外部性。这种外部性即是我现在必须吸纳掉的负面成本。[38]

在实践中，经济学家在何时、何地援引外部性的概念，往往是相当投机主义的。[39]事实上，他们以种种方式呼吁人们将外部性作为监管的基础时，通常依循的是自由主义理论中传统的"伤害原则"；根据伤害原则，仅仅是我不喜欢某种结果的事实并不构成伤害，换言之，伤害指的是那种对我而言需要得到补偿的、真正的成本。[40]但在经济学分析中，并没有任何东西能够产生或支持这种对成本或伤害的特定解释；而在识别少数特定的外部性（比如污染，而不是对宗教多元主义的不宽容）带来的低效时，经济学论证则依赖于某种从别处拿来的道德理论。[41]但这并不一定是一个问题，只要我们处理好这种道德理论，在我们对低效的理解中明确其地位。

市场也可能无法提供人们所需的公共益品。按我们理解，公共益品包括提供积极的外部性的、非排他性的、以及生产成本高的益品（如国防）。在这种情况下，尽管享有这种益品对每个人来说都是好事，但让任何人来提供这种益品，对他来说都不是一件好事。如果有了国防，所有生活在一个国家的人都将受益，即便是那些并未支付他们那部分维持国防费的人。许多益品具有纯粹或部分的公共性质。（有时，我们会面临该将一种益品视为公共益品，还是私人益品的决定。虽然教育经常被视为公共益品，但它也可以被视为私人益品。）当然，即使市场由于外部性而产生了低效，其他替代方案也可能会更糟糕。也许有一些市场的低效比大量的政府监管要好，因为政府官僚机构缓慢、笨拙，而且运作愚钝。这就是为何市场失灵只为干预行为提供了一个初确（prima facie）的案例，而不是一个全面考虑下的案例。

根据对市场的经济学进路的逻辑，我们会将市场失灵这个指标视作市场体系不完整的标志，而不是市场的分配体系存在缺陷。[42]如果市场的范围可以扩大到容纳外部的第三方效应，如果阳光、拥堵、污染、二手烟和宗教反感可以被定价和出售，那么外部性可以被重新吸纳。一个完整的市场在范围上是全球的，且横跨了世界上一切未来的时间状态，它在理论上有望消除所有外部性。至少是在理论上说，许多经济学推理事实上对市场的范围持有一种帝国主义态度。比如在标准的阿罗－德布鲁（Arrow-Debreu）一般均衡模型中，我们就假设存在一个市场，它适用于任何一种能够设想的、现在或未来的商品，以及每一种可以想象的情况。[43]

经济学家对实际市场的低效的反应表明，他们拥有一些独立的规范性承诺和信念——比如他们相信，市场的低效成本与国家监管的侵入相比，最终还是后者造成的负担更重。他们还假设，只有某些种类的损失才算第三方成本。关于市场失灵的概念，我们中的每一个人都可以拥有一种不同的、更复杂的观点。

向前看

到此为止，我强调的是市场作为经济与社会机制的想法，该机制在设定价格、协调行为和促进个人选择方面起到了作用。正如我们所见，当代经济学提供了一些支持市场机制的强有力的论证。在技术性的意义上，市场通常比它的那些替代方案更好（虽然不总是如此），其结果对每个参与其中的人来说都更具优势（就个体偏好而言）。市场有助于发展个人选择和决定，并为其提供空间。本章解释并（部分地）辩护了这些论证。但本章同样也告诫我们，不要把这些论证当作是先验的。要促进这些价值，许多情境下市场并不必然地比其他替代方案更好，比如在国家的实物再分配（in-kind redistribution）中。为了评估市场及其替代方案，我们需要仔细检查那些凌乱的经验案例。

那些支持市场的经济学论证，并没有给正在生产、交换的商品附加任何独立的道德价值。市场上的商品是《圣经》、枪支、黄油、人体器官、助长血腥内战的"血钻"，还是性，这些都不重要。商品的质量也不重要。在经济学家的公式中，这些看起来都是一样的。正如莱昂内尔·罗宾斯（Lionel Robbins）在1932年所解释的，经济学处理的是无处不在的稀缺性、手段和目的等要素，而手段和目的可以用任何内容来填充。[44] 所有的市场都被用同样的术语解释。

此外，在所有这些互不相同的案例中，市场失灵也都是用同样的术语来理解的。大多数经济学家并没有解决伦理学问题，而是声称要进行分工，即他们只解释运用特定市场来提高效率的经济学后果，而伦理学问题则是留给其他人去担心的事。但正如我所论证的，这样的分工是不可能的：什么算低效，或什么算经济进步，都涉及事先的伦理判断。这是因为，如果我们思考效率的唯一资源是人们的主观偏好，那么我们就不得不把那些由于嫉妒他人的成功而产生的不满，同样算作一种经济成本。但这看起来十分可笑。由此可见，要对任何活动的成本进行合理的衡量,其前提都是对"什么对人类福祉是重要的"有一个实质性的概念;根据同一概念,那些主观感受到的伤害就算作成本。效率终究是有一个道德维度的。

在本书中我将论证,无论是标准的对效率的分析,还是市场失灵的通用概念,都不能告诉我们什么时候应该使用市场来分配特定商品,或者什么时候其他机制更合适。让我用几个简单的例子展示一下后续章节中的讨论。

考虑一下选举。如詹姆斯·托宾指出,"任何优秀的经济学专业二年级研究生都可以写一篇简短的考试论文,证明投票中的自愿交易能够增加卖家和买家的福利"。[45] 但没有人认真地建议我们通过市场来分配社会中的选票;政治程序的合法性就依赖于对这种交易的禁止。

考虑一下劳动力市场。是否应该允许雇主要求性服务,作为更高工资的交换条件?[46] 是否应该允许个体之间签订奴隶契约?人们普遍认为,附带补偿的性服务与奴役契约都应受到谴责。有趣的问题是为何如此,以及对效率或市场失灵的标准分析是否存在任何问题。

服兵役通常被看作一种公民义务,是件值得赞扬的事情。同时,雇用雇佣兵的行为广受谴责。为什么针对同一种行为,如果是为了报酬而做,人们就会加以谴责,而如果是出于义务而做,人们却会称赞?[47]

本书的一个中心论题是:我们必须扩大我们对市场以及市场失灵概念的评估,把这些市场在以下方面的影响包括进来:它们对我们彼此之间的关系结构、对我们的民主,以及对人类动机的影响。即使我们能够证明，性服务、选举或雇佣兵的市场是高效的，并且即便它们产生于自愿的协议，这种市场仍然有可能是应被反对的——我将论证它们就会是应被反对的——只要它们产生于弱能动性，剥削最脆弱的人的潜在的脆弱性，或者对个体或其社会而言具有伤害极大的结果。

在接下来的两章中，我探讨了思考市场的其他框架。在第二章中，我介绍了被忽视的古典政治经济学家的丰富的进路。当代经济学倾向于用非常抽象的术语来思考市场，而古典经济学家则将市场视为异质性的，他们对土地、劳动力和资本市场进行了明确的区分。在对不同市场的评价中，他们明确要求我们注意权力结构，以及市场对人类动机、人类能力和社会关系的影响。这一传统在经济学中受到了忽视，而我认为我们可以从它那里学到很多东西。第三章考察了一些思考市场的作用及其道德限度的当代平等主义框架，包括罗纳德·德沃金和迈克尔·沃尔泽（Michael Walzer）的版本。在第四章中，我提出并辩护了我自己对这些限度的看法。

第二部分

第二章　变换中的经济学视野

将市场视为运作于不同类型的交易中的同质化的机制，这种观点明显是现代的。古典政治经济学家，特别是亚当·斯密、大卫·李嘉图和卡尔·马克思，对市场及其在社会中的地位持有非常不同的看法。就其形式上的种种属性，以及我们建立关于市场的可操作模型的能力而言，我们对市场的现代理解远超古典政治经济学家。但是，有些重要的东西失掉了。本章将重点讨论这些早期思想家的更大的、整体性的视野，及其与第一章中的论述之间的对比。就这些思想家对市场的性质与限度，以及对许多市场交易的正义（或不正义）的看法而言，这种不同的视野都有着深刻的推论。[1]在后来的杰文斯（Jevons）之后的一些经济学家，比如马歇尔（Marshall）、皮古（Pigou）和帕累托身上，我们一直能看到这种早期视野的影子。但是我将用19世纪70年代经济学中发生的边际革命（marginalist revolution）来结束我的讨论。根据古典政治经济学家对市场的理解，市场是那些有利益竞争的不同社会阶级之间的异质关系，而更后期的进路则建立在这样的概念基础之上：经济是独立个体之间的一系列交换关系。我想要把重点放在这两种观点之间的鲜明对比上。

在这一章中，我将讨论古典经济学家针对市场的性质与限度问题的具体答案。我想强调的是，他们给出的答案有两个共同特点。首先，他们强调市场的社会嵌入性（social embeddedness）。他们认识到，市场不可能成为自由社会的唯一制度，或者唯一的组织原则，若果真如此，那市场就会摧毁这个社会。更具体地说，他们认识到若要维持一个自由社会——这个社会以其成员的平等和自由为基础——那么市场就需要被限制。这是卡尔·波兰尼（Karl Polanyi）在20世纪重新提出的理念。他认为，仅靠自我调节的市场，一个社会将无法运转。[2] 一个仅由市场维系的社会将无法长期、稳定地再生产自身。在今天，关于波兰尼对自我调节的市场社会之稳定性的论证，大多数经济学家都承认其真理性。但他们忽略了他的一个核心结论，即劳动力市场具有某些独特性，这将它与其他类型的市场区分开来。

第二点也与此相关。古典政治经济学家认识到，市场是异质性的。一些市场既形塑了社会，也形塑了个体。例如，像斯密和马克思这样的思想家就认为，人类劳动力被生产与出售的方式，不仅对付出劳动的工人具有深刻的影响，而且对整个社会也有外部的影响。我认为这些洞见至关重要——市场的嵌入性，以及特定市场对个体偏好与能力的影响——我想在本章中详细探讨这些洞见。

但在开始之前，我们也要注意一些问题。首先，我只关注很少的几位思想家。在这些经济学家写作的年代,有相当不同的传统存在;法国重农主义者(特别是魁奈)、孟德斯鸠和他的商业文明化(doux-commerce)理论(即商业使人温和的论题),³还有约翰·斯图尔特·密尔(John Stuart Mill),他们都是那个时代的杰出人物,但都被我排除在外。尽管这些思想家与我在此探讨的观点有共通之处,但他们的理论从整体而言,对于阐明我所采纳的思想路数来说没有太大助益。第二,正如我前面提到的,我将自己限制在了一个特定的时间段之中。封建主义的衰落推动了对人性与经济秩序的新思维方式。对于我在这里考察的论证之背景而言,封建主义显得非常重要。因此,尽管19世纪末和20世纪的经济学家——包括阿玛蒂亚·森——他们的理念与古典政治经济学家有所重叠,但我想把重点放在那些强调市场既可以支持自由社会秩序也可以危及自由社会秩序的思想家身上。

斯密的市场观

> 富人在他的城堡里,
> 穷人在他的大门前,
> 上帝创造了他们,地位高低有别,
> 也安排了他们的财产多寡。⁴

在封建制度下,一个人的地位是由其出身决定的,世界被划分为下等人和上等人。在18世纪下半叶之前,社会秩序的来源是社会群体之间的等级性的、固定的地位差异，但在此时，这种社会秩序受到了来自全新思维方式的压力：社会和政治关系应基于个体自由与同意。但个体自由与同意如何能与社会秩序相容？如果选择皆是依赖于每个个体的独立与自我利益，那不是会产生冲突吗？在《利维坦》中，托马斯·霍布斯认为，只有一个拥有无限权力的绝对主权者，才能在独立的自由个体之中确保稳定的社会秩序。⁵亚当·斯密为世界提供了一个不同的答案。他在《国民财富的性质和原因的研究》(*Inquiry into the Nature and Causes of the Wealth of Nations*，1776；最终的修订版出版于1784年）中的一个核心主张是，在市场关系的背景之下，独立个体不仅会创造出更多财富，而且会造就一个自由的社会秩序。

斯密引人注目的创新点在于，他将市场视为社会组织的一种形式。他关于市场（以及劳动分工）在经济效率上的效应的论证为人称道，但他关于市场体系的社会效应的关键论证，却在很大程度上被人们忽视或误解了。

斯密称赞买卖自由，不仅是出于其对经济增长和国家财富的推动，也出于它是对一种特殊类型的政治压迫的解放。正如我在第一章中指出的，斯密认为市场破坏了那种建立在奴役基础上的社会关系：

> 商业和制造业逐渐引入了秩序和好政府，随之而来的则是这个国家之居民的个体自由与安全，他们以前几乎一直生活在与邻居的战争，以及对上级的奴役性依赖中。这

一点虽然最少被人观察到,但却是其一切影响中最重要的。[6]

为了理解斯密的论证,请考虑封建社会的组织与新工业秩序下的自由之间的对比——后者建基于市场交换。在封建制度下,农民和劳动者依靠封建地主来维持生计,封建地主还保护他们免受他人的暴力侵害。这种极端的依赖性支持着领主①与其臣民间的奴役关系,农民面对其上等人时,只得卑躬屈膝。农民有义务服从领主的命令,无论这种命令是多么的武断、有辱人格或代价高昂。关于农奴和领主之间的这种奴役关系,很重要的一点是,它在一般意义上是自愿的:通过表面上自愿的忠诚行为,农奴与他的主人系于一起。虽然从理论上讲,农民可以自由离开、寻找另一个主人,[7]但流动是困难的,工作和家庭的互相捆绑往往使他不可能在不牵一发而动全身的情况下,改变任何一个社会关系。考虑到农民的经济、政治和社会境况,顺从其领主,往往是其最佳选择。

市场是如何将这种下级和上级之间的关系,转变为一种平等的关系的呢?斯密论证,市场将个体从他对有权势者的卑微依赖中解放出来,允许他们与成千上万的匿名的、漠不关心的顾客进行交换,并以此维持自己的生计:"每个商人或工匠的生计都来自这样的事实:他们受雇于并非一个,而是一百个或一千个不同的客户。因此,虽然这些商人或工匠在某种程度上

---

① 此处及本段以下的"领主"(lord)和本段的"地主"(landlord)大体指的是同一群体。——编注

对所有顾客都负有义务,但他并不绝对依赖于其中的任何一个。"⁸

商业自由创造出了与匿名他者建立多元的、可选择的关系网络的可能性,从而破坏了个人的、直接的服从与奴役关系。这些服从与奴役关系是封建主义的基础。这种针对主人的卑微奴役的终结(连同好政府的出现),是市场"最重要的"影响。

市场体系的外延则创造出了一个新社会,这个社会建基于自由互动、平等与互惠自利的横向关系。由于市场交换基于每个参与者之间的相互同意,这种交换就在隐含中承认,参与者是有地位(standing)的人,能够代表他们自己提出主张(make claims on their own behalf)。买家和卖家作为自由人见面。因为市场交换的规则来自货物等价交换的理念,所以市场是平等的领域。因为市场交换并不预设其参与者拥有相同的利益(重要的是人人有所获),所以它们也与独立个体之间的社会协调相容,即使这些独立个体拥有不同的价值与偏好。在市场中,任何人都不会诉诸基于自然等级制度的规范,而是只看重自己的利益。甚至马克思也在一个很不同的语境下指出,市场交换是一个属于"自由、平等、财产与边沁"的领域。⁹因此,劳动力市场与消费品市场的发展和传播,使得大量的人能够享有一种个体的独立性,或者至少助其结束绝对依赖。这在以前是根本不可能的。¹⁰

然而,斯密也认识到,劳动者要想拥有通过市场摆脱主人奴役的能力,还取决于一些条件,这包括劳动力市场的实际竞争程度,以及劳动者的技能水平。如果劳动力市场毫无竞争性，或者如果劳动者已无须掌握特殊技能，而且已经变得多余，他们就会自愿地同意那些置其于彻底的依赖地位、从属于其雇主的条款。在这样的情况之下，雇主拥有类似封建领主一般的控制权。正如罗德贝图斯（Rodbertus）尖锐地指出的，饥饿能像一块皮革一样，轻而易举地扮演鞭子。[11]

斯密也非常清楚，商人有试图把国家作为他们控制工人的盟友的倾向。他认为必须抵制这种倾向。相比之下，他对于政府站在劳动者的立场上，对工资进行监管的做法持宽容态度："凡是有利于工人的规定……总是正义的和公平的；但有时有利于主人的规定则不然。"[12]

如这段话表明，斯密并非是单纯地批评政府对市场的干预；他从未将市场视为独立的制度（freestanding institutions）。此外，他支持劳动力市场进行干预的逻辑并非是出于效率，而是"正义与公平"（justice and equity）。他担心劳动契约的强制性质，担心雇主有能力"迫使对方遵守其条款"。[13]当政府干预的目的是减少贫困时，他也接受这样的干预。在这方面还有另外一个例子：他支持按价格比例对马车征收累进税，以便"使富人的懒惰和虚荣心能够简单轻松地为救济穷人作出贡献"。[14]

那么，为什么斯密经常被人们视为一个单纯的自由贸易与自由市场支持者，以及一个政府看不见的手的反对者呢？[15]我认为，尽管在某些写作者眼中，斯密是在反对政府干预本身，但我们应该回顾一下这样的事实：斯密反对政府干预市场的论证，是针对着一个特定的社会秩序，即封建主义。他高声谴责的许多监管,是前资本主义、非民主的社会秩序的残余:垄断商人寻求保护其膨胀中的利润的那些狭隘利益,以及限制个体自由地从事职业与贸易的那些强大行会的规则。比如关于封建行会,他就写道:"一千个纺纱工和织布工"可能依赖于"几个梳羊毛工人",后者只要拒绝收徒,便能"使整个制造业沦为他们自己的一种奴隶制"。[16]

与其说,斯密提出了一种关于自发的、自我纠正的市场秩序的理论,不如说他实际上强调了,只有在非常明确的制度安排下,市场才能作为自由、平等和效率的工具发挥作用。它需要一个"分离的、独立的国家"来促进穷人的福祉与自由,这个国家必须已经从富商、行会、宗教团体和带有偏见的社会规范的力量中脱身而出。事实上,斯密担心,法律体系将永远无法完全保证对这些利益的保护。我们还需要一个普遍的教育体系,以及对劳动力市场的监管来共同作用,以保障工人的自由。

资本主义的劳动力市场和封建的劳动力捆绑安排,关于两者的比较优势,斯密的看法与许多当代经济学的框架所揭示的有所不同。斯密明确承认,是否要引入资本主义市场,这取决于对财产权的限制。至少在一开始,这些限制既不是自愿的,也不是帕累托改进的。为了展示后面的章节中的观点,而且重申一下我在第一章中的论证,一个自由的劳动力市场是国家监管的产物。它需要制定相关的政策,以限制那些法律可供雇主使用的补救措施,比如说,禁止对不履行劳动契约的人使用监禁,还有削减对农奴劳动产品的封建所有权。[17]但在封建主义的背景下，这些限制肯定不是帕累托改进的；它们使领主的情况变得更糟。

异质性市场

斯密和他的古典政治经济学追随者们，不仅对消费品市场的运作提出了不同的理论，对土地、信贷和劳动力市场的运作亦是如此。考虑一下劳动力市场。斯密认为，与汽车市场不同，劳动力市场塑造了那些被购买劳动力的人的能力。正如他在《国富论》中所说：

> 绝大多数人的工作都局限于少数几种操作；经常是一种或两种。但人的理解力……则必然是由他们的日常工作塑造的。如果一个人一生都在进行一些简单的操作，这些操作的效果可能也总是一样的……他就没有机会发挥其理解力，也没有机会运用其发明力，并以此寻找消除从未发生的困难的办法。因此，他自然而然地失去了这种努力的习惯，通常，他会变成人类有可能成为的最愚蠢和无知的样子……[他没有能力]对许许多多，哪怕是私人生活中最普通的职责形成任何正义的判断。而有关他的国家的巨大而广泛的利益，他则完全没有能力作出判断。[18]

在这段对制别针厂分工的反思中，斯密声称，工人的偏好和能力是由其工作的组织形式形塑的。他观察到，随着市场推动了劳动分工的发展,不仅经济增长产生了,没有能力参与社会决策的工人也产生了。工业中劳动分工的增长,剥夺了这些工人的"智识的、社会的和尚武的德性"。[19]当代经济学理论倾向于将一个人的偏好与能力视为对经济体的给定投入,但斯密认为,某些种类的交换中的各方,本身就有一部分是在市场中形成的。

有趣的是,在这段话中,斯密提出了一个关于因果的主张:工人的偏好和能力发生变化,是因为劳动力市场的结构,并且被日益增长的劳动分工形塑;而日益增长的劳动分工本身,又是由对效率的追求推动的。因此,这些偏好和能力并没有被当作是给定的。此外,这些偏好和能力还与我们对市场的评价相关:劳动力市场正是通过塑造偏好和能力,而制造出令人不安的社会影响、文化影响和政治影响。带点偏见地说,在劳动力市场上,工人不仅制造别针和各种小玩意,而且还制造了他们自身的种种方面。而他们如何制造自身,不仅影响到他们的劳动的价格,还影响到何种社会类型是可能的。根据斯密的说法,在制别针厂中,工人失去了独立思考的能力,没有能力判断或审议(deliberate)其国家的政策。

劳动分工的发展,以及由劳动力市场所推动的不同劳动活动领域的形成,也是斯密对社会不平等的理解之核心。根据斯密的观点,劳动分工的范围受到市场范围的限制,这种分工也塑造了我们不同的因而也是不平等的偏好、兴趣与能力:

不同人在天赋上的差异,实际上比我们所意识到的要小得多；不同职业的人成长到一定程度时，会出现非常不同的天才，在许多情况下，与其说这是分工的原因，不如说这是它的结果。例如，一个哲学家和一个普通的街头搬运工之间，其最为不同的性格上的差异，看起来并非是来自自然，而是来自习惯、习俗与教育。当他们来到这个世界上的时候，以及在他们存在的最初六年或八年之中，他们可能是非常相似的，他们的父母或玩伴都察觉不到任何显著的差异。[20]

我们可能还需要一个更细致的心理学和社会学论证，方能完全证实这种说法。尽管在本书的后面，我也将研究一些相关证据，这些证据涉及不同种类的劳动关系对工人的自我概念的影响。但就目前而言，我们需要考虑的基本问题是，如果工作以及我们为工作所做的准备，对我们是谁这件事具有重大影响，那么我们就不能仅仅根据效率来对劳动力市场作出判断。

对斯密来说，劳动在另一个方面也是特殊的。因为劳动能力体现在人身上，而人的努力与服从又会影响其生产力，所以对那些劳动力的买主而言，激励其工人努力工作符合他们的自身利益。但对工人而言，他们的自身利益却是相反的。由于工作的数量和质量无法在契约中细化，雇主必须设计一些用来控制工作的体系。但这种控制体系本身就会对劳动者及其生产力、他的能力和他与雇主的关系产生重要影响。

因此，斯密对劳动力市场的评价为我们提供了一套比效率更广泛的评估标准。对他的框架稍作延伸，我们便可以说，如果一个劳动力市场将工人置于与生产商的奴役性依赖关系中，或者不要求工人有专业技能而他们仅仅作为工具来使用，那么即使它是高效的、自愿的，它也终将失败。如果它侵蚀了工人的正义感与公共精神——这种正义感和公共精神是对社会及其同伴"最有用"的品质——它也终将失败。[21]在这些种种影响中，我们可以把其中一些描述为"外部性"，但另一些影响只牵扯到契约的各方。此外，正如我所论证的，外部性的概念不够精细，它无法告诉我们为何、以及何时应该关注特定的市场。

斯密还主张对信贷市场进行监管。对于那些认为斯密是自由放任倡导者的人来说，这真是一个尴尬的怪事。当时英国的法律将贷款的利率限制在5%，尽管斯密反对立法禁止货币利息，但他对英国当时的高利贷法律给予了有条件的认可：

> 在允许收取利息的国家，为了防止高利贷的敲诈，法律通常规定了最高可以收取而不会招致惩罚的利率……需要注意的是，法定利率虽然应该略高于最低市场利率，但也不应该远远高于最低市场利率。例如，如果英国的法定利率固定为8%或10%，那么大部分要借出的钱都会借给浪子和投机者，只有他们才会愿意支付这么高的利息。清醒的人不会冒险参与竞争，他们为使用钱财所付出的代价，不会超过他们通过使用钱财可能获得的一部分。这样一来，国家的大部分资本就会被挡在最可能创造收益、物尽其用的人之外，而被扔到那些最有可能浪费和破坏它的人手中。[22]

为什么斯密反对高利贷？获得信贷对于生产来说至关重要，那为什么斯密要阻止自愿的借款人与自愿的放款人之间的潜在交换呢？在《国富论》的这段话中，他给出了这样一个明确的理由。（浪子和投机者）对私人利益的追求，有时会导致社会损失：如果鲁莽的投机者拥有过多的资本，并将其投资于无用的项目，这将不利于国家财富。[23]此外，放款人对借款人的动机与未来行动的了解只是片面的；他们不能确保借款人的所作所为，能使其偿清债务。因此，资本市场必须受到监管；要想适当地分配资本和风险，我们不能仅仅指望市场。斯密对信贷市场的分析与我们当代的经济危机，以及信贷衍生品和次级抵押贷款等金融工具在危机中的作用都有关。

在进入市场时，交易各方对彼此而言各有不同的脆弱之处。他们还掌握着不同的信息，在从其关系中退出的能力上，它们也各有高低。某些市场交易形塑了其参与的各方，而且有一些重要的社会益品市场不太可能提供，因此斯密拒斥了自由放任。虽然他对市场机制的逻辑有好感，但他也认为，对市场的干预和监督通常是受到辩护的。

也许斯密认为，政府干预经济——为市场的运作设置限度——最重要的案例是*教育*。他认为，如果政府丝毫不去关注，"大多数人的腐败和堕落"就是不可避免的。[24]他关于教育的许多论证可以转化成一个经济学框架，因为教育产生了积极的外部性；基础教育（例如读写能力）带来的是公共收益，这超越了那位受教育者自身的收益。反之，如果不对儿童进行教育，就会产生公共害品：较少的劳动力流动、更多的贫困，以及更少的经济增长。遵循着这些思路，斯密对拒绝为教育提供公共开支之不合理性展开了严厉的批评："公众只需花很少的钱，就可以促进、鼓励，甚至可以把获得最基础的教育所必需的部分，强加于全体人民之上。"[25]

但斯密也坚持认为，除了对生产力的影响，教育对人类的情感与能力的发展也至关重要。他写道，穷人的孩子缺乏教育，这是"他们最大的不幸之一"。一个被剥夺了教育的童工发现，"当他长大后，他都没有可以自娱自乐的想法"。[26] 未受教育的人不仅仅是错过了自己的，或是对社会的潜在收益；教育对于那些我们买不到的东西来说也很重要：珍视与认识的能力，对自己和人生道路做出明智的选择的能力，以不同于未受教育者的方式体验世界的能力。用20世纪作家詹姆斯·鲍德温（James Baldwin）的话来说："教育的目的最终是在一个人身上创造出这样的能力：让他能够自己看世界，自己做决定，对自己说这是黑的或白的，自己决定天堂里是否有神。向宇宙提出问题，然后带着这些问题生活，这是他实现身份认同的方式。"[27]

并且，如果民主统治要正常运作，广大人民就需要接受教育，以便有能力参与公共讨论。[28] 我们没有理由认为，仅仅市场就能给所有人提供适当的教育水平。

斯密与帕累托主义

斯密认为，个体在市场中未经协调的行动，有时（但并不总是）较有意识的国家政策的"看得见的手"而言，更能产生好的结果（比如自由、安全、平等和财富）。这尤其是因为，后者可能过度关注富人的利益。在20世纪，斯密最根本的洞见——理性个体的市场选择可以（在一定条件下）协调不同个体之间的社会生产，并产生高效的社会秩序——被帕累托和瓦尔拉斯形式化。如前一章所述，所谓福利经济学的基本定理指出，在一个人人皆可交易一切的自由市场世界中，资源的分配将是帕累托最优的。

当然，亚当·斯密对福利经济学的"基本定理"一无所知，他的年代远远早于这个定理。我已经论证过，斯密对市场的辩护主要不是基于其所谓的分配效率，而是基于它和以自由和平等为基础的社会关系之间的关联。但值得强调的是，斯密的进路和标准的对竞争性市场的帕累托式辩护还有三个区别。

第一，帕累托主义者为市场进行辩护，这是因为市场能够在特定约束条件下，让个体能够最佳地满足其偏好。但斯密认识到，在个体偏好的形塑上，市场与社会制度发挥着核心作用。如果市场本身很重要地形塑了一个人的偏好，并且如果我们的偏好对市场来说是"内生的"（endogenous）——也就是说，这些偏好源于市场内部——那么，把市场满足这些偏好的能力作为给市场辩护的核心理由，这就是循环论证。如果关于偏好的排名本身取决于市场，那么要判定市场结果好坏，就不可能依赖这个排名。[29]

其次，斯密感兴趣的是市场在促成实质性自由方面的作用，这包括免于极端依赖他人的自由，而不仅仅是在满足偏好方面的作用。在当代经济学中，尽管阿玛蒂亚·森采纳并进一步发展了斯密的观点，但它还是相当边缘。森告诫我们，不要仅仅从满足一个人的主观偏好的角度来评估一个市场，而是要研究它对一个人的实际能力的影响，这种实际能力就是这个人能做什么、能成就何事的能力。对森来说，重要的能力包括获得养育的能力、读写能力，以及借用斯密的说法，"在公众面前不会感到羞耻"的能力。为了了解市场如何影响这些能力，我们不仅要关注那些个体在特定市场中进行选择的时刻，还要关注市场制度如何扩大或限制一个人的选择范围，换言之，哪些选择真正地对她开放。[30]从这个视角来看，如果封锁掉某些市场选择，能够让更多的、在其他情况下并不可能存在的市场选择得到开放，那这种封锁的做法是可以得到证成的。例如我将在第七章中讨论的，在一个社会中禁止童工的使用，可能会使成人的工资比在其他情况下更高，也会使儿童获得更好的教育。对劳动时间的限制，以及对工作条件的规范，也可能会导致工人健康的改善、加强其合作，并促进一个更公平的分配。更多的选择不一定是更好的选择，尤其当我们从这个视角来思考问题：选项集（choice sets）不同，选择所带来的具体能力也将不同。

第三点也与此相关。斯密对经济学思想做出了重要贡献，这体现在他认为，特定类型的交换对其参与者具有构成性的影响。出于这个原因，我怀疑斯密并不能接受，我们传统上称之为"劳动力市场"的那些做法在本质上是"市场"。他也不一定会赞同，就业监管应该完全由效率的标准驱动。事实上，我们可以将斯密的观点——劳动力市场塑造了工人的能力和偏好——进一步扩大,以容纳一种新的观点来审视工作在我们生活中扮演的角色。在这种观点下,工作与某种程度的物质福祉(最低工资)、民主组织(工会组织、工人在工作期间和休息时间的权利、把工作场所作为促进民主机能的场所,上述这些也许可以通过淡化体力劳动和脑力劳动之间的差别来实现),以及能够在我们不同生活活动中找到一些平衡(工时制)有关。至少斯密本人清楚地认识到,劳动力市场的运作不可避免地会引起与公共生活之结构相关的问题,这是汽车或苹果市场的运作所做不到的。[31]

斯密认为,市场是一种政治、文化以及经济制度,人们各不相同的利益都在其中展现力量,某些类型的交换也形塑了其参与者。如果位于这些领域之中的市场是一种政治制度、文化制度,那么市场失灵的含义就和帕累托标准下的版本有所不同。如果劳动力市场的组织方式制造出了奴役性、被动性,或者破坏了民主社会所依赖的集体决策的能力,那么我们就可以作出判断,即使这种市场是高效的,它也是失败的。归根结底,若要概括斯密的洞见与经济学视角,不能简单地使用相互同意的成年人之间的自由交换这条单一的原则。斯密认为,市场是一个复杂的、异质性的制度,它让人们能够出于不同的目的,彼此建立不同的关系。从这个更广泛的视角来看,要对市场做出评价,不仅仅要看效率,还要看特定市场对政治权力的结构、人类发展的影响。

对市场价格和价值的一次（简短）考察

《国富论》以及古典政治经济学家关注的核心问题之一，是社会产品在三大社会阶级——资本家、地主和工人——之间的分配，其形式分别是利润、租金和工资。这些阶级之间的关系，以及他们在市场上的行为，是斯密经济增长理论的核心。但是关于这些不同阶级对财富生产的贡献，《国富论》中提出了两种不同的理论，这两种理论又与斯密提出的有关商品价值的两种理念有关：生产成本理论（由李嘉图和马克思提出）和主观福祉理论（由边沁、瓦尔拉斯和杰文斯提出）。

根据斯密的生产成本理论，决定商品相对价格的最终因素是商品所"要求"（command）的劳动力的数量。在一个没有资本积累、没有私人占有土地的经济体中，这等同于凝结在商品中的劳动力。[32]在这样的条件下，整个劳动产品都属于劳动者。但是，一旦生产不再完全由工人拥有和控制，商品的价格就必须包括利润、租金以及工资。这样一来，商品的价格将由为生产该商品而支付的工资、利润与租金的总和所决定。要想用生产成本来阐明这一点，我们必须把利润和地租看作剩余物（residues）：因为我们将商品所要求的劳动力看作价值的来源，所以，利润与地租并非是被独立地决定的。在这个理论中，商品的价格可以在独立于个体选择和心理因素的情况下被确定下来。对于每种商品而言，其价格受其正常生产成本的制约（在垄断条件下生产的商品除外）。

《国富论》中还提出了一种关于商品价值的"累进式"（additive）思维方式，即商品的价格由生产该商品要支付的收入——以工资、利润与租金的形式——决定。根据这一理论，价格是由三个不同的生产"要素"的供求关系决定的。这种累进式理论为这样一种理论提供了基础：商品的个体买家和卖家都是根据一个给定的价格，来决定需求或供给的数量。这种理论需要个体主义的基础。相信这种理论的人往往会强调斯密对于劳动的"辛劳与困难"，以及人们为避免这种麻烦的努力所作出的评论。因此，累进式理论最终将导致一种关于主观个体效用或福祉的理论，并将其作为价格的基础。后来的经济学家们把握住且进一步强调了这样的理念：每个人都有最大化满足自身偏好的目标，而市场的"看不见的手"将这样的目标与生产体系联系起来，这个体系以尽可能低的价格、最高的效率，生产出人们偏好的商品。

这两种关于价值的理论都是亚当·斯密思想的分支，它们向两个非常不同的方向展开：在一个方向上，生产成本的概念和各个社会阶级的作用是决定价格的根本所在，而在另一个方向上，个体经济行为者与竞争平衡的理念才是根本所在。在19世纪，斯密关于交换价值的第二个方向盖过了第一个方向的光彩，人们将其视为他的经济学，乃至整个经济学的根本。正如我们即将看到的，对价值的理解的这种转变，也将影响我们对市场的看法。

收益递减和地租理论

古典政治经济学家也认为，土地市场与其他市场不同，这是因为我们所考察的商品（土地）的供给是固定的。在此，我们就讲到了收益递减理论和地租理论。1815年，罗伯特·马尔萨斯（Robert Malthus）与大卫·李嘉图、爱德华·韦斯特爵士（Sir Edward West）和罗伯特·托伦（Robert Torrens）或多或少同时提出了这些观点。[33]

根据农业中的收益递减原则，耕种的进步将会越来越昂贵，因为同等的劳动和资本投入到土地上，产出会变得越来越少。马尔萨斯和其他人认为，无论劳动与资本是"集约地"（intensively）应用于已开垦的土地，还是"粗放地"（extensively）应用于新的（通常是质量较差的）土地，收益率都会这样下降。在资本和劳动基础上，产出将不断地减少，这继而将反映在谷物和玉米等农产品的成本上升之上。

四位理论家从这一原则中推断出，土地的价格是由生产进行中最不利的情况所调节的。当需求的增加开始导致生产者开垦劣质土地，或在给定土地上加强生产时，农产品的价格都会上升，因为用于生产这些商品的边际单位的劳动和资本的成本也在增加。但不论商品是在更肥沃的土地上收获（因而投入的劳动和资本将较少），还是在较不肥沃的土地上收获，这些商品的价格都将是相同的。马尔萨斯和其他人论证，假设资本与劳动都获得了他们的边际产量——也就是说，他们获得的报酬与他们的额外生产贡献成正比——有一种剩余（surplus）将落入持有优质土地的地主手中，它以租金的形式支付。

李嘉图用这个论证谴责英国的《玉米法》。这是1816年通过的针对农产品进口的保护主义壁垒，它通过加强对农业的投资，以及引导土地所有者开发不那么肥沃的土地，来诱逼全国的农业生产力的提高。《玉米法》允许维持高额的地租，直至对生产商的利润造成损害的程度，而生产商则是金融资本的提供者。根据收益递减原则，李嘉图论证，农业上的收益递减最终会产生灾难性的结果。

以下是李嘉图的基本论证：用以投资的大部分资金来自生产商的利润，而并非从土地所有权中获得的租金。土地所有者仅仅因为拥有土地，就可以获得很高的收入，他们不需要储蓄或再投资。如果租金高昂，那些想要继续投资其资本、超越竞争对手的生产商将无法继续投资下去，因为他们必须支付租金；如此一来，国家增长将停滞。事实上，李嘉图经济学旨在证明，地主的利益与工业进步和国家的财富是对立的。"地主的利益总是与社会中任何其他阶级的利益相反。"[34]

李嘉图理论带来的一个后果是，租金不是生产成本——它不进入价格之中——也不是在支付对自然或社会资源的使用。[35]用李嘉图的话来说，"玉米价格高并非是因为支付了租金，而是因为玉米价格高，才支付了租金"。[36]租金与地主的实际生产成本之间并没有关系，它也没有帮助产生额外的财富，或者刺激生产力。相反，租金增长仅仅是因为随着时间的推移，肥沃的土地逐渐变得稀少，农业生产的边际价格随之上升。

只需要小小一步，我们便可以从这些观察推出实践上的结论：土地私有制的回报完完全全是不劳而获的，土地被国家没收将不会对生产有任何影响。[37]与工人和资本家不同，地主既没有通过他们的占有来改善他人的状况，也没有花费他们自己一丝一毫的努力或劳动。李嘉图本人并没有完全阐发出他如此诊断背后的政治推论，但其他人认识到了李嘉图理论的重要结论：地主对土地的私人所有权与控制权，将对经济增长与进步构成威胁。[38]由于土地市场的数量固定、质量不均，这类市场引起了相当不同的监管上的考量。土地所有权可以被国有化，而并不会对生产力造成损失。

马克思关于劳动力市场的观点

正如我们所见，斯密相信，市场在很大程度上推动了自由主义的自由和平等。但其贡献程度则取决于一些特性，比如特定市场的竞争力、替代物的存在，以及非市场性支持的存在，比如教育和对穷人的税收再分配。卡尔·马克思追随着斯密，认为相比建立在奴役或彻底奴隶制基础上的社会关系，资本主义劳动力市场已经有了很大的改善。比如在《资本论》中，他称赞美国内战是"当代史上的一个伟大事件"，[39]不是因为它产生的效率，而是因为它的生产组织形式——自由劳动，而不是奴隶劳动——所带来的自由。

然而与此同时，马克思相信，资本主义劳动力市场是特定财产权之上的，这些财产权必然限制了工人的自由。他论证，即便工人拥有的工资很高,他们仍然会依赖他们的雇主,而且容易受其权力之影响。为什么呢?的确,工人依赖雇主,但雇主不是也依赖工人吗?为什么会存在不平等的依赖性与脆弱性?马克思关于这一主张的论证值得我们进一步探讨。

马克思首先论证,资本主义劳动力市场取决于有差别的所有权:工人只拥有他们的劳动能力,而资本家拥有大多数其他的生产性资产。也就是说,工人通常缺乏对生产资料(机器、物理设备)的独立使用权,因此,他们要依靠资本家来雇佣他们。马克思认为,如果没有这种基本所有权关系上的差异,即如果不存在除了工作能力之外一无所有的工人,资本主义就不会成其为一个稳定的社会体系。马克思有关"不幸的皮尔先生"的故事非常好地阐明了这一点:

> 皮尔先生把共值5万镑的生活资料和生产资料从英国带到新荷兰(澳大利亚旧称)的斯旺河去。皮尔先生非常有远见,他除此之外还带去了3000名工人阶级的成员——男人、妇女和童工。可是,一到达目的地,"皮尔先生竟连一个替他铺床或到河边打水的仆人也没有了"。不幸的皮尔先生,他什么都预见到了,就是忘了把英国的生产关系输出到斯旺河去![40]

换句话说,只有当工人在除了出售他们的劳动力之外别无选择时,资本主义才会出现。如果他们有选择,就像在西澳大利亚的情况,工人则更可能想获得他们自己的土地,而不是在工厂为资本家出力。马克思关于皮尔先生的寓言揭示出,他眼中一个资本主义社会的核心(和在历史上被创造出的)特征:形式上(法律上)自由劳动力的广泛存在,但只是形式上的自由劳动力。斯密将资本主义劳动力市场视为人类自由的一个重要领域,而马克思则认为,在这样的市场中,大多数工人并不是实质上的自由人,因为在资本主义社会中,他们依赖(资本家)雇佣来生存。工人依赖资本家的决定与意志,这种依赖产生了不确定性,以及工人服从资本家要求的压力。正如马克思在《资本论》中调侃的那样,一旦我们刺破工人和雇主之间自由、平等交换的外衣,那个"属于自由、平等、财产和边沁的排他性领域",我们就会发现依赖与从属。[41] 在大多数情况下,一位工人迫切地需要资本家提供的工作;相比之下,一位资本家则可以轻易地用一个工人的劳动力,去替代另一个工人的劳动力。除此之外,工人比资本家要多得多,这使得工人更难组织并协调其行为,以此增加他们的讨价还价能力。

第二,马克思有一个著名的观点,即工人的宿命就是要遭受苦难与贫困。在竞争条件下,对技术的持续投资将会使劳动力处于供给过剩的状态,这将产生失业与温饱问题。资本主义社会中的工人不仅缺乏安全感、依赖于他人,而且还极其贫困。这种贫困使他们很难坚持到更好的就业条件的到来。

第三,马克思和斯密一样,认为劳动塑造了人类的偏好和能力。在马克思看来,人类通过他们的劳动改造自然,在这样做的同时,也改造了他们自己。然而,由于资本主义生产及其发达的(和不再要求特殊技能的)劳动分工,就像亚当·斯密的制别针厂那样,工人已经几乎没有机会发展一系列的能力,或在他们的工作中寻觅意义。相反,许多工人被当作"机器的附属品",终其工作生涯,他们一直执行无意义的、重复性的任务。工人不仅没有从这些工作中获得满足感,而且是如动物与机器一般而非作为人类在工作。[42]事实上,马克思对资本主义的规范性谴责,核心就在于它把人贬低为动物与物品,而并非它的工资和利润分配。[43]

也许有人会说,并非所有这些问题都是资本主义劳动力市场的必然特征——许多工人(至少在发达国家)并不是不需要特定技术也不需要动脑筋的人,他们享受超过温饱级别的工资,并且能够从他们的工作中找到身份认同。但是,我们仍然需要对劳动力市场进行监管,并建立一个保障他们应享资格与权利的制度,以削弱问题发生的可能性。

边际革命与新古典主义政治经济学的崛起

如果说古典经济学家对劳动力、土地、信贷和其他商品的市场做了鲜明的区分,并且对于劳动力市场的塑造效应感到忧虑,那么当代经济学家,至少是最近的一批,则并不如此。[44] 19世纪70年代,经济学发生了巨大的转变,古典经济学家的生产成本理论几乎被彻底抛弃,阶级关系不再居于经济学分析的中心地位,不同类型的市场也被统一起来。

经济学中的边际革命有三个核心人物:威廉·斯坦利·杰文斯(William Stanley Jevons, 1835—1882)、卡尔·门格尔

（Carl Menger，1840—1921）和莱昂·瓦尔拉斯（Leon Walras，1834—1910）。尽管这些思想家之间有许多重要的分歧，但他们共同开创了经济学的新思路。居于这种经济学新进路的核心难题是，给定的稀缺资源如何在各种不同用途中分配。事实上，对这个问题的分析成为经济学的决定性特征。正如杰文斯所说："经济学的问题可以这样表述：给定一个人口数，以及所需的各种商品与其他资料来源，求：以何种方式运用其劳动力，能够最大化产品的效用。"[45] 人们现在认为，经济学是在稀缺性条件下对给定资源的最佳分配的探究。

边际主义的基本思想本身相当简单；事实上，我们已经在李嘉图和马尔萨斯对地租的分析中，见到过这样的例子。假设个体都希望能够运用他们的资源，以最大限度地满足他们的需求。在最佳状态下，边际价格将是相等的，也就是说，将一种资源用于一种用途所获得的收益，等同于放弃另一种备选用途所包含的损失。在任何领域，当给定单位的资源用于某种特定用途、出现收益递减，且当价值在边际①相等时，我们就能获得最佳结果；租金不过只是一个更普遍的理论的一个具体的例子。因此，边际主义使经济学家能够用相同的术语解释所有的价格，这是早期的生产成本理论无法实现的。[46]

针对价格的确定，边际主义者能够提供一个数学上很优雅的解释。更重要的是，他们能够表明，一个完全市场竞争的体

---

① 边际主义语境中的"边际"（margin）通常也是决策时的着眼点，"边际"即增加或减少使用一个单位的某种商品或其他资源的行为，所以会有"在边际处做出决定"（making decisions at the margin）的说法。——编注

第二部分

系会导致资源的等边际（equimarginal）分配。边际主义者将斯密仍是处在雏形中的"看不见的手"隐喻的形式化，并对其加以了扩展。他们证明，在特定假设下，理性的个体在市场上的行为会使给定资源在所有可能的用途中，实现那个最佳的分配。这一理念——市场秩序为所有人带来最大利益，这是其运作的意外结果——对20世纪的政治思想与实践而言，具有最大的重要性。正如我们所见，这种理念对于亚当·斯密有关市场机制的更温和的主张来说，既是一种发展，也是一种歪曲。这种观点忽略了斯密早先的坚持，即市场本身是一个渗透着权力关系的文化制度和政治制度，而且不必多说，它也忽视了斯密的生产成本理论。

许多当代经济学家认为，边际主义者对古典经济学家的生产成本理论，以及支撑着李嘉图式的社会主义者和马克思的剥削理论，给出了一个致命的打击。[47]也许确实如此。当然，新的模型更具有可操作性。但我们至少也有同等充足的理由说，边际主义者改变了古典经济学家的主题，但并没有驳倒他们。

边际主义者的经济学进路有若干独特性，它们共同改变了经济学理论。首先，边际主义使经济学家能够在不同种类的市场中，将其进路统一起来：消费者市场、劳动力市场、资本市场和土地市场——正如我们所见，古典经济学家曾经将这些市场分开处理。边际主义带来的影响是，李嘉图的地租理论被推广到了所有生产要素之中：土地、劳动和资本。边际主义者将一切的市场都联系在一个单一的等式系统中，其最终结果便是瓦尔拉斯为整个市场经济构建的一般均衡。

第二，通过将特定种类的市场的特征抽象掉，边际主义者也抽象掉了这些市场中的那些社会关系。对三大社会阶级之间的社会关系的分析——这是古典政治经济学家关注的焦点——被看作是外在于经济学的。如今，市场被看作完整的，而且是自我强化的；在边际主义框架中，几乎没有给社会阶级或市场力量之类的想法留下空间。经济学不再考虑资本家和他对雇员的控制，也不再考虑地主对生产增长所做的贡献之缺乏，或者不同市场的动态趋势。

第三，边际主义者能够重新表述劳动投入与价格的关系这一难题，这个难题一度使古典经济学家感到困惑。边际主义者放弃了生产成本理论，而简单地使用边际效用来定义价格。在相互竞争的诸种用途之间分配资源时，高效的分配将使收益在边际相等。古典经济学家把生产的三个不同部分视为在根本上不同的东西，而新经济学则把所有要素视为一样的东西。消费者对产品有需求，要素可以生产这些产品，要素得到回报正是因为它们相对于产品需求而言是稀缺的。这样一来，边际主义者不仅从他们的原则中导出了价格，而且还导出了分配方式：要素和产品的价格都由边际效用来解释。但这一原则虽然将不同的领域统一了起来，其代价则是将关注点缩小了：它只能在一个固定的时间点上，在给定的因素基础上，对分配与价格进行解释。[48]这种进路与古典经济学家对于经济之动态方面的关注形成了鲜明的对比。古典经济学家在人口不断变化、人类需求不断扩大、不同的人类动机，以及资源数量和质量不断变化的假设下，研究经济增长或经济停滞的可能性。除了少数例外（如皮古和熊彼得），边际主义的进路都简单地忽略了这种在长期分析中暴露出来的问题，或者假设这些问题不存在。的确，随着社会关系和社会变革被移除，经济学具有了应用数学的特征。

第四，从哲学上的功利主义者那里，早期边际主义者取材到了这样的理念：理性的个体寻求将其效用最大化，其中效用被理解为其主观偏好的满足。根据对效用的这种解释，资源被用于种种目标，对这些目标的价值计算和排序只取决于个体——只要他是合理地知情的，并且也是理性的。这样做的一个直接后果是，价值和偏好如今被转移到了经济学的范围之外，变成了个体的私人选择和决定。此后，经济学对个体主观的市场选择保持了沉默。具有独特社会目标的阶级业已消失，取而代之的是一个个寻求效用最大化的理性人。这里也有和古典政治经济学家之间的对比——斯密对浪子和投机者的担忧，李嘉图对地主放弃投资批判，马克思对产业工人褊狭的人类能力的关注——这种对比不能更强烈。

那些形塑交换价值的社会、心理、文化与制度因素，则被我们抛在了一旁，或者被我们过于简单地做出了假定。[49]这些因素包括偏好和能力的形成方式，所有权和财产对经济与个人自由的影响，以及所有与长期增长有关的现象。相反，边际主义者给我们留下了一个可疑的等式，即市场体系即等于最大的幸福总数（aggregate），而且这一总数被理解为，在特定约束条件下，偏好的最大满足。[50]这种说法在哲学上和经验上当然都是充满争议的，而且至少会被当作一个过分笼统的概括，进而遭到所有古典政治经济学家的拒斥。[51]

结论

在我们关于政治经济学之变换本性的故事里,有一个主题十分引人注目。那个贯穿18世纪和19世纪的根本分歧,主要并不在于技术知识或严格性(尽管这也的确是一方面),甚至也不是政治倾向。从根本上说,它是一个视野问题。古典政治经济学家认为,与其说经济是个体与其想要的东西之间的一系列同质关系,不如说是社会阶级之间的异质关系的一个体系。对于亚当·斯密、李嘉图和马克思来说,需要解决的核心问题是社会产品在三大社会阶层中的分配。正如李嘉图所说:"确定那些调节这种分配的法则,这是政治经济学的核心问题。"[52]此外,这个问题还提出了解释性的(实证的)和规范性的问题。例如,贫困劳动者的状况一直是政治经济学家关注的核心。斯密、约翰·斯图尔特·密尔、李嘉图式的社会主义者和马克思,他们留下了一个丰富的批判社会理论的传统,这包括关于劳动契约之强制性的论证,还包括在诸行为主体就社会剩余分配进行谈判时,对其中的不对称力量的认识。此外,对于古典政治经济学家来说,这些问题与他们各自对美好社会的视野息息相关。如何实现一个好的社会,以及一旦实现,这样的社会究竟是会维系下去,还是会陷入静止状态或逐渐衰退,这些是这些思想家关注的主要问题。

相比之下,到19世纪末,如何优化消费者偏好的问题已经成为经济学的核心。边际主义革命带来的新古典主义范式，把家庭的偏好、要素的禀赋以及财产的形式作为给定的输入项，并在此基础上，生成了一种价格理论。经济现在被看作一个自律的活动领域，它独立于法律、习俗或权力。边际主义者对市场的赞美假定，大规模政治权力等因素并不存在——而这些因素会破坏市场的优化效果。此外，人类的需求与资源也被认为是给定的；人们被简单地假定拥有某些"偏好"和"禀赋"，其正义性或其性质都与对市场的经济评价无关。有了新经济学，其践行者能够建立可操作的统一模型（诚然，这些模型给经济的运作方式带来了一些非常重要的洞见）。然而，古典经济学家感兴趣的经济生活中的几乎一切事物都被遗漏了——特别是，他们对不同市场对人类能力和社会关系的社会影响，以及关于不同市场的社会嵌入方式的关键洞见。在接下来的几章中，我将试图重拾这些洞见，并将其用于对特定市场的思考之中。

第三章　市场在当代平等主义政治理论中的地位与范围

> 当一个穷人出门逛市场,他往往只带着眼泪回家。
>
> ——非洲谚语

在这一章中,我将考察有关市场与平等之关系的两种重要却不同的当代观点。第一种观点认为,尽管市场在社会中发挥着重要作用,但平等主义者应该通过使用税收和转移支付系统,来纠正市场造成的分配不平等现象。例如,如果市场制造出的不平等被认为是应被反对的,比如富人和穷人之间在获得医疗保健方面的不平等,那么平等主义者的恰当回应就应该是,将收入重新分配给那些处境更糟的人,以便他们可以自己选择,提前为其健康需求作出(或不作出)安排。如果平等主义者不喜欢医疗保健分配的不平等,那么他们就应该着眼于对收入与财富的分配。如果他们认为,收入和财富的基本分配也是无法接受的,那么这就是他们就应该改变的东西,其方法便是使用税收和转移支付系统。我借用经济学家詹姆斯·托宾的说法,将这种观点称为一般平等主义(general egalitarianism)。[1]

一般平等主义者认为,效率的目标蕴含着,任何可欲的再分配都要通过累进税和转移支付来实现,而不能通过对市场范围的限制。他们倾向于前者而非后者的原因是:"具体的干预,无论是否以平等的名义,都会带来低效。干预越具体,低效就越严重。"² 相应地,大多数平等主义经济学家更倾向于一般平等主义。

根据他们的说法,政府对具体市场的干预不仅蕴含着不可欲的低效,而且有时这种干预还被认为是对个人自由的不合理的限制。这个论证表明,向个人提供特定益品,比如医疗保健或食物,是应被反对的父爱主义的做法。相反,给个人提供收入并让他们自己决定想让哪些偏好得到满足,才能最好地促进自由。当政府试图代替个体做出决定,哪些目标是最值得追求的,比如参加医疗保健或者上音乐课程,而不考虑这些公民自己偏好何种目标时,政府就没能带着尊重对待其公民。许多自由主义政治哲学家也倾向于成为托宾意义上的一般平等主义者。有些人认为,市场既服务于自由,也服务于效率,但另一些人则会仅以自由的名义,拒斥政府对具体市场的限制。

当然,关于一个社会究竟应该承担多少税收和转移支付,不同的理论会有不同的看法。而且,关于效率和自由相对于平等而言有多重要,不同的理论看法不同。³ 但我想强调的是这样一个基本点:一般平等主义者认为,除了我将讨论的少数例外情况,要想利用市场的效率和(或)自由的德性来实现平等主义的目标,税收和转移支付制度是最佳的方式。

根据另一种截然不同的观点,平等主义要求特定商品完全不能使用市场进行分配，即便阻止这些商品交换会带来低效。我将再次借鉴托宾的术语，把这种观点称为特殊平等主义（specific egalitarianism）。特殊平等主义者认为，某些稀缺的益品应该（以实物的形式）被平等地分配给所有人。[4] 他们通常只是关于特定益品的平等主义者，而不是一般意义上的平等主义者。可能属于这类益品的东西包括医疗保健、基本必需品，以及与公民资格有关的益品，比如教育和兵役。许多支持全民医疗保险等社会政策的人都持有这种观点；他们赞成医疗服务的普及，即使他们不赞成一般意义上的平等主义收入再分配。

在研究每种观点的长处时，我将考虑每种观点会分别如何处理一系列具体案例，我将其称为"泰坦尼克号案例"[5]。回顾一下，当泰坦尼克号沉没时，它有足够的救生艇供头等舱的乘客使用。但对那些大舱①里的乘客而言，他们却只能指望着同船一起沉没。我相信，我们中的大多数人都认为，这是应被反对的。一般平等主义者可能会以这样的方式尝试容纳这个根深蒂固的信念，他们会指出，问题在于最初存在一个不公平的购买力分配，它决定了谁坐头等舱，谁被降级到大舱。然而，哪怕我们假设购买力最初是公平地分配的，且不平等的产生仅仅是因为某些人比其他人更关心、更愿意为获得救生艇而付出更多金钱，我怀疑我们中的许多人仍然会觉得，这个例子是应被反对的。要想容纳下这个根深蒂固的信念，特殊平等主义是一个更具希望的进路，但我将论证，我在这里考虑的特殊平等主

---

① 大舱或统舱（steerage）在旧时指轮船上设有较多铺位，可以容纳大量乘客的廉价舱。——译注

义理论也是不充分的。

我将会讨论一系列泰坦尼克号案例,这些讨论将为我自己关于市场限度的理论铺平道路。在下一章中,我将发展和辩护我自己的理论。根据这个理论,如果特定市场的运作破坏或阻碍了各方以平等者的身份互动(interact as equals)的能力,那么我们就有充分的理由对其进行监管或限制;即便这一市场产生于自愿的个体同意,并且基于初始的条件平等。以平等者的身份互动,还有以平等者的身份互动在社会上和政治上的先决条件,这些想法都是很复杂的。它们与其他平等的概念相关,但不完全相同。关于这一点的讨论,我将留待下一章。我在这里提到这一点,是因为它形塑了下文中我对种种替代观点的讨论。

一般的和特殊的平等主义理论都将市场视作种种机制,我们根据它们实现或破坏重要价值的程度,来对这些机制做出评估。但有些人认为,市场体系的最大优势是在道德上的:它让人们对自己的生活和选择负责。根据这种道德的观点,市场让我们每个人对自己的市场选择负责,同时还能确保,我们从这些选择中获得的利益,取决于这些选择给其他人带来的成本与收益。根据这一观点的支持者,市场在个人之间建立了一种平等关系,他们所拥有的资源之间的差异,反映的仅仅是他们对工作、休闲、风险等等的不同偏好。

在这一章中,我将首先探讨市场和平等之间是如何可能有一种更深层次的联系。这种联系在许多替代理论中也存在,这也包括我自己的理论。我将论证,为市场和平等之间的概念性联系的辩护是失败的。市场在社会中发挥着重要的作用,但它们不能被用作我们确定人们有权获得何种资源的根本标准。

概念上与平等主义关联的、关于市场的道德观点

一些清扫工作:由于人类在数不清的方面都是如此不同(比如说,个体在力量、性别、年龄、价值观和偏好、健康状况和天赋水平方面都有差异),任何追求人类平等的理想都必将是不可避免地抽象的。此外,在一个方面实现平等的政策,往往会在另一个方面制造出不平等。比如,收入的平等可能会导致对努力的不平等回报。我们不可能在方方面面全都成为彼此的平等者,所以我们必须决定,在我们的诸多差异中,哪些维度是最重要的。每一种平等主义理论都需要做到这一点。[6]

罗纳德·德沃金提出的一种方案是,我们的平等最好理解为个人应该被作为平等者(as equals)对待;特别地,他认为国家有义务以平等的关注与尊重对待其所有成员。[7] 德沃金甚至声称,一切形式的自由主义政治哲学都以一种基本的方式致力于这种抽象的平等理念,尽管它们对其含义的理解非常不同。[8] 例如,一些哲学家认为,以平等的关注和尊重对待人们意味着给予他们平等的实现美好生活的前景,而其他哲学家则认为,这意味着给予人们对其财产和劳动的平等权利。

以平等者身份对待人们体现在分配上的推论是什么?对于这个问题,德沃金称其自己的阐释为资源的平等(equality of resources)。它的基本思想是,当两个人受到平等的关注和尊重

时,他们(最初)被提供以社会总资源的同等份额。⁹例如,如果一个国家给予白人公民的资源是黑人公民的两倍,那么这个国家就没能以平等的关注和尊重对待其公民。这似乎是很明显的事。德沃金的理论就是扩展并深化了这个直观的理念。

我们可以想象,资源平等的原则可以由一个规划性机构来加以实施,这个机构应记录下一个社会的可用资源量,以及它的人口规模。但德沃金主张,如果不依靠市场,我们是无法实现资产的平等分配的,而这恰恰是平等的尊重和关注的要求:"如果某种对资源平等的理论发展是有吸引力的,作为为大量商品与服务设定价格的手段,经济市场的理念必须居于这种理论发展的中心。"¹⁰为什么呢?如果平等对待个人的含义是让他们拥有平等的资源,那么为什么不干脆把所有可供再分配的资源,等量地分给每个人呢?¹¹

这种主张平均分配社会资源的提议所存在的问题不仅仅在于,不同商品的质量不可能保持一致;比如说,某些土地一定会比另一些土地质量更好。¹²这种提议的核心问题是,即使在一个最初平等分配的情况下,不同的人对于商品与服务也会有不同的偏好。如果人们对不同资源的偏好不同,那么,他们对其所得的资源就不会同等地满意。有些人会希望让出一部分资源,以便获得其他资源。若要决定不同资源值多少价,并且还要维护其价值的平等,我们需要一个用来比较的尺度。根据德沃金的观点,是市场给了我们这个尺度;根据任何特定资源对其他人的重要性,市场会设定这一资源的价值。¹³

德沃金要求我们想象这样一个社会。在这个社会中,所有可用的资源都要在拍卖中出售。[14] 每个人在开始时都有同等数量的购买力——在他假想的例子中,这种东西是蛤壳——人们可以用它来竞标这些资源。人们用他们的蛤壳换取资源,并相互进行交换,直到获得一系列的市场出清价格。(当市场出清时,在某个价格上,商品的供给等于商品的需求。)[15] 在这个模型中,每个人的资源之间的差异,都只不过是每个人所做选择的结果。拍卖与瓦尔拉斯微观经济学理论中的理想市场相似:在一个社群中,所有人对社会中的所有商品与服务的偏好之间展开互动,这种互动产生了任何一个个体的商品与服务的均衡价格。[16]

考虑到资源最初的平等分配,拍卖是为了保证人们最终拥有不同的但对他们来说同样有价值的资源。在拍卖之后,这些资源的分配是"无嫉妒"(envy free)的——每个人都会偏好自己的一套资源,而不是其他人的——或者至少是对他人的资源不感兴趣。(如果有人确实偏好一套不同的资源,她当初就可以竞标这些资源,而没必要对她实际竞标的资源下手。)人们在拥有的资源上的差异,如今只反映了他们不同的偏好、对风险的态度和不同的生活抱负。如果一个人比另一个人更偏好昂贵的食物和奢侈品,这可能会影响他的相对福祉,但如果他选择购买法国勃艮第酒而不是啤酒,并且因此只剩下很少的资源来买书,他就要为此负全部责任。[17] 因此,通过将市场和初始平等相结合,德沃金能够回答他自认为是分配正义的核心问题之一:我们该如何让个体既能面对平等的境况(circumstances),同时依然能够拥有和履行其特殊责任,为自己生活的成功负责？

德沃金对这个问题的答案，并不完全就是拍卖所给出的那个；外部资源（即蛤壳）的平等并不足以确保个体在做出（市场）选择时，所面临的境况是真正平等的。这是因为，就个体所拥有的那些内在的、私人的资源而言，他们之间依然是有差异的。比如说，他们先天性的才能潜力，或者他们的体力水平。虽然国家不能对人与人之间的一切内部资源的差异实行再分配，但德沃金论证，国家可以补偿那些内部资源在市场上的价值低于他人的人，并以此减轻这个因素的影响。为了确定一个人应得多少补偿，我们必须再次依靠市场，而这次则是一个假想中的保险市场。这个假想中的保险市场是对拍卖外部资源的补充。

德沃金的论证十分复杂，但其基本思想是这样的：想象这样一个世界，人人都不知道他们自己是否已经拥有或即将获得某种身体或精神损伤。但是，每个人都知道这种损伤会带来的后果，及其这种损伤在一般人群中发生的统计概率。通过一个假想中的保险市场，个体可以利用他们的原始蛤壳来购买保险，以保护自己在一定概率下免受这些损伤，或不会在内部资源的分配中居于不利地位。

在这种情况下，人们所选择的保险水平可能会有所不同。考虑到你的其他目标和偏好，你可能愿意花费你那份原始资源中的很大比例来购买保险，以防掉进一个极其不利的地位中去；而我则可能希望花费得少一些。但德沃金认为，就那些"能够影响到各种不同生活的……一般性的残障形式"而言，我们应该假设，大多数人会购买差不多的保险政策。[18]在此之后，社会就可以当作人们已经为这些形式的身障投保了一样，向这些人进行征税，并按照普通人会投保的平均水平，为那些现实中的身障者提供现金福利。在这个假想的市场中，一旦为内部资源之缺陷投保的保险费用、待分配的补偿款数额都已被市场确定下来，再加上外部资源以拍卖的方式被切分，那么资源的平等就会实现。每个人都得到了平等的关注和尊重——即每个人都得到了国家提供的同等价值的资源——没有人有理由抱怨他们受到了不公平的对待。

不过，有没有可能他们还是有理由抱怨呢？以平等的关注与尊重对待他人，这个要求具有分配上的推论（distributive implications）。无论德沃金关于平等的观点本身有多令人信服，我认为他的这个假设是错误的：他认为在市场和以平等的关注与尊重对待他人在分配上的推论之间，存在着内在的联系。也许，市场是我们实现许多重要的社会目标、个人目标的极为有用的工具，但即使在德沃金要求苛刻的初始条件之下，它也并不能告诉我们，人们有权得到什么资源，或者何种分配结果是公平的。要知道人们有权得到什么资源、何种分配结果是公平的，我们不应看均衡价格——这些均衡价格（在初始资源平等的假设之下）建基于人们的主观偏好，以及通过市场行为表达的他们的自愿选择——我们必须关注另一些方面。

为什么呢？首先，德沃金的模型假定，人们带到市场上的对商品和服务的偏好是真实的、有充分支持的，而且是外生的（exogenous）。[19]但我们的许多偏好并非如此。它们有时是来自一时的心血来潮、困惑、传统、同侪压力,或者是社会环境。[20]我们的偏好,甚至我们的人生理想,都并非凭空而来。事实上我已经论证过,市场本身就可以帮助形塑我们的偏好。如果我们的偏好形成自上面我提到的任何一种方式,那么它们或许并没有反映出那些对我们来说的重要之事:那些我们真正投身的生活方式。

如果我嫉妒你所拥有的一些商品,这一嫉妒心可能来自错误信息、广告或心血来潮。它似乎是一个糟糕的基础,不足以用来重新校准我们的资源分配。有些人想要过上别人的生活方式,只要别人拥有他没有的东西。[21]另一些人则对自己的生活感到不满,除非他拥有了最新款的小玩意,并且一直不停地追求新款商品(这些新款和老款之间的差别甚微,但是营销做得非常好)。在环境发生细微变化的情况下,许多人会改变他们对偏好的排序。很少有人针对每个偶然事件都安排好了一套预定的偏好。在许多实验中人们被诱导而做了一些选择,这些选择体现的偏好,受到选择的背景和程序的强烈影响。有些人做出选择,仅仅只是出于其社群内的社会规范。有鉴于此,当我们讨论的是伦理学时,为何还要假设,人们在市场中表达的一切偏好都是有意义的?

尽管德沃金的模型有赖于个体拥有对他们而言具有同等价值的资源,他们以此追求自己的事业,但有些人可能会选择对这些目标来说没什么实际价值的资源。所以,正如德沃金所承认的那样,我们需要引入一项原则,使之在拍卖进行之前确保各方的偏好都真实的。[22]这是朝正确方向迈出的一步,但这是一个很高的要求。

德沃金在其他作品中还辩护了一个"挑战"模型。根据这个模型，一种生活是好的生活，只要它是"对其所处的独特境况的恰当回应"。[23] 也许要将这个模型补全，我们还需要思考哪些偏好不仅是真实的，而且是值得满足的。同时，德沃金还强调，他的分配正义论（即资源平等）并不取决于他的挑战模型。相反，遵循着当代经济理论，他的理论在很大程度上把我们的偏好当作被给定的（也许它们受制于对一致性的要求，也许它们可能受制于对某种程度的知情的要求）。这种理论对于解释性的目标甚有助益，但如果我们处理的是伦理学问题，似乎并没有很好的动机做出这种假定。为什么一个社会对其公民负有的义务——即以平等的关注和尊重对待其公民在分配上的推论——要遵循错误的、短暂的、混乱的、未能适当地适应环境的、因循守旧的或不真实的偏好？[24] 并且，如果偏好的变化基于分配，而分配本身又取决于初始财产规则（后者涉及什么可被拥有），那么我们就会出现我在第一章中提到的循环论证问题。

即使我们的偏好是真实的、一致的和稳定的，即使我们能够以某种方式厘清我们的动机心理，在以德沃金假想的理想市场来满足个体偏好的同时，国家依然可能没有以平等者的身份对待其成员。为了理解这一点，我想考虑三个例子：身障者、女性照护者，以及那些做出不谨慎的、有风险的选择的人。

乍一看，德沃金的框架似乎设计巧妙，它很好地处理了不同个体的内部资源带来的优势和劣势问题。[25] 尽管个体必须承担他们自己的决定的成本,但他所提出的框架补偿了人们在内部资源上的差异。对这些差异,人们不应负有责任。在约翰·罗尔斯所说的"自然彩票"中运气较差的人将相应地得到补偿,这大概是通过税收和转移支付制度实现。[26]一个被证明在精神和物质资产方面存在先天不足的人,将获得额外的外部资源(即现金),这部分外部资源由假想的保险市场决定。他可以用这些资源来弥补这些不足,从而实现资源的平等。

尽管这种进路大有前景,但它的问题是,身障者在社会中面临的那些障碍并不完全是、甚至并不主要取决于他们掌握多少私人资源。[27]身障者一直在被边缘化,他们被排除在公共空间之外,在就业方面受到歧视,并受困于有损尊严的刻板印象。即使大量额外的金钱也不能帮助身障者以平等者的身份融入社会,除非社会的物理结构、社会规范及期望也发生了改变。正是因为认识到了这一点,身障者权利活动家们长期以来竭力争取种种监管措施,以实现社会包容性——重新设计公共空间,使其对所有人开放;在技术与工作组织方面为身障者提供便利,以缓解残障可能带来的后果——他们还挑战了对身障者的污名化观点,即将身障者视为有缺陷的、次于其他人的人。如果资源上的补偿不会改变身障者低下的、边缘化的社会地位,那么没有人会对资源补偿的方案感到满意。[28]

德沃金的拍卖关注对个体所持有的资源的分配;而个体之间进行交易、相互联系的社会世界的性质,则不是他的平等主义理论的核心。尽管他承认社会世界很重要——所有的拍卖都必须在财产规则、个人和集体自由、规范等基础上进行;但他在对资源平等的讨论中，把这些问题放在了一边。但往往正是这个社会世界，我们的市场选择与行动背后的这个社会的、政治的、文化的背景，应成为平等主义批判的对象。将身障者纳入各社会机构之中，通常需要对一个社会中的社会组织、政治组织、文化与物质组织进行变革。要促进平等主义的这一个核心目标，将个体所拥有的资源平等化还不够。身障者仍然可能有合理的抱怨，认为他们没有得到平等的尊重。[29]那么，我们至少还需要对德沃金的方案进行修正，向其中加入在先的（ex ante）社会融合政策，以促进身障者参与社会。市场不能保证这一类的政策将得到颁布，它也不能保障无障碍空间会被建造，因为这将取决于许多因素，诸如身障者在人口中的比例，或者人们偏好的分布，等等。

作为第二个例子，请考虑一下劳动的性别化分工。在这种分工里，女性承担了不相称的家务劳动，还有抚养孩子的责任。[30]家庭中的这种分工使女性在工作场所中居于不利地位，因为大多数工作场所不会考虑工人的照护责任，而女性则不相称地肩负着这些责任。不少女性承担了养育子女和家务劳动的主要责任，她们一般无法从事收入最高的职业，或一些最具回报的职业。这些职业回报的是人力资本的投资，而不是对子女的养育。这些职业模式在被建构时，假设了工人在家里有一个配偶，这个配偶可以全身心地投入到家庭中。同时，隐性歧视和刻板印象助长了女性在从事与男性相当的工作时获得较低的报酬，这进一步强化了将家务劳动分配给女性的情况。如果女性的薪酬前景低于男性，那么让女性而不是男性退出劳动力队伍,并且承担养育子女的责任,就是一件在经济上讲得通的事。

德沃金的市场方案没有对眼下的工作结构或性别分工的问题提供任何指导。[31]他的观点充其量也只是搁置掉了这个问题,也许把它交由政治制度来决定。然而,从平等主义的视角来看,家务劳动和职场中的性别分工是应被反对的。它延续且加强了女性对男性的社会从属地位,阻碍了女性追求最具回报的工作与机会;它使女性的社会期望值低于男性;它强化了女性的低薪酬,以及她们对一位(男性)工薪族支持的依赖性。

德沃金的理论会如何回应那些因为要照顾孩子或年老父母,所以放弃了带薪工作的女性呢?他的理论似乎暗示,对这些照顾者的补偿是不必要的,因为收入的不平等反映了一种生活方式的选择,一种男女之间抱负与志向的差异。是这些抱负与志向导致了女性重视照护,而非那些在市场经济中可以获得的额外收入。

公允而论,德沃金确实认为,他的理论有考虑到对性别不平等的批判。他声称:"就人们将追求事业与照顾孩子相结合的意愿而言,无论不同性别之间存在什么差异,这都很可能——至少在相当大的程度上——是社会期望的必然后果。这些期望本身就是长期以来不正义的歧视与刻板印象的结果。"[32]人们的抱负与选择是被性别塑造的。问题在于,德沃金对这种塑造带来的问题的回应,如何相容于他自己敏于选择的(choice-sensitive)资源平等理论。尽管我们可以论证说,女性是依据他人的偏好,并且是在现有的社会约束下才形成了她们的抱负,一般意义上的人类抱负也是如此。德沃金的观点非常重视个体对自己选择的责任。那么，如果他要反驳女性在职业方面做出的选择，他能依赖的基础是什么呢？

当然，我们也许可以借助德沃金自己关于平权行动的著作；在这些著作中，德沃金强调了不平等对待的历史的相关性；借助它们我们可以推敲一些标准，用于确定在分配利益和成本时，哪些偏好应该得到重视、哪些不应得到重视。但这涉及一个非常困难的推断，因为性别不平等的延续与种族不平等的延续有着非常不同的方式；特别是，至少在20世纪的大部分时间里，支持性别不平等的，是女性自身内在化了的偏好，而不是法律上的歧视。与此同时还有一个不灵活的工作结构，这种工作结构使得这些偏好看起来很合理。[33]

即使我们能够认定，特定偏好在某种程度上是不正当的，我们仍然面临该如何修正的问题。如果只是让女性带薪居家，性别化的家庭和工作场所是否就变得可接受了？这是一个复杂的问题。虽然相对于现状而言，向女性支付照顾孩子的劳动报酬可以说是一种进步，但如果可以对工作日程与期望进行调整，使之能适应男女双方抚养子女的要求，那么女性将有更好的机会、更多的自由。例如，如果所有人都能在不影响事业的条件下取得并使用育儿假，那么女性与男性就能在更平等的条件下互动。但是，这种对结构进行调整的需要，在德沃金理论的内部是找不到的，尽管它也许能和德沃金基于市场的平等理论相兼容。因此，德沃金的理论并没有为我们提供多少指导，它没有告诉我们该如何确定，哪种制度能够保障男女平等。但

第二部分

对于那些希望以平等的关注和尊重对待所有人的平等主义者来说,这肯定是一个关键问题。

请考虑第三个案例,即那位做了一次糟糕的冒险决定的人。[34]即便我们已重新安排了背景性制度的结构,从而将女性和身障者都平等地纳入其中,我们的生活中依然在事实上会有许多糟糕的冒险决定。根据德沃金的理论,如果是一个人自己选择了某种后果,或是选择了进行冒险,那么她就不能抱怨这个后果。个体必须承担其冒险之选择的成本,因为正如我们所见,一个人对其平等份额之主张,受限于她对自己的选择所肩负的责任。在德沃金的理论中,如果一个人做了不审慎的决定,没有任何东西可以阻止她陷入极其糟糕的境况。在这种境况之中,她可能会受到他人的严重剥削。然而,为什么我们不说,把人当作平等者来对待与尊重,要求我们保护他们免于剥削,免于极不公平的交换,而且要限制一个人可以对他人施加多少权力呢?[35]

德沃金可能会这样对这个案例做出回应。他可能会指出,我们不仅应对自己的选择负责,而且我们还要内在化那些我们强加给别人负担的成本。我们不希望激励他人做出糟糕的、社会成本极高的选择。这是一个公允之论。任何社会都需要关注"道德冒险"(moral hazard)的问题,当个体无须承担其行为的全部后果时,这个问题就会出现。这样一来,他就会比其他情况下更不谨慎地行事。但保护人们免受剥削和贫困,并不要求我们对那些选择冒险的人做无限制的转移。它也并不排除我们增加一些接受援助的条件。[36]

我认为我们应该承认，尽量减少人们参与那些风险极高的冒险活动的动机，这样的想法是可取的；但尽管如此，人们有时确实会做出一些选择，这些选择会带来非常糟糕的后果。[37] 这部分解释了为什么平等主义的社会运动一直在争取无条件的社保项目，如工伤补偿金、身障保险和全民健康保险。这些项目对人们易受影响的风险水平设置了上限，不管他们是否对承担这些风险负有责任。

可以肯定的是，在许多重要方面，德沃金最终版的理论对其追踪平等（equality-tracking）的个体责任的核心思想增加了限制条件。例如，他的确承认，我们可以有特殊的理由，"基于一种政治平等的理论"，禁止人们以自由、宗教或政治权利为代价进行冒险。[38] 在外部性存在的情况下，他还指出，无论特定的个体偏好些什么，对市场的强制监管都是必要的。正如我们在德沃金对假想的保险市场的运用中所见，他论证，关于那些具有正常审慎性的普通人在医疗保险方面可能会做出的选择，我们可以作出"粗略的、一般性的判断"，也许同样的情形还包括一般人在福利保障和失业保险方面所做的选择。[39]

这样一来，保障平等的政治权利以及父爱主义的理由，可能导致我们接受强制性的最低配给，而这将对市场结果产生限制。但考虑到不同个体各自的选择，德沃金的理论在原则上并没有限制他们持有的可分割资源的不平等程度。在《至上的美德》（*Sovereign Virtues*）中的一段话里，他这样写道：

> 从原则上说……应当排除个体由运气不佳的处境的不

幸特点造成的重大责任,但不应解除那些应被视为出自他们自身选择的责任。如果某人天生双目失明,或不具备其他人具有的技能,这是他运气不佳,那么在可以做到的限度内,正义的社会应该对他的厄运给予补偿。但是,假如他现在拥有的资源少于别人是因为他过早地在奢侈品上花费太多,或者他选择了不工作,或者选择了比别人报酬更低的工作,那么他的状况就是选择而非运气的结果,他没有资格得到任何补偿。[40]

然而,如果就人们在社会中以平等者的身份互动的能力而言,拥有足够多的物质资源是其一个常设条件,而且如果以平等者的身份互动是平等主义的一个核心承诺,那么,与德沃金相反,再分配不能完全取决于一个人对其困境负有多少责任。

尽管我们有理由允许市场对分配结果产生影响——因为它们的协调和激励作用,也因为它们给予了选择自由广阔的余地——但这并不意味着,平等主义者必须接受所有的结果,甚至是理想化的市场的结果。到目前为止我已论证,这一点主要有两个原因。

首先,并非所有在市场上表达的偏好,都对道德目的来说是有意义的。我们有理由关注污名化的规范,这些规范帮助我们确定不同种类劳动的价值、将一些人排除在社会正式成员之外,以及不对养育子女的劳动进行回报。当我们往回看某些偏好的形成方式,或者往回看这些偏好的种类时,我们可能会发现,我们有理由降低其重要程度。[41]例如,当偏好基于或表达了对他人的蔑视时，我们就应该拒斥市场对偏好的作用。[42]

其次，当我们往前看个体的市场偏好的影响时，我们有理由维持住那些背景性条件。是这些背景性条件防止了一个人完全依赖于其他人的权力，或者依赖于他们的心血来潮。不管一个人对他糟糕的市场选择负有多大责任，维持平等关系给整个社会带来的利益，都远超单一的选择行为所带来的后果。专注于市场带来了怎样的分配，这并不会告诉我们，人们在何种条件下能以平等者的身份互动。[43]

一般平等主义

我称之为一般平等主义的那种观点认为，市场可能会制造出数量多到不可接受的社会不平等，即便它们产生自个体选择。这种市场产生的不平等可能反映了背景性条件的不平等、个体能力的差异、错误的判断；或者反映了市场运作的扭曲，它由外部性、非零交易成本、垄断、不完整或不对称的信息等因素带来；[44]或者，它可能反映了社会中歪斜的或成问题的偏好分布：考虑这样一个社会，它支付给儿童保育员的钱，比支付给动物园管理员的钱还少。

当市场制造出了一个被认为是应被反对的结果时，一般平等主义者更倾向于转移金钱，而不是重新分配作为实物的商品。一旦对购买力的分配变得可以接受了，一般平等主义者认为，我们应该允许竞争性市场进行运作，因为竞争性市场将产生最佳的经济结果。干预特定商品的市场，这只会带来更多的低效。[45]

托马斯·谢林（Thomas Schelling）举出了一个阐发性的例子：假设面对汽油短缺和随之而来的高价，政策制定者对汽油市场施加了限制，并给每个家庭发放了一张不可转让的优惠券，让他们用来购买汽油。[46]无疑，一些穷人会使用这些优惠券，但另一些人（比如说，那些没有汽车的人）则更偏好获得金钱。一些富人无疑会想购买超过其优惠券资格的更多汽油。一个穷人可能对购买汽油不感兴趣，但对为他的孩子购买额外的食物非常感兴趣。一个有钱人可能对购买更多的食品不感兴趣，但可能想购买更多的汽油。在这个例子中，通过规定优惠券不可转让，并以此限制市场的运作，这使得穷人的处境相比取消该限制的情况更糟。如果取消对出售优惠券的限制，需要汽油的穷人可以使用他们的优惠券，需要食品的人则可以把他们的优惠券出售给别人，换取现金。想要更多汽油的富人可以向穷人购买优惠券。根据第一章中的定义，取消限制是一种帕累托改进。然而，一旦你看清楚了允许优惠券交易背后的逻辑，你就会注意到，我们也可以通过允许汽油价格在无限制的市场中上涨，对上涨的价格进行征税，并将税收收入转移用于补充穷人的收入，以取得同样的结果。在这种情况下，在他们各自想要的东西方面，每个人的处境都得到了改善。

一些自由主义哲学家也倾向于一般平等主义，因为他们怀疑政府或第三方是否有能力成为更好的决策者，好过那些利益直接相关的第一方。他们认为，如果由个体自行决定买什么、卖什么，而不是依靠第三方为他做决定，他将获得更大的偏好满足。事实上,经济学中有大量关于"委托－代理问题"(principal-agent problem)的文献。这个问题指的是,一个需要完成某事的人(被称为委托人)必须激励她的代理人,让代理人尽可能地按照委托人的意愿行事。这并不像人们想象的那样容易。不仅信息的传递具有很高的成本,委托人与代理人之间还有可能存在相反的利益。

当然,有些委托人不能为自己做决定,他们必须依赖他人。人们普遍认为,有严重认知障碍的幼儿和成人需要父爱主义的干预。但依据相同的逻辑,许多人认为,不信任能力正常的成年人可以为自己的生活做决定,这是一种侮辱。当那些力求救济穷人的福利国家项目以不可交易的食物券、住房券的形式提供救济时,他们就是在用该项目的决定,来取代穷人判断什么东西对他们来说是好的。在一些人看来,这种取代支持了这样的反驳:福利国家就像对待孩子一样对待穷人。[47]从一般平等主义的视角来看,几乎没什么理由赞成这种父爱主义的干预。[48]这种干预既不可能促进效率,也不可能促进选择自由。相反,从自由和效率出发,如果要进行再分配,最好还是采取金钱的形式,让穷人自己选择他们想消费的东西、想如何度过他们的时间,以及他们愿意承担何种风险。

这些对效率和父爱主义的担忧当然有一定的道理,但它无法证明,平等主义者不应寻求对市场的范围施加限制。首先,正如我在第一章中讨论的,所有的市场都取决于一些背景性的规则。反过来,这些默认规则将某些选择排除在外(如抢劫),并且使得一些选择比其他选择更有可能发生。[49]例如,一些社会采纳了一种"选择退出"（opt out）的器官捐赠体系，其中的假定是，一个人的器官在他死后可用于移植，除非他明确选择退出。其他一些社会，比如美国，则采用了一种"选择进入"（opt in）体系，其中的假定正好相反。这些不同的默认安排影响了可用的遗体器官的数量。在更普遍的意义上，心理学家发现了大量的框架效应，其中法律与组织规则也对相关主体的选择具有强大的影响力。我们并不是凭空做出选择，我们需要确定默认规则。很难理解，为何父爱主义的考量不应影响社会对这些规则的选择。

其次，从我们对彼此负有的义务，以及国家对自己公民负有的义务的角度来看，并非所有的商品都和金钱具有一样的意义。一般平等主义的观点认为，资源之间是可替代的；也就是说，其他资源可以替代它们。（在谢林的例子中，金钱就是汽油的替代物。）这个假设也是德沃金理论的一个特点。在他的理论中，要在人与人之间实现资源平等，我们需要一种共同的货币（在他的模型中是蛤壳）。但在我们的政治与道德理论中，并非一切商品都扮演着与货币相同的角色。这尤其体现在，我可以认为人们对某些益品有所主张，比如生命、公共卫生和公共安全；但当我这样想时我不必同时认为，如果有等价现金可以（或无法）用来购买这些益品，人们对这些现金也拥有同样的主张。

T. M. 斯坎伦（T. M. Scanlon）在其论文《偏好与紧迫性》（Preference and Urgency）中，对两种相关类型的主张之间的区别进行了有力的说明。假设一个人认为自己有义务处理一个紧迫的需求,比如,他有义务转移他的一些资源,以防止一个人挨饿。现在斯坎伦要求我们想象这样的情况:这个挨饿的人很乐意选择放弃体面的饮食,以便为她的神建造一座丰碑。这种情况并不意味着,那位潜在的捐赠者必须认为自己有义务转移资源,给纪念碑的建造出力。他对挨饿者的义务的基础来自挨饿者(或多或少)的客观需要,而不是挨饿者在其主观生活概念中对这些需要的重视程度。

当我们在国家对其公民的义务的背景下,考虑像斯坎伦的挨饿者这样的例子时,某种形式的实物供应看起来比基于税收和转移支付的货币分配要好。实物供应阻止了接受者以某种方式使用资源,这种使用方式会破坏国家对其公民的义务的基础,这种义务也就是对后者的紧迫需求的满足。[50]此外,这种阻止的基础不是父爱主义式的;它侧重于一种关于捐赠者义务之来源的观点,而非一种关于何物符合接受者最佳利益的观点。

特殊平等主义

关于市场的另一种平等主义进路认为,我们的平等概念的其中一个推论是,需要平等分配的是某些特定益品。或者说,这种进路的支持者们至少会承认,某些稀缺益品"在分配上的不平等程度,应当小于人们在支付能力上的不平等程度"。[51]人们在面对获得医疗服务或法律援助权利上的不平等,与获得汽车、衣服和游艇上的不平等时,往往会有相当不同的反应。即使收入分配是不平等的,这也并不意味着所有益品都应该像收入一样不平等地分配。但是,哪些特定益品应该被平等分配?我们又应该如何决定呢?

在当代哲学的文献中,在这一问题上最有影响力的讨论,仍然是由迈克尔·沃尔泽在其《正义诸领域》一书中给出的那个。[52]沃尔泽认为,当我们在考虑如何分配一种益品时,我们应该询问,这样的分配是否与该益品的社会意义相一致。比如说,他就指出,我们关于荣誉、神恩与真爱的概念之本质就在于,这些东西没有市场价格。至少,如果要使用市场来分配这些益品,这就代表着人们理解这些益品的方式发生了改变;我们目前的用法会遭到破坏。那个说要购买和我的友谊的人,并没有真正理解(在我们的文化中)成为一位朋友或拥有一位朋友意味着什么。人们还认为,有些益品是完全不可替代的,它们没有任何等价物。[53]正如康德在谈到人类时所说的,人有的是尊严,不是价格。[54]

在沃尔泽的进路中,市场不仅仅是确定并追踪益品价值的一种中性的计费装置。市场可以改变和降格(degrade)一种益品的意义。理查德·蒂特马斯(Richard Titmuss)的经典研究《礼物关系》(*The Gift Relationship*)为我们思考这种情况何以发生,提供了一个非常不错的案例。蒂特马斯认为,允许血液市场的存在,就会改变社会对献血的理解。献血从一种"生命的礼物"变成了纯粹的现金等价物。此外,通过对血液意义的改变,人们对市场的运用将会使获取的血液质量下降,也使人们更不会进行无偿的、利他的献血行为。蒂特马斯认为，这种意义上的变化解释了美国和英国的献血制度之间的某些差异。[55]沃尔泽的理论将蒂特马斯关于市场对意义的影响的论证扩展到了其他益品之上，如会员资格、诺贝尔奖、基础教育、健康和政治平等等。他主张，这些益品的意义本身就要求我们限制市场在其分配中的作用；否则这些物品的意义就会遭到破坏。

沃尔泽论证，有些益品的社会意义要求它们被平等地分配，而不是按照市场来分配。这是因为，市场分配商品的根据是人们的支付能力与支付意愿。特别地，他主张，医疗保健的意义就要求对它的分配建立在平等医疗需求的基础之上。这是一个有趣的想法，但仅就沃尔泽的理论而言，要想将其作为对市场施加限制的一般性的政治基础，这几乎是无望之谈。许多此类社会意义是有争议的。比如，人们在医疗保健的意义上就存在着严重而久远的争议。[56]许多美国人似乎认为，国家对医疗保健的干预应限于市场失灵的情况：为老人和身障者提供保险，为那些买不起保险的人提供保险，以及为基础医学研究提供资金，这些是公共益品。在这个限度之外，还有相当多人支持市场供给，尽管这一点有争议。如果我们不同意这一状况，那么引用医疗保健的社会意义作为我们不同意的原因就是无能为力的，因为我们在这争论的恰恰是其社会意义（及其推论）。

还有其他人试图改进沃尔泽的习俗主义基础，认为我们应根据我们所有的价值与证据，将我们对市场分配的态度建立在对益品的最佳理解之上。伊丽莎白·安德森（Elizabeth Anderson）论证，我们对于不同益品所应采取的适当态度之间，存在着重要的差异：将有些益品视为可交易的商品是正确的，但其他一些益品则是应被尊重或敬畏的对象，或者应被看作是不可替代的，它们没有等价物。她认为，通过追踪我们对特定益品的适当评价方式的差异，我们可以确定，哪些益品应被正确地视为市场商品。[57]迈克尔·桑德尔（Michael Sandel）论证，如果许多道德益品（moral goods）与公民益品（civic goods）是拿钱买来的，我们就会败坏（corrupt）它们。还有一些例子，比如我在本书后面考虑的那些：商业代孕、器官买卖和兵役。[58]玛格丽特·简·雷丁（Margaret Jane Radin）主张，与我们的"人格"密切相关的某些益品的市场，会破坏我们作为人类的繁荣（flourishing），所以应该取缔此类市场，或至少对其进行高度监管。[59]在雷丁看来，我们对繁荣的人类生活的最佳理解，为我们对特定益品的市场的限制奠定了基础。

这些对市场施加限制的策略中的每一个都很有趣，而且往往都很有启发性。但是，它们都有两个重要的弱点：就许多特定益品（和人类繁荣）的意义而言，人们往往有不同的看法。更重要的是，在大多数情况下，我们赋予益品的意义与市场对它的分配之间，只有微弱的联系。

首先，如果将其作为一个实际问题进行考虑，我们可能无法就许多特定益品的最佳意义达成共识。（即使我们对一个益品的最佳意义的描述在事实上是正确的，这一点也能成立。）

其次，即使我们接受了某种特定的解释，认为它提供了一种益品的最佳意义，这种理解和我们对市场的使用之间也未必有任何密切联系。市场通常是实现我们目的的工具性机制；市场价格很少直接表达我们对一种益品的评价态度。正如我在第一章中指出的,一个有宗教信仰的人可以购买一本《圣经》,而不认为其价格表达了她对其价值的看法。一个认为医疗保健是一种权利的人,可能仍然赞成使用基于市场的私人保险系统,同时为穷人提供医疗保健服务。我可以支持食物是一种应该得到保障的基本需求,同时也支持通过市场对其进行一些分配。

此外,我们对使用市场来分配益品之可接受性的评价,往往还受制于经验性的因素,比如商品供给的弹性。当一种稀缺商品的供应量是固定的,平等分配或基于任何其他非市场标准的安排,都不会让人们担心分配效率。举例来说,如果可供移植的肾脏供给是固定的,那么我们也许会认为,通过非市场手段分配肾脏是最合适的。然而,如果允许肾脏市场的存在同样也会大大增加供给,那么取缔该市场的理由就会显得比较弱。这就是为什么我们可能会担心某种特定商品在某些情况下的分配,而不担心其他的情况。

我找不到任何理由认为,人们对特定市场的评估——甚至是那些人们直觉上认为很成问题的市场——通常是在追踪所涉及的商品对他们的意义,或者是在密切追踪与人类繁荣有关的商品。人们将不同的理解带到市场中,即使那些引起我们不适的市场也是如此。两个人可能无法对一种商品的意义达成共识,或对何为繁荣的生活达成共识,但他们可能都会对运用特定市场来分配这种商品感到不适。

在评估这些关于市场限度的特殊平等主义进路时,有一个显要的例子值得我们考虑,那就是时任世界银行首席经济学家劳伦斯·萨默斯（Lawrence Summers）给他同事的一份备忘录所引起的公众骚动。该备忘录的部分内容是：

> 这话就在你我之间说。难道世界银行不应鼓励将更多的重污染工业迁移到最不发达国家中去吗？我能想到三个原因：
>
> 1. 污染带来的健康损害的成本，取决于日益增长的发病率和死亡率带走的预期获得的薪金。从这一观点来看，一定量污染带来的健康损害成本最低的国家，也应该是工资收入最低的国家。我认为，向低收入国家倾倒大量有毒废料背后的经济逻辑是无可指责的，我们应当勇于面对这一点。
>
> 2. 污染成本可能是非线性的，因为最初的污染增量可能只有很低的成本……唯独令人不快的事实是，大量的污染是由非贸易性行业产生的（运输、发电），并且运输固体废料的单位成本过高，这些都阻碍了造福世界的空气污染和废料的贸易。
>
> 3. 出于美学和健康的原因而对清洁环境的需求，可能具有非常高的收入弹性……很明显，体现人们对于污染的美学关注的商品贸易，可以提升福利……
>
> 在那些反对向欠发达国家输送更多污染提议的论证中（对特定益品的固有权利、道德理由、社会关切、缺乏充分的市场等）存在的所有问题，都可以反过来用，以或多或少地拿来有效反对世界银行的每一项自由化建议。[60]

当萨默斯写道,向最不发达国家倾销有毒物质(大概是为了换取生态补偿)背后的经济逻辑"无可指责"时,他是完全正确的。如果交易各方都是理性的,那么,考虑到最不发达国家污染增加的经济后果远远低于发达国家,最不发达国家的人就应该愿意以发达国家应该愿意支付的价格,向发达国家的人出售污染权。备忘录被泄露给了《经济学人》,后者认为其语言"糙"了,但指出:"在经济学上,他的论点很难回应。"[61]那么,是什么原因导致这份备忘录的公布引起强烈反响呢?为什么这么多人就有毒废料的国际市场的想法感到愤怒?

这里有许多东西需要考虑,但我认为,萨默斯的批评者不需要相信任何关于污染之意义的特定观点。例如,对萨默斯的备忘录持否定态度的人可以完全一致地认为,允许企业在美国境内买卖污染权是合适的。一个人可以在美学上或精神上重视环境,而不一定要相信这些价值一定会被市场的使用所破坏,至少是在市场受到某些监管的情况下。批评萨默斯提议的人可能并不认为,对于污染的市场商品化本身是应被反对的。同样,两个人可能对大自然在繁荣生活中的地位持有不同的看法,但同样认为他的备忘录令人感到不安。

虽然有些益品的意义的确拒斥被商品化——想想友谊、爱情和诺贝尔奖——但绝大多数益品并非如此。在后一种情况下,我们对某些市场的负面反应一定取决于其他的考量,我认为,这些考量逾越了益品类型上的差异。现在,请读者注意,如果一种标准商品的市场产生了极其有害的后果——这也许是因为,这种商品的突然降价使其生产者陷入赤贫——我们对该商品市场的反应可能与现在不同。在下一章中,我将就萨默斯的备忘录展开讨论,并且将对他的提议中存在问题给出我自己的诊断。

泰坦尼克号案例

特殊平等主义者在某些方面是正确的:在特定的商品中,存在着令大多数人感到尤其不安的不平等。其中有趣的问题是,为何会如此。正如我们所见,一般平等主义者和特殊平等主义者对这个问题提供了不同的答案。现在,我想更仔细地考察一下我所考虑的每一种观点,各将如何处理泰坦尼克号案例所产生的难题。

请考虑托马斯·谢林这段关于泰坦尼克号之沉没的震撼的文字:

> 对头等舱来说,救生艇是够用的;大舱乘客则被期望与船一起沉没。我们再不能容忍这种情况了。那些想在海上冒生命危险,而又买不起安全船只的人,也许不应被剥夺将自己托付给没有救生艇的廉价船只的机会;但如果有些人付不起有救生艇的船票价格,而有些人可以,他们就不应该乘坐同一条船。[62]

谢林并没有明确赞同我们对行船安全上的不平等施加限制的政策,但他确实强调,施加这种限制是在我们社会中受到广泛支持的做法。[63]作为一个社会政策问题,为什么我们现在能够接受，泰坦尼克号上使用救生艇权利的不平等是应被反对的？

一个一般平等主义者会认为，让使用救生艇权利的不平等变得应被反对的，是收入与财富的不公平的背景性分配。根据一般平等主义者的观点，如果有些人钱少到只能坐得起船上的二等或三等舱，而另一些人钱多到可以购买豪华船舱，这就是不公平的，那么这种不平等带来的结果也是不公平的。根据这种观点，关于我们对泰坦尼克号案例的反应的最佳解释，就是我们对穷人乘客和富人乘客的不同起始经济地位的拒斥。

正如我们之前所见，类似这样的观点来自德沃金。毫无疑问，我们对不平等结果的诸多反应都可以用这种方式来解释，即我们反驳的是对资源的在先分配。想一想来自贫困家庭的学生在精英学院与大学就读的比例，这个比例非常低；在这类院校的学生中，来自最底层1/4的大约有3%。[64]让这一比例看起来尤其应被反对的其中一个因素是，富人和穷人的孩子接受的K-12①教育高度不平等。由于准备不足，许多贫困孩子从来没有机会公平地参与对于精英大学教育的竞争。如果我们发现，贫困儿童被精英大学录取的比例与较富裕的同龄人相同，但穷人是出于更想留在老家社区的大学而没有选择入读精英大学，我们就可能会对这种基于收入的大学入学差异做出不同的反应。

但是，对在先不平等的关注，是否能充分解释我们对泰坦

---

① K-12 是美国教育系统中从幼儿园到高中教育的统称。K指幼儿园（Kindergarten），12 指十二年级（Grade 12），这是美国免费教育系统的头尾两个年级。——译注

尼克号案例所感到的不安？为了思考是否如此，请想象，人们的购买力是平等的——假设每个人都有同等数量的金钱来购买他们的船票，而使用救生艇权利的不平等只是因为，有些人比其他人更关心确保自身的安全。毕竟，有些人经常从事高风险的活动，就像跳伞和登山。我们并不阻止人们从事这些活动。那么，允许人们就他们想要购买多少安全，而作出自己的消费决定，这还能有什么应被反对的呢？为什么不允许人们想要多少安全，就购买多少安全呢？⁶⁵

我相信，许多人会继续对泰坦尼克号的例子感到不适，即便使用救生艇权利的不平等是出于人们的选择。如果要解释这种挥之不去的不适感，一般平等主义者可能会尝试诉诸信息问题：也许，人们只有在对风险缺乏足够了解的情况下，才会购买二等舱的票。毕竟，在那艘真正的泰坦尼克号上，乘客们的确都被骗了：他们认为这艘船是"永不沉没的"。也许，如果乘客们知晓了真正的风险，他们就不会承担这些风险。事实上，这样的假设并非不合理：就平均来说，人们一般不会希望承担泰坦尼克号一例所揭示的负面风险。

请回顾，德沃金在讨论购买身障保险的时候，也是按照这个思路进行论证的。德沃金的观点认为，个体要对他们所做的赌博所带来的成本负责。因此，如果有针对失明的保险，而两个有视力的人拥有同等机会遭受将会致使其失明的事故，且他们都知道事实如此，但只有一个人购买了保险，另一个人并没有，那么德沃金的理论并不主张，后一个人失明时应当进行任何再分配。这个人要为他自己没能购买保险而负责。

但是，由于许多盲人在出生时就是失明的，而大多数视力正常的人在出生时就是视力正常的，而且没有人在事发前有机会购买保险，德沃金认为，我们应该假设"对诸如失明这样的一般缺陷，大多数人会做出大致相同的投保决定"，而且，我们应该按照普通人会选择的水平，为所有人进行投保。这也就是说，即使那些天生失明的人没有（也不能）为他们的失明购买保险，我们也可以假设他们若有机会就会购买保险，并对他们进行相应的补偿。因此，即使泰坦尼克号上的一些乘客发现自己的座位等级并不包含使用救生艇的权利，我们也可以假设，就平均而言，审慎的人本就会希望得到这种权利。

我同意，信息与我们评估一个人所做的选择有关。在下一章中，我将讨论这种信息在我们对具体市场所做的道德判断中的作用。然而，让我们进一步改动一下原始（和实际）泰坦尼克号的例子。在这个改动后的例子中，人们不仅有足够的收入来购买头等舱的船票，我们还认为，他们知道自己在没有救生艇的情况下旅行会有风险，而且愿意承担这些风险，就像跳伞运动员和登山运动员愿意承担风险一样。这个改动后的泰坦尼克号的例子更像是这种情况：那些视力正常，知道有失明风险，也可以选择投保，但并没有购买保险来防止失明的人。德沃金会要求这些人对他们的选择负责。

当然，要论证我们不允许人们放弃某些安全要求，可以援引一种父爱主义式的论证；审慎的个体可能希望将自己置于某些限制之下，以防止自己在软弱或不理性的时刻，做出有损其长期利益的事。杰拉德·德沃金（Gerald Dworkin）在他的论文

《父爱主义》（Paternalsim）中提出了这样的论证：

> 我提议，既然我们都意识到自己的非理性倾向、认知能力与情感能力上的缺陷，以及可避免的和不可避免的无知，那么，我们购买"社会保险"实际上就是理性的、审慎的……我提议，我们把在这种情况下施加父爱主义式的干预看作是一种保险政策，其作用是防止我们做出影响深远、具有潜在危险且不可逆转的决定。[66]

我怀疑，我们对改动后的泰坦尼克号例子的反应，其实并不取决于任何人的认知能力或情感能力上的问题，或是取决于其无知。毕竟，有人可以在完全理性的情况下，决定冒着风险去实现她的目标。每次我坐车、坐飞机，或者只是走出门，我都会承担一个小的，但可能意义重大且不可逆转的死亡风险。这种风险与我改动后的例子中有所不同吗？如果没有，那么基于人们的不审慎的父爱主义辩护似乎就不太合理。

也许同样重要的是，即使我们接受那种要求人们有权使用救生艇的父爱主义论证，这个论证也没有解释，行船安全上的不平等究竟问题出在哪里（如果真有问题的话）。[67]有趣的是，谢林认为，我们对泰坦尼克号的例子感到不安，主要是不平等存在于同一条船之上的这一事实。我认为谢林的提议是有道理的。若要看你是否同意这种观点，请问问你自己：如果在一个社会中，没有人可以使用船上的救生艇，而在另一个社会中，每个人都可以使用救生艇，而且两个社会的资源是平等的，这种情况是不是同样应被反对的。对于一个特殊平等主义者而言,他是否能提出一些理由,对改动后的泰坦尼克号的例子提出反驳?她有可能会试图论证,安全的社会意义就在于,它应该被平等地分配给所有人。但如果这是一个一般性的陈述,这似乎有些不合理;毕竟,我们允许人们购买不同的汽车,在发生事故时,它们会提供不同程度的安全。更大、更重(通常也更贵)的汽车不仅对驾驶它的人来说更安全,而且在发生碰撞时对更小、更轻的汽车的驾驶员来说更危险。很少有人对人们在驾驶不同的汽车时在安全上的不平等提出反驳。当然,汽车有最低限度的安全要求。但我将论证,要对这种最低限度的要求的意义进行说明,我们需要超越我所介绍的特殊平等主义观点,在其中纳入一些跨越不同类型益品的考量。

我所勾勒出的种种一般与特殊平等主义的观点,都很难解释我们就改动后的泰坦尼克号案例做出的反应。允许人们在不能平等使用救生艇的情况下购买船票,我们对这件事的评价中,有直觉上合理的因素。尽管一般与特殊平等主义指向了这些因素——背景性起始位置的正当性,各方信息的充分性,以及某些益品的性质——但这些因素似乎都与改动后的泰坦尼克号案例无关。也许,这个案例终究不再令人反感了。

但是我认为,就真实的与改动后的泰坦尼克号案例而言,它们还有另一个方面,这个方面在我的讨论与我所介绍的其他当代进路中,一直还没出现。无论是最初的泰坦尼克号案例,还是我改动后的版本,它们都涉及人们彼此之间的某些关系,人们进行互动的某些形式。第一,想一想,如果你发现自己在一艘沉没的船上,而这艘船是你所在的社会建造、批准的,其中一些你的同行乘客对你的救生艇上的座位没有合理主张,这将意味着什么。假设这些乘客挣扎着要登上你的救生艇。你会缺乏足够的安全感,这将使你与这些潜在的入侵者处于一种特殊的关系之中。你对他们拥有极端的权力:你会将他们全部扔出船外,让他们面对可能的死亡吗?你是否愿意开价,让他们中的一些人挤上船?你会给那些同意做你个人奴隶的人,分配几个座位吗?第二,即使我们超越你与船上的人面对面的互动来讲,如果人们可以选择不带救生艇的船票,那么你的社会中的某些人就可能会面临成问题的选择,比如要么乘坐有风险的船舶,要么失掉工作。而作为一个公民,你将被牵连到这些安排的执行之中去。

与其把我们对监管泰坦尼克号案例的辩护停留在父爱主义上,我将论证,一个更好的辩护是诉诸社会中合作的成员之间,以平等者身份进行互动的条件。拒绝让一些人购买船上的座位但无法使用救生艇、而另一些人可以使用救生艇,国家实际上是在保护其公民以平等者身份互动的条件。当然,以平等者的身份互动,这是一个复杂的理念,它尚需要得到详细说明与辩护。我将在下一章处理这一任务。

第四章　有毒市场

抽象市场与有毒市场

如果一切事物都有其市场，这有什么问题？特定交换的本质的什么方面让我们感到担忧，以至于认为，关于某些商品的市场似乎明显是不可欲的？我们的社会政策应该如何应对这些市场？对市场进行监管在何处、出于何种原因才是合适的？我们应该在何时寻求取缔某些市场？这些是本章试图回答的困难却重要的问题。

在此，我针对我所讨论的范围与目标做几个简单的澄清。首先，从迄今为止的讨论中可见，我的事业并不涉及一个对"市场体系"的全面评估。[1]市场允许人们在相互依存、多样性的现代境况中，完成许多重要的社会任务与个人任务。我探究的重点并非是指出有关市场体系，或者抽象的市场的一般性的问题。相反，我在这里关注的是那些非常特殊的市场交换的不同特征：人体器官、童工、有毒废料、性和救命药。就这些商品的市场而言，甚至那些市场体系的热衷者也有所保留。

其次，我把关于在极端稀缺的情况下对必需品进行配给的问题放在一边，也就是法律文献中所说的"悲剧性选择"。[2] 在这类情况下，无论付出多少金钱或努力，都无法生产足够的急需物品。在悲剧性选择的案例中，市场分配所引发的考量与我们这里所考虑的例子有所不同，正如这类案例不同于所有其他的分配系统，包括使用抽签、年龄或优绩的分配系统。

让我回顾一下我们到目前为止的讨论。第一章集中讨论了当代经济学的主要框架，该框架只在市场效率低下时才支持市场干预。[3] 这种进路的支持者可以分为两类：一类认为，完全高效的市场是"道德无涉区"，道德在其中根本没有用武之地；[4] 另一类则认为，经济学家根本没有资格评估不同市场的道德性。但是，当特定的市场失灵时，这种进路并不倾向于支持取缔这些市场。事实上，经济理论在市场之范围方面，本来就是帝国主义式的；如我们所见，解决市场失灵的办法往往就是扩大市场的范围。（请考虑一下，引入新的污染市场以容纳污染对第三方的成本的做法。）在理论上，他们对市场的范围并未设定限度。此外，在所有地方，他们都以相同的术语来构想市场以及相应的市场失灵的理念。这与我在第二章探讨的古典政治经济学家的方法形成了鲜明的对比。

第三章研究了当代对市场施加限制的重要进路。在罗纳德·德沃金的工作基础上，我批判性地考察了那种认为市场在平等主义理论中具有必要的道德作用的观点，因为市场使我们每个人对自己生活中的努力与资源分配负责。它们同时确保，我们从选择中获得的收益取决于我们的努力以及我们的资源对其他人的重要性。如我们所见，也许除了父爱主义的考量，德沃金的理论在原则上没有给我们提供任何理由，以便对商品与服务市场的范围施加限制。

我还探讨了流行的一般平等主义进路。尽管它批评经济学家只关注市场效率和市场失灵，但它还是接受在大多数领域依靠市场的正当性。这种进路的支持者会利用市场来制造高效的结果，继而支持在后的（ex post）收入转移，以实现他们所期望的平等主义分配。[5]像当代经济学一样，其支持者倾向于将大多数市场视为相同的：黄豆市场与人体部位市场之间，并没有本质的不同。他们处理市场问题默认的基本策略是重新分配收入，而并非取缔特定的市场，或以实物形式重新分配特定益品。这种观点的许多支持者还诉诸反父爱主义的考量，这些考量倾向于现金转移，而非实物转移。

我还考察了一些特殊平等主义进路。这种进路将市场中的一个区分——那些可接受的市场，与那些不可接受的市场——建立在所交易的益品的意义之上。这里的想法是，分配应该追踪我们对我们寻求分配的益品之性质的习俗的或者最佳的理解。正如我们所见，这些作者认为，市场对金钱不应购买的东西进行交易，败坏了某些益品的性质。

我在第一章和第三章中所考虑的理论拥有重要的洞见，我将对它们有所借鉴：市场失灵（包括外部性）、分配平等，以及获得特定益品权利的重要性，这些都是评价市场时重要的考量。[6]但是，我自己关于市场限度的基本理论也与它们有所不同。我将辩护一个关于市场失灵理念的更细致的观点，它考虑了市场塑造我们与他人关系的种种方式，这些方式超越了未吸收经济成本的理念。如果市场交换是基于绝望、羞辱或乞讨的，或其补救条款涉及束缚或奴役，那么这都不是平等的交换。在我看来，潜伏在许多（如果不是全部）有毒市场背后的，是与交换过程之前、期间和之后各方的地位（standing）有关的问题。

我还将在这一章中论证，如果交易各方要在一个特定意义上是平等者，即作为民主国家的公民，那么一些市场不仅仅是有毒的，而且需要被取缔或受到严格限制。在提出这一论证时，我借鉴了亚当·斯密以及第二章中所讨论的其他古典政治经济学家的著作。请回顾一下，这些思想家认识到了市场需要某些背景性条件——资格和财产权的细化与执行——这样，市场才能够支持自由平等的关系。古典政治经济学家的市场不是由具有给定需求的抽象个体组成的（这往往是当代经济学理论的特点），而是由无地的农民、挥霍的地主，以及与雇主处于不对称权力关系中的贫困工人组成的。此外，行为主体的偏好、能力和关系被认为取决于特定市场的结构与性质。与这些理论家一样，我所辩护的市场进路承认市场的异质性，而且强调，除了狭义上的效率和分配平等，我们还需要考虑其他价值。但正如我在第二章中所论证的，我认为，我们应该拒斥当代那些基于益品的社会意义而限制市场的主要替代性论证。在我看来，有毒市场的一个主要问题并不是（像那些把对市场的限制和益品的社会意义联系起来的人所主张的）它们代表了一种低劣的评价益品的方式，而是在于，它们破坏了人们要处于平等者关系之中所需要的条件。无论如何,这些是我将论证的观点。

有毒市场:基本参数

我以对四个参数的刻画开始。依据这些参数,我们可以将那些人们认为尤其应被反对的市场与其他类型的市场区分开来。这些参数中有几个内在于经济学视角之中,因为如果其值过高,往往会破坏效率。但是,对有毒市场施加限制也有政治和道德上的理由。这就是为何就有毒市场而言,增加更多的市场并不总是一个恰当的回应。在某些情况下,我们的目标应为对一个特定的有毒市场施加限制,而不是让其更好地运作。[7]

前两个参数描述了特定市场的后果。

1. 有些市场会产生伤害极大的结果。也就是说,一些市场的运作会引发有害(deleterious)的结果,无论是对参与者本身而言,还是对第三方而言。[8]考虑一下导致一个国家自然资源基础枯竭,或者助长种族灭绝性内战的市场交换。或者,考虑一下能够抹掉一个人的资源的一次股票市场交易。

当然,许多市场的有害结果并没有引起我们的反感;我们认为,价格的起伏是自然而然的事。但有些市场结果是如此之消极,伤害如此之大,以至于它们几乎总是引起人们的强烈反应。这种伤害究竟有多大呢?根据拉维·坎伯(Ravi Kanbur)的提议,我们能够以此作为回答该问题的自然起点:一个市场的运作使人陷入赤贫。[9]例如,一个粮食市场的运作使一些人忍受饥饿,因为他们无法负担供求关系确定的粮价。这肯定会使我们感到不舒服。

然而,市场也可能对个体造成极大的伤害,其方式不仅仅是置其于赤贫之中。阿玛蒂亚·森对人们的两种利益进行了有益的区分:福利利益(welfare interests)关乎一个人的整体善,而能动性利益(agency interests)则关乎一个人参与那些影响这种善的事项的能力。[10]两种利益是相互依存的,但它们是不同的东西。(比如说,一个和善的独裁者也可以满足我所有基本的福利利益。)我们可以为人们定义一套基本利益,即最低水平的福利与能动性的利益,并将伤害极大的市场结果定义为,那些无法满足这些基本利益的结果。基本利益的理念是为了捕捉这样一个想法:一个适当的、最低限度的得体的人类生活,拥有一些普遍特征,这是一个"不允许任何人沉沦于其下的底线"。[11]

2. 除了会带来极大的个体伤害,某些市场也可能对社会而言伤害极大。这些市场的运作会破坏人们以平等者身份、作为拥有平等地位的个体互动所需的社会框架。当然,关于"以平等者身份互动"的含义,以及这一理想的范围,哲学家们存在着分歧。我认为这一理想之内容来自一些前提条件,有了这些前提条件,个体才能够对彼此提出合理主张、彼此进行互动,而不必相互乞求或逼迫。市场有助于实现这一理想,因为市场主张(market claims)之基础就是各方互惠的自利。[12]但是,市场也可能破坏这一理想。请考虑这样一些市场:它们的运作会破坏一个人的能力,她需要这些能力以对自己的权利提出主张,或者参与到社会中去;这是困扰童工市场和债役的一个问题,我会在本书第三部分讨论此类案例。或者,请考虑这样的事实:特定市场可能会使人们变得温顺或具有奴性,将他们塑造成被动接受现状的人。当代经济学认为,市场中行为主体的能力和偏好是给定的,但特定市场——想想媒体、教育与照护——形塑了我们。更重要的是,它们形塑我们的方式可能与一个平等的社会相冲突。

一个特殊的案例是,有的市场会对民主社会中交易各方作为平等公民的地位有害。这个案例从关于平等地位的较小概念开始,逐步上升:它与某个时刻不同个体之间的平等有关,即他们作为共同审议者、共同参与者制定适用于他们自己的法律时。这种平等预设了对市场及其范围的额外的限制。请回顾詹姆斯·托宾所说的话:"任何优秀的经济学专业二年级研究生都可以写一篇简短的考试论文,证明投票中的自愿交易能够增加卖家和买家的福利"。[13]但是,民主进程的合法性取决于对这种交易的禁止。我将在本章后面讨论这个案例。

接下来的两个参数刻画了特定市场的来源,即市场主体的基本条件:

3. 有些市场的特点是,市场参与者的知识与能动性非常薄弱,或者高度不对称。帕累托效率结果假定,行为主体完全了解其行为的后果,而且对他们所交换的商品拥有完整的信息。[14]但是,正如经济学家和另一些人所广泛指出的,在大多数情况下,这些假设并不成立。由于其中一些直接参与者缺少重要知识,或者由于市场对没有参与市场交易的人带来了严重的间接影响,能动性失灵(agency failures)就会发生。[15]如果契约的一方或双方对重要事实或者契约的未来后果有所误解，我们就不能假设交换是一种帕累托改进。

当然，所有真实的市场都存在不完美信息。但在某些情况下，这种不完美信息很可能会产生伤害极大的后果。当交易启动与交易完成之间存在巨大时间差的时候，这种情况最有可能发生。[16]我们很难预测一个人的未来偏好。请考虑一下，一位女性出售她生育能力的案例。在这种情况下，我们可能会怀疑，一个从未怀孕的女性能否真正知道，出售她对自己生产的孩子的权利，会带来怎样的结果。

当然，一个契约对行为主体可能有潜在风险的事实，并不意味着契约不应对行为主体有约束力。不然，大多数契约就失效了。然而，在面对有害的结果时，信息失灵和我们对特定市场的评价是有所关联的；特别是，这种失灵足以阻止对一类市场交易的证成：这种证成仅仅诉诸此类市场交易是双方自愿的这个事实。因此，如果代孕契约中的能动性很弱，而代孕者正因要放弃她所生孩子的想法而崩溃，我们将更不太可能认为，仅仅基于曾经达成过协议，执行契约这一行为就能得到证成。

尽管大多数被弱能动性刻画的令人不安的市场都涉及伤害极大的结果，但即便在没有伤害的情况下，我们也有可能对这种市场感到担忧。这类市场包括：以幼儿为目标的产品市场；那些涉及生产、购买和传播信息的市场（就一个紧迫的政治问题而言，此类市场贩售的信息未能提供相应的替代性观点）；以及那些产品基于欺骗的市场，即使它们没有造成重大伤害。[17]

能动性问题也出现在这样的市场中：受影响的一方没有直

接参与交易，而依靠其他人为她进行交易。在这种情况下，我们不能确定这一方自己是否真的从交易中受益。比如说，在大多数童工案例中，是父母代表了孩子，交易了孩子的时间与劳动。许多形式的童工给工作中的儿童带来极少收益或完全没有带来收益，在某些情况下，童工严重地干扰了儿童成长为一个健康的、正常运转的成年人的能力。[18]另一些受影响方没有直接参与交换的市场还包括，交易一个国家重要的稀缺自然资源（比如雨林中的木材）的市场，这可能会影响到后代和全球的其他人。

4. 有些市场反映了交易方之一潜在的极端脆弱性。卢梭写道，任何公民都不应该"富有到可以购买他人，而没有一个人应该贫穷到被迫出卖自己"。[19]当人们带着相去甚远的资源，或者大不相同的理解交易条款的能力进入市场时，他们针对彼此的脆弱程度就是不相同的。在这种情况下，弱势的一方就有可能受到剥削。比如，当一个极度贫困的人同意以大减价抛售一项资产时，即便这项交易有助于改善其福祉，我们也有理由担心：他的一些境况使其心甘情愿接受对他的资产的一个报价，而在拥有一个体面的备选方案时，没有人会接受这个报价。当一个人在极端脆弱的情况下签订契约时，他很可能会同意几乎对方开出的任何条件。利用交易行为主体的脆弱性的市场的其他例子还包括：供应商数量很小的急需商品市场，以及参与者对所交换商品的需求高度不平等的市场。[20]

有些市场不仅反映了市场主体之间不同的、不平等的潜在地位，而且还可能通过其运作强化这些地位。比如，孟加拉国最近出现了饥荒，因为主食大米的价格迅速上涨，到了穷人买不起的程度。相比之下，富人家庭就可以避免价格上涨的风险，因为他们通常从佃农那里得到大米，作为他们使用其土地的报酬。这样一来，他们就能够有大米以满足自己的需要，还有剩余的大米可以出售。[21]

因此，我们有两个关于市场来源的维度，以及两个关于市场后果的维度。我们可以用这些维度来思考特定市场的可接受性（见表1）。

若其中一个维度或几个维度的值很高，这就可能使任何市场在我们看来是"有毒"的。考虑一下钻石市场，其销售被用来资助残酷的内战。许多人认为，这样的市场是令人憎恶的。根据在此的分析，理解我们对此类市场的负面反应的最佳方式，不仅与其伤害极大的结果有关——它延长了血腥的内战，令成千上万的人死于其中，因此才被称为"血钻"——还和那些受到市场影响的人的弱能动性有关，这些市场助长了战争的进行。[22]我们对这种市场的不安似乎与钻石的社会意义无关，也与买卖双方潜在的收入不平等关系不大。

表1 是什么令一个市场变得有毒？

来源：弱能动性	来源：脆弱性
对于市场的性质和（或）结果的信息不充分；他人代表自己进入市场	供应商有限的急需商品的市场；起源自贫困与赤贫的市场；参与者对于所交换的商品拥有非常不平等的需求的市场
结果：对个体而言伤害极大	结果：对社会而言伤害极大
制造赤贫；对个体的基本福利利益和（或）能动性利益造成伤害	促进奴役与依赖性；破坏民主治理；破坏利他的动机

同时,尽管在理论上说,任何商品的市场都可能变得有毒,但就这些参数而言,某些商品的市场会比其他商品更有可能获得更高的值。考虑一下那些只有绝望之人才会选择交换的商品的市场。有些人认为,绝境就是肾脏市场的一个特征。我将在第九章中讨论这种情况。

其中一些参数很容易被纳入当代经济学进路之中;比如,对有害结果和信息失灵的关注,就可以被纳入福利经济学与新古典经济学的观点中。好几位作者,特别是拉维·坎伯和迈克尔·特雷布利科克(Michael Treblicock),就已经做到了这一点。他们表明,经济理论本身具有许多可用的资源,可以用来处理许多成问题的市场。尽管如此,市场还是提出了不少政治哲学与经济学问题。市场允许人们对其共同境况进行切割,还能从中退出,从而可能会破坏人们之间的重要关系。在我的进路中,大多数有毒市场的核心特征与它们对人们之间关系的影响有关,尤其是平等地位的横向关系。对于两个人来说,如果他们想要拥有平等的地位,他们需要把对方看作是独立主张的正当来源。他们还各自需要有能力提出自己的主张,而不需要对方的许可。这就要求,每个人都应拥有某些类型的权利与自由,以及非常具体的资源,比如接受某种程度的教育。

种姓、世袭特权和不平等的基本人权等理念都与平等地位对立。平等地位的主张坚持认为,所有个体都拥有平等的道德价值。尽管也许我们可以用经济学的术语解释平等地位的理念,但要实现这样的解释并不容易。正如我在讨论那些在社会地位、公共空间方面受排挤的身障者时所强调的,平等的收入和财富本身并不意味着平等的地位。

为什么不让人们签订涉及奴役的劳动契约,或者在违约的情况下,给予劳动奴役作为补救的契约?这些曾经是常见的做法;稍后我将表明,这种做法与自由至上主义选择理论和福利经济学都是兼容的。[23] 但那些认为债役市场的问题在于它不符合人类平等地位的概念的人,有理由禁止这种契约安排。

民主国家中的平等地位

现代形式的社会权利意味着地位对契约的侵犯,市场价格对社会正义的服从,也意味着自由的谈判被权利的宣言取代。[24]

在民主国家中,实现公民之平等地位的前提条件十分苛刻,其苛刻程度要超过人们在横向关系——它基于互惠的自利和平等的道德价值——中进行互动的条件。根据英国社会理论家T. H. 马歇尔(T. H. Marshall)提出的公民资格概念,公民资格不仅包括正式的法律自由,还包括一系列有关医疗保健、教育、住房和体面的最低收入的社会权利。他主张,后面这些权利是使一个人成为社会正式成员所必需的条件。我认为马歇尔是正确的:如果一些选民的教育程度过低,以至于无法阅读选票,那么平等的投票权就不具有什么效果;如果社会结构使赤贫者没有机会分享社会的收益,那么公民资格对他们来说,就也没有什么意义。

根据马歇尔的观点,平等的公民资格要求所有人拥有:(1)平等的基本政治权利和自由,包括言论自由,以及参与政治进程的权利；（2）公民社会中平等的权利与自由，包括拥有财产的权利；（3）平等获得门槛级别的经济福利的权利，以及"充分地分享社会遗产，按照社会中通行的标准，过上文明人的生活的权利"。[25]

马歇尔认为公民资格是一种给定的地位，而不是一种取决于个人德性或成就的特权。公民资格给予其范围内的所有人一组权利，而不论其财富或家庭出身。虽然市场能够帮助实现如此理解的平等公民资格，但市场是否真的伸出援手，则要取决于它们运作的背景境况、财产权以及法规。一个极度贫困的人可能会同意一项交易，要求她作为一个全天候的家庭用人，或者以其劳动为抵押，获得她永远无法指望偿还的高利贷。这样一个人的命运可能与封建主义下的农奴没什么太大区别。

在思考平等公民资格的前提条件时，重要的是要从一般社会实践的角度思考，而不是具体行为。例如，允许一个人为她选择的任何工资和时间工作似乎没有什么问题，但最低工资和最高工时法的存在依然有可能是必要的，这是为了保持一个"参照社会盛行标准"[26]而定的经济福利门槛，并加强社会中最贫穷的人的讨价还价能力，以保护他们免受剥削和虐待。或者，考虑另一个例子：即使在个别情况下，一个贫困家庭让其子女工作是合理的，但当童工被作为一种广泛的社会实践时，它就会把成人的工资也压低，而且会使贫困父母几乎不可能不送他们的孩子去工作。与其把一个人的市场选择看作是外生变量，不如说，我们实际拥有的选择可能取决于，我们阻止了其他一些市场选择。[27]

转移收入与财富并不一定足以维系公民平等所需的条件；在这里，像迈克尔·沃尔泽、伊丽莎白·安德森和迈克尔·桑德尔这样的特殊平等主义者的洞见就很重要。考虑一下通过市场分配小学和中学教育的情况。就民主公民资格而言，教育的缺乏是一个极其有害的结果：一个受教育程度很低的人将无法胜任陪审员或选民的工作，并且几乎没有机会获得与其作为社会的正式成员相匹配的基本机会与自由。但是给一个没有受过教育的孩子金钱，即使是大量的金钱，也不能弥补她在教育上的缺乏，即使金钱是现在的她（作为一个成年人）偏好的东西。金钱不仅不能取代教育可能为她带来的个人发展和社会发展，而且不能将她变成一个能够胜任民主自治且有意义地参与民主自治的公民。（我们也无法确定，如果把钱转给父母，他们是否会选择用这些钱来供他们的孩子上学。虽然一些数据表明，许多父母在有足够的钱养家糊口的情况下确实让孩子上学，但还有些父母是自私或目光短浅的；后一种情况也许是因为他们缺乏有关教育真实的成本与收益的信息，而这一点又是他们自身缺乏正规教育所致。）

这些理由都支持我们不完全通过市场体系来分配中小学教育，而将中小学教育作为一项法定要求来执行。有一些结果会破坏公民以平等者的身份进行互动的条件，如果我们关注的是避免这些结果的发生，那么我们就有一个强有力的论据，来支持保证人们获得一定水平的益品——此类益品包括教育、医疗保健、机会、权利、自由和人身安全——即使一些公民宁愿将这些益品（或者获得这些益品的机会）用于交易或出售给出价最高的人。虽然市场在许多情况下可以补充这些益品的供应，但我的观点是，人们获得这些益品的权利不应仅仅取决于个体偏好或个体收入。支持平等公民资格的条件，不应兑换为金钱或者功利主义的福利这样的通用益品；除了某种水平的收入，它们还要求一些益品以实物的形式被分配，在某些情况下，这种分配多多少少是平等的。

同时，我不会用这样的想法来为教育分配或医疗保健分配进行辩护：一旦用于出售，这些益品就将遭到败坏。理论上说，公共教育权与那些补充性或辅助性的私人教育系统的存在是相容的。[28]相反，我的论证借鉴了马歇尔的提议，即一些益品作为充分融入社会、成为平等成员的先决条件而存在。一个人如果缺乏一定程度的教育或获得医疗服务、人身安全的权利，他将不仅没有能力驾驭自己的生活与价值观，而且在参与经济活动或者有关社会选择的公共辩论时，面临巨大障碍。这样的人将很容易受到他人的剥削和操纵，其基本需求的满足也将依赖于运气，或者其捐助人的意志。

除了要在市场分配的基础上补充对教育和医疗等益品的分配，如果公民要成为平等者，我们也可以有理由完全取缔某些种类的市场交换。考虑一下民主国家中的选票。没有人为选票的直接出售辩护，尽管有人会论证，这种出售将合乎效率与自由。[29]有趣的是为何如此。我认为这个问题有两个主要答案，它们与民主公民资格的两个不同的理想有关。

第一个答案指出，民主的调节性理念（regulative idea）是，公民是平等者，他们参与一个共同的合作性事业，即共同的自治。因此，公民与他人一起平等地参与决定那些将支配他们的法律与政策。选票市场会产生这样可预见的后果：这样的市场会给予富人不相称的对其他人的权力，因为穷人比富人更有可能出卖他们的政治权力。事实上，不记名投票的一种逻辑就是，它让那些关于选票的契约无法得到执行，从而保护穷人和弱势群体免受出售选票的压力。如果政治、监管、司法和法律决策机制真的得到出售，这将使政治权力集中在少数人手中。

第二个答案朝向一种更为共和主义的方向，它把民主不仅仅解释为平等者的治理，而且是决定共同善的手段。[30]根据这种对于民主的观点，投票是在政治上共同审议（political co-deliberation）的行为。即使选票市场并未被富人垄断，我们仍然有理由禁止选票交易，因为投票并不关乎私人利益的加总；它是一种只有在集体审议过什么符合共同利益之后，才会采取的行为。根据人们的偏好来分配选票的行为，将公民视为消费者而不是共同审议者。

这两种民主概念都要求我们取缔一些市场，并对其他市场进行严格的监管。这两种概念都会要求取缔关于选票、司法机关、立法机关和自愿奴役的市场。此外，它们都会要求在不同程度上对这样的市场进行监管：那些支配政治信息的生产与传播的市场，以及那些支配立法机构准入机会、支配与政治影响相关的机会的市场。[31]但在该如何看待兵役作为市场商品上，这两种概念可能会有很大的不同。根据共和主义的民主概念，今天的志愿军在某些方面和雇佣军是一致的，这一点令人深感不安。今天的兵役并不是公民义务之一部分，今天的士兵是从总人口的一小部分中抽调出来的,而这一小部分人主要是工人阶层。

正如由平等公民所组成的民主国家要求我们取缔选票市场或奴役市场一样,我们还可以给出一个相关的论证:如果人们想要发展他们有效参与公民和政治社会所需的能力,那么我们就需要取缔某些市场,或对某些市场严加管制。人类具有一种像苹果这样的商品不具有的可塑性。[32] 通常,我们无须担心市场对于被交换的苹果的非经济的影响,[33] 但我们确实需要担心,某种特定的市场是否产生或支持被动性、异化,或者无情的利己主义。劳动力市场的结构安排可能使人们习惯于被别人呼来唤去,以及被别人管理。如果女性生殖能力或性能力市场(包括附带补偿的性骚扰契约)变得广泛,这可能会通过巩固和加深对女性的负面刻板印象,从而扩大性别不平等。[34] 被当作奴役性的受抚养人来对待、抚养的儿童,可以在不受监管的教育市场里得见。我们尤其需要注意这样的情况,因为它们对民主公民资格长期稳定的再生产构成了潜在的威胁。事实上,不去支持那些带来从属关系与奴役的制度,这符合民主国家的利益,即便这些制度严格来说并不违法。

调节市场,取缔市场

该如何决定,我们对有毒市场应采取何种进路?显然,采取何种政策才是合理的,取决于市场毒性的来源,也就是四个参数中的哪一个在起作用。我们需要针对该市场的具体问题来做出回应。比如，如果一个特定市场的问题是弱能动性，那么我们就可能想要采取那些能够增加信息的措施。如果成问题的是潜在的脆弱性，我们可能想要重新分配收入，或者创造出相对于市场供给的补充性替代方案。对市场进行监管往往是处理市场毒性的最佳方式。同时，针对一个市场中的某些问题，最好的解决方式可能是封锁某些行为主体在该市场中的交易能力。在特定的社会环境中人们能够平等地进行互动，而一些市场破坏了这样的社会环境。

在这些案例中，我们需要处理的不仅仅是分配问题，还有交易主体的基本财产权。为了说明这一点，让我们简单看一下童工问题。我在本书后面将会更详细地讨论这个问题。在我们的世界里，童工往往产生于赤贫之上。但是，即使在一个没有贫困的世界里，童工也是成问题的。尽管许多自由至上主义经济学家常常把自由视作参与市场的自由，但他们常常对这样一个事实视而不见：个体并非生来就已经具备了行使其能动性，以及做出选择（包括市场选择）的一切必要的能力。要达到哪怕是最低限度的决策能力水平，我们都需要包括父母和国家在内的各种来源的支持，需要他们把我们培养成人，需要他们帮助我们发展出理解和权衡诸种选择的能力，发展出将自己视为能够做出选择的行为主体的能力，也需要他们帮助我们获得足够程度的教育。童工无法促进而往往阻碍了这些能力的发展。

案例：泰坦尼克号与有毒废料

有了我的框架，我想回到本书之前提到过的两个例子：泰坦尼克号中的安全市场，以及劳伦斯·萨默斯拥护有毒废料市场的备忘录。

让我们从泰坦尼克号案例开始。请回顾一下，无论票面是否保证了紧急情况下能够使用救生艇，个体都被允许预订这些船票。个体的市场选择可以理解成一个给定其资源和信息、反映其偏好的函数。在真实的泰坦尼克号事件中，存在着弱能动性（基于"船不会沉没"的错误信息）与伤害极大的个体结果（船沉没后即溺死）。这些考量给予我们充分的依据将这个市场——根据人们登上泰坦尼克号的船票价格对安全实行分配——视为有毒市场的一个例子。

但是，现在假设我们提高了能动性、对收入进行了再分配，所有人都能够轻松地负担起头等舱的票价。现在有一个更具约束（constrained）的对安全进行分配的系统，在其中所有人都被禁止选择某些一旦开放他们个人就会选择的选项，我们有理由偏好这样一个系统吗？正如我在第三章中论证的，我并不认为父爱主义给了我们强有力的理由去禁止泰坦尼克号上的人们决定放弃救生艇。

而对平等公民资格的承诺，的确预设了有某些无法被个体以契约形式让渡的权利存在。这是因为，如果这些权利被以契约形式让渡了，某些个体将会因此受到奴役、被置于从属地位。例如,有些雇主可能会强迫他们的雇员以最省钱的方式出差,尽管这意味着他们要放弃救生艇。这样,另一些个体就会发现自己被置于这样的处境之中:他们不得不将他人视作不平等者来对待,比如把他人从救生艇中推下去。

但请注意,我们也可以通过提供一个底线的供给,一个(字面意义上的?)安全网,来保护人们免受羞辱性的从属和奴役。这是和底线之上的(市场引发的)巨大不平等相兼容的。正如我所提到,托马斯·谢林在对泰坦尼克号案例的讨论中得出的结论是,出问题的是登船后的不平等,而不是底线的安全措施做得不足:"那些想在海上冒生命危险,而又买不起安全船只的人,也许不应被剥夺将自己托付给没有救生艇的廉价船只的机会;但如果有些人付不起有救生艇的船票价格,而有些人可以,他们就不应该乘坐同一条船。"[35]

谢林似乎认为,如果我们允许市场对安全进行分配,那么我们必须确保它给予了所有人,或至少是一个社群之内的所有人,同等的安全。我们已经看到,存在这样一个论证,它将平等的选票供给、基本政治权利同民主公民资格联系在一起。但出于这种公民资格的缘故,我们需要让诸如安全这样的特定益品平等化,这个结论似乎有些令人费解。

我能想到两个基本的理由,来解释为何民主社会可能想要确保某些特定益品的平等供给。第一个理由是,某些益品中的不平等——例如教育或政治影响力——与"我们是邻人的平等者"这一理念极不协调。例如,如果过度的私立学校教育将一部分儿童的未来生活与另一部分儿童拉开了巨大差距,我们就将很难继续维持那样的信念。教育对于参与和融入社会制度而言实在太过重要,而相对的不平等能够将处境最差的人困在社会底层。K–12教育质量上的巨大不平等看起来并不公平,因为它们暗示一些孩子对社会的重要性比其他孩子要低得多。当然,人们关于这些例子,以及关于民主社会能够容许多大程度的教育不平等尚有分歧。但我的观点是,在某些情况下,某些益品的不平等冒犯了我们是彼此的平等者这一理念:它们就像特权一样,充斥着种姓制的气味。有些时候正如迈克尔·沃尔泽论证的那样,是习俗决定了哪些益品(的分配方式)冒犯了平等。例如把电影院门前排队买票的顺序也交给市场决定,许多美国人会极其反感这种想法,即使引入这样的市场并不会改变他们在队伍里的相对位置。每个人无论收入高低,都必须依序排队买票,这个事实是一个习俗,它象征了我们的平等。(如果你怀疑这一点,就去试试购买队伍中的次序吧。)

第二个理由关乎市场在利益加总上的影响。我们之前看到,共和主义的那种民主公民资格观念援引了这一影响。市场让人们能够决定退出和特定生产者之间的关系,建立起新的关系,并且找到满足其偏好的新方式。阿尔伯特·赫希曼用"退出"(exit)一词来描述市场所提供的这一功能,这是一个能够促进自由和经济进步的重要机制(因为退出就标志着不满,至少是相对于其他可能的替代方案而言)。[36]赫希曼将"退出"与"呼吁"(voice)对举,后者是指试图通过直接提醒他人注意某问题,而改变其行为。但我们也可以设想呼吁的另一个功能:就像投票一样,呼吁能在形塑共同利益中发挥重大的作用。[37]

从市场中退出,有时能扩大共同利益(比如当消费者不再支持伪劣产品时),但它也会削弱构成共同利益或满足这些共同利益的可能性。

苏珊娜·洛布(Susanna Loeb)近期有关学校融资的研究很好地刻画了这一现象。[38]在她所考察的若干教育资金筹集模式中,有一种模式是学区从州一级获得资金,这笔资金对于每名学生的资助是等额的,之后学区可以筹集不设上限的额外资金。这个系统看起来非常吸引人,因为它既允许选民执行他们偏好的支出水平,又为所有学生维持住了一个最低的资金水平。尽管如此,洛布却论证说这种模式也许是不可持续的,因为高收入的学区可能会失去支持州一级资金的动力。这些学区的人们可能会有理性的动机投票给那些支持更低水平的州供给的政治家们,因为他们大部分的援助资金来自他们自己的资金筹集活动和地方税收。在这种情况下,尽管有州政府的供给,剩下的人对公共教育的供应能力就会下降。

从这个例子可以看出,当一个人获得某些重要益品的前景同另一个人的决定息息相关时,市场不可避免地制造出来的阶层分化和分裂是尤其成问题的。这一点在代议制政府中尤其如此。比如我们可能会怀疑,如果官员有能力使自己的子女免受低质量的公立教育、不安全的社区影响,相比他们的家人也会受影响的情况,他们更容易支持削减这些领域的州预算。

在最近一篇讨论风险、安全以及我所关注的"泰坦尼克号难题"的论文中,乔纳森·沃尔夫(Jonathan Wolff)引用了约翰·亚当斯(John Adams)的著作表明,要求汽车司机而不是乘客系安全带的那些命令，其最初效果是增加了乘客的死亡人数。[39]因为司机现在变得更加安全了，他们因而更多地选择冒险，而这些风险却降落在了没有变安全的其他人身上。沃尔夫指出，这种分析也适用于船上安全的情况。

> 如果船长能保证自己在救生艇上有一席之地，甚至他最关心的人也有一席之地，那么他很可能会选择比其他方案更加危险的路线。这就类似于我们所熟悉的保险中的"道德冒险"问题，它降低了人们谨慎行事的动机。这很可能就是为何船长应该与船一起沉没，或者至少是最后一个离开的人。[40]

当决策者可以在教育、警察保护甚至垃圾收集方面为自己购买私人解决方案时，这可能会给这些益品的公共供给带来成问题的后果。在这种情况下，若要确保公众利益得到考虑，最好的方法是，让公众和决策者拥有相同的利益。无论如何，正如这个例子所展示的，我们需要注意市场对动机的影响，这些动机则会影响人们的行动。有时，允许人们分裂和分化为多元的群体，会破坏提供公共益品所需的团结。

至少在理论上，强制一些益品的平等供给，或者让这些益品中的很大一部分通过有监管的市场进行供给，这二者是兼容的。此外，封禁一个市场有时会在人们关心的其他价值方面付出代价；会有妥协（trade-offs）。正如我反复强调的，市场是增长的引擎，它在我们的平等与自由方面发挥着重要的作用。

在某些情况下，平等公民资格的要求将推动我们提供底线的供给，而不是严格意义上的对益品的平等分配。其他情况可能就并非如此；我们可能既关心上限，也关心下限，因为我们想约束不平等的程度，以此维持一个健康的民主国家。经验上的考量往往是最重要的，比如不平等对那些最贫穷的人的前景的影响。有些市场交易的东西则是任何民主社会都无法容许的；对于另一些市场，如果要保住民主社会的先决条件，就必须对它们进行监管、限制，或用其他机制来补充。

回到第三章中劳伦斯·萨默斯在其备忘录中提议的有毒废料市场。萨默斯认为，有毒废料的交易将使最不发达国家受益，并确实能够使欠发达国家和发达国家的境况都得到改善。这种交换似乎是一种帕累托改进。那么，为什么该备忘录的公开发表会引起如此大的骚动？为什么这么多人认为，备忘录中提议的市场显然是有毒的？本章中的框架如何能够帮助我们理解公众的反应？我们认为有毒废料市场是有害的，这背后有三个原因。

第一点，富国和穷国的谈判地位之间具有不平等的脆弱性。有毒废料的贸易为全球不平等现象提供了一面镜子。由于这种巨大的不同，富国能够剥削欠发达国家的脆弱性。批评者可能会怀疑，如果欠发达国家并没有那么穷，他们就不会同意将有毒废料转移到他们的土地上，或者他们可能会坚持要求更好的条件。[41]

第二点，这个例子中很可能存在着弱能动性。许多穷国的政府是腐败的，他们并不代表其公民的利益。当他们接受以有毒废料换取金钱时，这些公民的利益——或者至少是最贫穷和最脆弱的公民的利益——很可能被忽视了。正如丹尼尔·豪斯曼（Daniel Hausman）和迈克尔·麦克弗森（Michael McPherson）在其讨论中指出的，萨默斯的备忘录暗中将帕累托标准应用于作为一个整体的富国和穷国。[42]正如他们所写的，这是一种"作弊"：如果我们将帕累托标准应用于个体，那么其中一些个人的处境，那些欠发达国家中非常贫穷的个体——这些废料很可能就会被倾倒在他们家附近——可能会因为这项贸易而变得更格外糟糕。[43]除了穷人的弱能动性，这些国家的领导人（以及富国的领导人）可能对储存有毒废料的长期影响没有足够的认识。

脆弱性和弱能动性涉及有毒废料之国际市场的来源。但我们也可以担心这样一个市场的后果。所以第三点就是，这个例子中可能出现对个体而言伤害极大的结果。运输和储存有毒废料，至少是某些形式的有毒废料，可能会对个人造成极大的伤害。[44]许多人可能会因此死亡，或在健康方面受到影响。对于其他形式的有毒废料而言，则可能存在严重的未来伤害的风险。若果真如此，那么本身不是协议缔约方的未来世代，可能会承担这些伤害极大的结果的代价。此外，如果有毒废料被出口到监测和监管污染能力较弱的穷国，总体而言可能比把废料留在发达国家导致更多的污染，甚至更多的伤害。

另一方面，我们很难将这类市场与有害的社会结果的想法直接地联系起来，也就是说，与平等地位遭到破坏联系起来。同时，我们可能会追问，如果A国能够轻描淡写地将有毒废料转移到B国，这是否没有对B国的公民表现出平等的关注与尊重？如果将有毒废料转移到他们家后院——也就说，转移给自己——A国公民还会表现得一样轻描淡写吗？（当然，关于富国的有毒废料处理设施的选址，我们也可以提出类似的担忧，这些设施往往设置在非常贫穷的地区。）

我的进路的局限性

我的理论从对个体与社会而言伤害极大的结果（包括民主社会中的平等地位这个特殊情况）、弱能动性（包括不完整的信息），以及使一些人拥有支配其他人的巨大权力的脆弱性等方面，来对有毒市场进行分析。它为市场类型之间的道德区分提供了一个根基，但这种区分主要并非基于某些益品的特殊性质，而是基于跨越益品类型的考量。（因此根据我的观点，信贷或住房市场可能比性行为市场要更加应被反对。）但在某些关键方面，我的理论也有其局限性。

首先，正如我所强调的，我们不能从一个市场是有毒的事实中立即得出结论：我们应当在法律上禁止它。即便一个市场妨碍或未能促进某些价值，从这些价值的角度出发，禁止这个市场可能整体而言要更加糟糕。我们的政策回应必须取决于市场的替代方案可能是什么，以及具体是市场的哪些参数出了问题。有些市场与确保个体的平等地位不相容，所以应该被禁止；有些市场与民主国家中公民的平等地位不相容；其他市场则需要监管，包括对收入和财产进行再分配。许多市场只有在特定的语境下才是有毒的；与其改变这个市场，我们倒不如尝试改变这个语境。即使在有些时候，我们似乎并没有很好的理由允许某个特定市场，要想禁止它也可能是不切实际的。比如说，就海洛因和可卡因等毒品市场而言，它们的交易成本低，市场交换也容易执行，[45]即使在国家尝试取缔此类市场的情况下，强健的黑市也能够存在，而且确实存在。因此，尽管在某些情况下，我们希望取缔具体的有毒市场，但在另一些情况下，更合理的应对措施会是通过立法建立安全网，通过教育政策增加信息，通过种种机制增加问责能力，或者通过税收和转移支付计划，以减少不平等。有时，我们只是想确保提供某种商品的非市场机制与市场机制并存。

第二，我诉诸的一些参数可能互相冲突或与其他的价值冲突。关于不同参数之间的适当妥协，以及这些参数与其他价值之间的适当妥协，人们会有不同的看法。比如，是优先考虑增加能动性还是减少脆弱性，人们就会有不同意见。

第三，我还没有想清楚如何让这些价值变得可操作；比如说，关于市场行为主体必须有多少潜在的脆弱性才会使市场变得有毒，我在这里并没有在数字上给出界定。这些刻画性参数显然是有程度之分的。而且，关于一个特定市场何时变得不可接受，人们也存在着合理分歧的空间。此外，对于任何特定市场的毒性而言，语境都有很大的影响。考虑一下劳动力市场产生的巨大的财富不平等。通过立法规范政治运动的融资活动，确保教育资源的公平分配（这将使财富不会转化为固定的代际种姓制），以及确保足够高的最低收入的法规（这将使任何人都不会陷入贫困),我们都可能可以阻止这些不平等发生转化,成为对民主社会中平等的公民资格而言伤害极大的结果。

第四,很明显,我的理论对不断变化的境况很敏感。因此,目前有毒的市场在其他条件下,有可能变得完全可以接受(或者情况完全反过来)。

第五,必须承认,还可能有许多关于有毒市场的其他理论;在前面的章节中,我介绍了其中一些理论。在道德的意义上,我非常重视我们对特定市场的直觉反应。有些人可能会对此表示质疑,他们可能会指出,人们一度对人寿保险的想法感到恐惧。也许,我们的许多反应只不过是对我们不喜欢的东西的非理性的反感。还有一些人可能觉得某些市场是应被反对的,但这些市场似乎并不违反我提出的任何标准,例如,超模的卵子市场、诺贝尔奖获得主的精子市场,或者那些出售违反他们所深信不疑的宗教价值的商品的市场。[46] 相比之下,我的理论侧重于那些人们广泛共享的价值——防止极大的伤害与脆弱性——以及民主公民有理由认为尤其成问题的事物,即便他们的道德框架和有关生活的概念都不尽相同。

我在本章中的分析,有对市场在平等诸理论中的地位的推论。平等主义者应该关注的不仅仅是对于事物的分配,还应该关注拥有这些东西的人,以及他们彼此之间的关系。许多市场作为自由和效率的机制得到赞扬,这是正确的,但还有一些市场,他们所出售的是任何一个体面社会都不应允许其成员缺少的东西;有些市场加深了应被反对的阶层与特权的等级制,有些市场则破坏了民主价值。在思考市场的范围时,我们不仅需要注意不同市场的分配结果,还需要注意这些市场所促成与支持的人际关系。[47]归根结底,这些关于市场限度的问题不仅仅事关成本与收益,而事关我们如何定义我们的社会、我们是谁,以及我们关心什么。

不幸的是,许多市场的支持者和批评者都在一个高度抽象的层面上运作。在这个层面上,所有的市场都以或多或少相同的方式运行。但不同的市场有其特定的特征,它们会引起我们不同的道德关切。本书的第三部分将运用这个框架,更详细地考察一些许多人认为成问题的特定市场——生殖和性的市场、童工和债役的市场,还有人体器官的市场。

第三部分

第五章 女性生殖劳动的市场

在过去的几十年间，美国社会已经开始试验女性生殖劳动的市场，以及女性卵子市场。许多人认为，与目前人们所接受的、其他劳动市场相比，女性生殖劳动的市场——典型案例是契约怀孕（contract pregnancy）[1]——要更成问题。我将这种主张称为不对称论题（asymmetry thesis）。因为这一论题的支持者认为，在我们对待关于生殖劳动市场的方式，与我们对待其他形式的劳动市场的方式之间，应该存在一种不对称。不对称论题的倡导者认为，把生殖劳动当作商品，主张统治经济市场的供求原则也适用于生殖劳动，要比把其他类型的人类劳动当作商品更加糟糕。不对称论题是真的吗？如果是的话，认为它为真的理由是什么？在分析这个案例时，我关于有毒市场的理论是否有用？

我相信，不对称论题既捕捉到了在我们社会中存在的一些很强的直觉，又为反对契约怀孕提供了一个合理的论证。我在本章中的目的是批评几种流行的为不对称论题辩护的方式，并且提供一种替代性辩护，这个辩护基于平等地位的观念。[2]许多女权主义者认为不对称论题为真,因为他们视此为一种合乎直觉的说法:女性的生殖劳动是一种特殊种类的劳动,不应按照市场规范来处理。在女性的生殖劳动和一般的人类劳动之间,他们划出了一条鲜明的分界线:人类劳动可以被买卖,而女性的生殖劳动内在地不是一种商品。根据这些观点,契约怀孕允许市场延伸进入性(sexuality)①和生殖的私人领域。在他们看来,这种将经济领域侵入个人领域的做法是不恰当的:它没有尊重生殖劳动的内在的、特殊的性质。正如一位作者所说:"当女性的劳动被当作商品时,从事这种劳动的女性就被降格了。"[3]

有一些关于市场限度的观点基于这种劳动的意义或其内在性质,要想对这些观点进行评估,契约怀孕提供了一个很好的测试案例。我将论证,要想为不对称论题辩护,这些观点都是错误的方式。虽然我同意,在直觉上说,女性生殖劳动的市场比其他劳动市场更加令人不安,但我将提供另一种解释这种不安的理论。我的分析由四个部分组成。在第一部分中,我将批评那些基于生殖劳动是一种独特的劳动形式这一假设的论证。我将论证,就我们有关契约怀孕的辩论而言,女性的生殖劳动和人类劳动之间并没有区别。此外,我还将论证,就事实本身而言(ipso facto),出售女性的生殖劳动并不是降格性的。相反,它只有在特定的政治和社会语境下才会成问题。[4]在第二部分中,我将批评支持不对称论题的另一些论证,这些论证诉诸父母之

---

① 本书在大部分情况下将sexuality译作"性",sex作为一种益品(商品)时译作"性行为"。——编注

爱（parental love）的本质。这种观点认为，对不对称论题的支持来自母亲和孩子之间的特殊联系；母亲和孩子之间的联系不同于工人和他的产品之间的联系。作为回应，我将论证，母亲和孩子之间的联系比契约怀孕的批评者所假设的要更为复杂。此外，契约怀孕也并没有导致父母（或契约的其他各方）将孩子视为商品。在第三部分中，我将考察那种对于契约怀孕可能对儿童造成伤害极大的后果的担忧。尽管这一论证有其优点，但我将论证其有效性还远未确定。在这一节中，我还将指出契约怀孕与蓬勃发展的生殖服务行业之间的一些类比，尤其是体外受精（IVF）行业，它引发了类似的担忧。

本章的前三部分论证，文献中的那些禁止契约怀孕的各种理由（它们都基于契约怀孕的特殊性质）都是不充分的。尽管如此，与其他类型的劳动契约相比，怀孕契约看起来确实在某些地方是成问题的。问题在于，这种直觉的基础与意义何在？要想支持不对称论题，除了说它与我们的直觉相一致之外，我们还能够怎么说？

在第四部分中，我将论证，不对称论题为真，但我们还没有恰当地理解它为真的原因。不对称论题应该在外部基础上进行辩护，而不是在内在或本质主义的基础上。通过借鉴我在本书前面提出的理论，我将论证，社会中普遍存在的性别不平等是解释契约怀孕错在何处的首要之处。女性生殖劳动的市场之所以令人不安，是因为它们强化了性别等级制——男女之间的不平等地位——而其他那些我们接受的劳动市场则不是如此。因此我关于不对称论题的辩护在于，契约怀孕强化了美国社会中的不对称社会关系，即性别等级制与性别不平等。但也许，并非一切令人感到不安的契约怀孕的特征，都指向性别。契约怀孕也可能加剧种族不平等，并对妊娠母亲的其他孩子带来有害的影响。[5]在此，我将不会详细回应这些论点。但如果要发展出一个完整的反对契约怀孕的论证，就必须对这些考量进行回应。

生殖劳动的特殊性质

对契约怀孕的一系列广泛攻击，往往有一个共同的前提：生殖劳动的内在性质与其他种类的劳动不同。批评者主张，生殖劳动不仅仅是另一种工作；他们认为，生殖劳动不应该被视为一种商品，这与其他形式的劳动不同。我将这一论题称为本质主义论题（essentialist thesis），因为持此论题者认为，生殖劳动就其本性而言就是不应该被买卖的。

与本质主义论题相反，现代的经济学理论倾向于将市场视为是"理论上无所不包的"。[6]这些理论倾向于将一切益品（goods）和能力都视为可交换的商品（commodities），至少在原则上是如此。[7]如果我们接受对于人类行为的经济学进路的逻辑，这似乎会带领我们接受这样一个世界：一切事物都潜在地可供出售，它们包括人体器官、生殖劳动、有毒废料、儿童，甚至选票。[8]很多人会强烈排斥这样一个世界。但它到底有什么问题？本质主义论题的捍卫者们提供了这样一个反击的起点：并非所有的人类益品都是商品。更确切地说，人类的生殖劳动被当作商品来对待，这样的行为是不恰当的。当生殖劳动在市场上被购买时，它就已经被不适当地估价（valued）了。

本质主义论题支持不对称论题。本质主义论题的支持者认为，生殖劳动的性质与一般劳动有根本上的不同。特别地，他们认为女性的生殖劳动应该得到尊重而非利用。[9]女性的生殖劳动究竟具有哪些特点让它特别地适用于一种尊重，而且这种尊重还要求将它排除在市场之外？

某些版本的本质主义论题着重于女性生殖劳动的生物学或自然特征：

- 女性的生殖劳动同时具有遗传性和妊娠性的组成部分。[10]而对于其他形式的劳动而言，工人和她的产品之间并没有这样遗传性的关系。
- 许多人类劳动，其中几乎每一步都是自愿的，而生殖过程中的许多阶段都是非自愿。排卵、受孕、妊娠和分娩都是在母亲无意识的情况下进行的。
- 生殖劳动大约持续九个月，其他类型的劳动通常不需要如此长期的承诺。
- 生殖劳动涉及对女性在怀孕期间行为的重大限制，其他形式的劳动对工人身体的侵犯性较小。

然而，生殖劳动的这些特点并不能确立不对称论题。

- 就生殖工作者和她的"产品"之间的遗传关系而言，即便所谓的代孕者不是遗传学意义上的母亲，大多数批评者还是反对契约代孕。事实上，在许多批评者看来，"妊娠代孕"（gestational surrogacy）——即向女性植入由捐赠的配子在体外形成的胚胎——比那些代孕者即遗传学意义上的母亲的情况，要更加令人不安。[11] 此外，男性也与他们的后代之间具有遗传关系，但许多不对称论题的支持者并不反对精子的出售。

- 就生殖劳动的非自愿程度而言，有许多形式的工作，工人并不能控制工作过程；例如，大批量生产商品的产线工人一般不能控制装配线的速度，他们也并不参与制定他们生产活动的总体目的。

- 就契约期限的长短而言，有些劳动形式的契约期限甚至要更长，比如图书出版契约或者兵役契约。像怀孕契约一样，这些契约也都不是一个人可以在一天结束后就退出的。但很可能大多数本质主义论题的支持者都不会认为商业图书出版契约有什么问题。

- 就对女性身体的侵犯而言，非生殖劳动同样可能涉及对工人身体的侵犯。举个明显的例子：运动员签署的那些契约，就给了球队老板对他们的饮食和行为以相当大的控制权。这些契约还允许老板对运动员的药物使用进行定期测试。但在运动员的能力能否被出售的问题上，人们却鲜有争议。[12] 血液出售同样也违反了非侵入性的条件。事实上，撇开生殖劳动的遗传性成分不谈，自愿的兵役也牵涉到了批评者们所提到的一切其他特征。我们真的要以本质主义的理由反对这种兵役吗？[13]

卡罗尔·佩特曼（Carole Pateman）提出了一种辩护不对称论题的不同方式，以此作为反对契约怀孕的基础。佩特曼的论证并不关注生殖劳动的自然主义或生物学的属性。她论证，与女性的其他生产能力相比，女性的生殖劳动对她的身份认同来说是更为"内生"（integral）的。佩特曼最初勾勒这个论证时，谈论的是卖淫问题：

> 女性身份（womanhood）也在性活动中得到确认。当一个妓女将她身体的使用权承包出去时，她就在一个非常真实的意义上，出售了她自己。女性的自我在卖淫中的投入方式与在其他职业中是不同的。虽然各种类型的工人都可能或多或少地"被他们的工作所束缚"，但性和自我意识之间的内生联系意味着，出于自我保护的缘故，妓女必须与她的性使用保持距离。[14]

佩特曼对卖淫的反驳依赖这样一个主张：女性的性（sexuality）和她的身份认同之间存在亲密的联系。佩特曼相信，正是由于这种联系的存在，性行为（sex）才不应该被当作一种可转让的商品。她的主张是真的吗？我们该如何决定，一个女性的哪些属性或能力对她的身份认同而言至关重要，哪些则不然？特别地，为何我们要认为，性对于自我而言，要比友谊、家庭、宗教、国籍和工作更加内生？[15]毕竟，在这些领域中，我们都能接受商品化的存在。拉比和牧师可能认为，他们的宗教才是他们身份的核心，但他们经常由于执行宗教服务而接受报酬。佩特曼是否认为，属于这些领域的、与一个人的身份认同有亲密联系的一切活动，都不应该被出售？

佩特曼的论证看似支持不对称论题，因为它指出，相比她的其他能力，女性的性与她的身份认同之间有更加亲密的联系。但是，对于这个提议，她并没有提供明确的论证。事实上，有时她的论证似乎不是为了支持不对称论题，而是为了支持一个更普遍的论题，这个论题反对出售那些与人格人（persons）的身份认同紧密相连的能力。但是这个更加一般的论证是不合理的。它将不会允许个体出售他们的绘画，或者书稿。[16]它将阻止那些热爱自己事业的人，出售他们的服务。

由英国政府委托的《人类受精和胚胎学的沃诺克报告》（*Warnock Report on Human Fertilisation and Embryology*，后文简称《沃诺克报告》）将生殖劳动与人的尊严联系起来，声称："一个女性为了经济利益而使用她的子宫，这是不符合人的尊严的。"[17]但是，为什么出售一个女性的子宫的使用权是"不符合尊严的"，而在电视广告中出售她身体的图像却不是？

《沃诺克报告》的论证诉诸这样的观念：女性的性和生殖能力是值得尊重的。诚然如此，但如果仅有关于尊重的观念，还并不意味着生殖劳动不应被当作商品来对待。正如我在第三章中所论证的，我们有时会出售我们也尊重的东西。比如说，我认为我的教学才能应该得到尊重，但我并不反对基于这些教学才能获得报酬。给我的教学定价并不会削弱我的教学在其他方面的价值，也并不会削弱使我拥有价值的那种意义。

我相信，像《沃诺克报告》那样只注重维护某些文化价值,而不批判性地考察这些价值得以产生的具体社会境况,这是不对的。因此,那些认为出售性能力或生殖能力是"降格性"的观点,可能反映了这个社会控制女性及其性的尝试。至少我们必须考虑到一层关系:两方的一边是关于性的具体观点,另一边是性别不平等的维系。这一点尤其重要,因为对契约怀孕的一种有力辩护恰恰是基于,契约怀孕号称赋予了女性权力。

母性的特殊纽带

有时,那些怀孕契约的批评者们心里所想的,并非这种契约将如何影响生殖劳动和女性自我意识之间的关系,而是这种契约将如何影响她(和我们)看待母—胎纽带和母—子纽带。根据这种观点,生殖劳动商品化的错误在于它败坏了母性(motherhood),败坏了母亲和她们的后代之间的关系。此外,它还带来了一种将儿童视为可替代的对象的观点。

母亲与胎儿

契约怀孕的批评者主张,母亲和胎儿之间的关系并非简单的生物化学关系,也不是偶然的物理联系。他们还指出,母亲和胎儿之间的关系与工人和她的物质产品之间的关系,也有所不同。长达数月的漫长怀孕期与分娩的经历,都化为了母亲与即将出生的孩子之关系的一部分。沿着这些思路,伊丽莎白·安德森提出了一个论证。她提出,对于孕妇而言,生殖劳动的商品化会使怀孕变成一种异化的劳动形式;出售她的生殖劳动会使女性与其"正常"的、得到证成的情感相异化。[18] 怀孕契约并没有把怀孕看作一种与即将出生的孩子之间不断发展的关系,而是强化了孕妇仅仅是一个"家"或是一种"环境"的观点。[19] 出售生殖劳动就错误地把女性生殖劳动的性质呈现为一种商品,从而扭曲了母亲和发育中的胎儿间纽带的性质。我们应该如何看待这个论证呢?

怀孕契约可能会迫使人们将女性视为婴儿机器,或者单纯的子宫。这种说法肯定是有道理的。许多法院对契约怀孕的裁决都倾向于承认女性对生殖的贡献,但只限于女性的贡献与男性的贡献相同——在付出遗传材料方面。在这些裁决中,生殖过程中涉及的妊娠劳动都被明确忽略了。因此,玛丽·贝丝·怀特海德(Mary Beth Whitehead)在"婴儿M"一案中赢回了她的抚养权,因为新泽西州最高法院承认了她在遗传上的贡献;她是妊娠母亲这一事实,并没有起到决定性作用。[20]

然而,正如我将在下面论证的那样,我们最好从平等原则的角度提出那种关于女性生殖劳动被打折扣的担忧。如果把女性的生育贡献视为与男性相同(而事实上不同),那么女性在实际上并没有得到平等对待。但是,那些将怀孕契约的问题概念化为母-胎关系的降格而非男女平等的人,倾向于把怀孕的社会实践诠释为一种母性之"本能",一种母亲和她即将出生的孩子之间产生的神圣纽带。然而,并不是所有的女性都会与她们的胎儿产生这样的纽带。有些女性会选择堕胎。

事实上,对于那些希望利用母-胎关系来谴责怀孕契约,同时又赞同女性有权选择堕胎的人来说，这里存在一个两难问题。他们必须坚持堕掉胎儿是可以接受的，但出售胎儿则不行。尽管《沃诺克报告》在堕胎问题上没有采取任何立场，但它在考虑契约妊娠时，借用了目前的堕胎法作为参考。由于堕胎目前在英国是合法的，这份报告的立场带来了这样一个悖论式的后果：人们可以杀死一个胎儿，但不能订立契约，将其出售。[21]对这种反驳的一个可能的回应是，主张女性在头三个月不会与胎儿形成纽带。但事实是，有些女性从未与胎儿形成过纽带；有些女性甚至在分娩之后都无法与婴儿形成纽带。

我们真能确定，我们知道怀孕"通常"涉及哪些情感吗？人们经常将已婚女性描述为无私养育的人、利他主义者，而社会则历来将未婚母亲污名化，认为她们自私、神经质、不关心孩子的福利。一直到最近，社会压力还一直指向未婚母亲，要求她们在孩子出生时便交出孩子。因此，放弃孩子的已婚女性被视为"不正常"的、无情的人，而未能交出孩子的未婚母亲则被视为自私的人。[22]关于何为"正常"的母性纽带的种种假设，可能会强化关于家庭与女性在家庭中地位的传统观点。

母亲和儿童

反对契约怀孕的另一个论证认为，女性生殖劳动的市场会导致儿童的商品化。生殖的特殊性质再一次被用来支持不对称论题；母爱之特殊性质被认为是与市场关系不相容的。孩子们应该得到母亲的爱，但商业代孕回应并促进的是其他一些动机。事实上，批评者论证，关于生殖劳动的市场给人们提供了

"选购"孩子的机会。那些潜在的不孕不育的夫妇将会追寻能"最大化"婴儿价值的安排；他们将根据市场考量，对婴儿的性别（sex）、瞳色和种族进行评估。基于这种偏好生儿育女，这彰显的是一种低级的有关父母身份的概念。它将商业态度带入了一个应当由爱来支配的领域。

人们寻求契约怀孕，都是基于哪些原因呢？据我们所知，大多数选择代孕的夫妇和单身人士只是想拥有一个"他们的"的孩子。对他们来说，这意味着孩子与他们有遗传关系。此外，对于那种基于"选购孩子"的指控，我们可以指出，我们的收养制度反映了人们对未来孩子的种族、性别和能力的偏好；例如，一个稍微大一点的黑人孩子就比白人婴儿更难得到收养。这种偏好当然有可能是应被反对的，但很少有人论证，父母对他们所收养的孩子不应拥有选择权，或者我们应该出于收养制度放任了此类偏好的缘故而禁止它。[23]相反，我们对收养制度进行监管，以此保护儿童的基本利益。我们禁止那种根据儿童的既定特征，向机构支付不同费用的做法。为什么不能以同样的方式来监管怀孕呢？

那些希望以母爱的性质为基础为不对称论题辩护的批评者，必须辩护一个有关市场与爱之间关系的强主张。尤其是，他们必须主张，即便是受管制的生殖服务市场，也同样会导致父母以错误的理由来爱他们的孩子：爱的附带条件是孩子拥有一系列"正确"的物理特征。但我怀疑，对于大多数通过契约怀孕安排获得孩子的父母，即使孩子的特征与他们的预期不同，他们也同样会爱他们的孩子。

虽然我也同意，在个人关系领域之中秉持"选购"的态度，这是成问题的，但我们是否应该在法律上取缔可能彰显这种态度的市场，这完全是另一个问题。在我们的社会中，个体在寻求伴侣时会看重对方的一系列特点，从特定的种族、身高，到他们对肖邦的音乐品味。我们应该取缔那些迎合这种偏好的约会服务吗？

一些批评者将契约怀孕与婴儿出售联系起来。有这样一种流行的论证：在契约怀孕中，女性不仅出售她们的生殖服务，而且还出售她们的婴儿。因为出售婴儿是错误的，所以，这种论证采取以下形式的三段论：出售婴儿是错误的，而契约怀孕是出售婴儿的一种形式，因此契约怀孕是错误的。比如说，《沃诺克报告》就提出了这样的指控。[24]

但这个论证是有缺陷的。怀孕契约并不能使父亲（或未来的母亲，即那些不孕或出于其他原因无法受孕的女性）获得对孩子的全部所有权。即便是在已经为这个孩子的孕育支付了经济费用的情况下，这个孩子也不能被当作单纯的商品。举例来说，父亲（或未来的母亲）不能随便地摧毁或遗弃这个孩子。他（她）的行为所受到的规范与法律的约束，与任何孩子的亲生父母或养父母都是相同的。如果我们所谓的婴儿出售指的是一种奴隶制的指标，那么允许女性为她们的生殖服务订立契约，并不意味着出售婴儿。

安德森认为，使得契约怀孕成为一种出售婴儿的形式的，是这种契约处理"母亲对其孩子所拥有的权利"的方式。[25]这种契约规定，母亲必须放弃对孩子的抚养权。此外，这种契约的执行可以违背母亲的意愿。安德森论证,强迫女性与她的孩子分开,并通过出售的形式来放弃她的抚养权,这意味着将孩子视为一种单纯的商品。即使这是真的,它也并不必然会带来这样结论:怀孕契约应该被禁止。考虑一下收养制度的问题。收养制度经常受到监管,以使其尊重生物学父母在某个特定时间段内的思想变化。在此之后,收养协议将被强制执行。[26]契约怀孕可以用类似的方式进行监管,增加一个自愿退出期,以防止给那位与孩子有紧密纽带的生物学母亲造成伤害性的结果。也可以对它的结构进行调整,使其更符合一种开放的模式,即契约的所有各方都与孩子保持联系。最后,我们还可以要求怀孕契约提供有关放弃孩子的情感风险与成本的详细信息,以增加缔约方的能动性。[27]

最后,一些作者反对怀孕契约的理由是,这些契约就其本质上而言,一定是对女性的剥削。他们指出,这种契约的补偿非常低,而且许多同意出售其生殖劳动的女性都是出于利他主义的动机。安德森写道:"当交易的一方以交换'礼物'价值为导向,而另一方则按照商品的市场交换规范运作时,一种剥削就会出现。"[28]

对于这一种论证,我有两个回应。首先,即使所有或大部分出售生殖劳动的女性都真的是出于利他主义的动机,[29]要说契约的其他各方都完全是出于市场价值的动机,那也是不合理的。选择契约怀孕的夫妇并不是为了牟取利润,而是为了拥有一个孩子。他们中的一些人甚至愿意在孩子出生后与代孕者保持一种大家庭式的关系。第二,即使动机上的不对称是成立的，这种不对称也存在于许多类型的服务工作中：教学、医疗保健和社会工作都有可能导致这种"剥削"。在所有这些领域，我们至少可以通过监管工作条件和给予补偿，来部分地解决这个问题。为什么契约怀孕就与众不同？

契约怀孕给孩子带来的后果

女权主义哲学家苏珊·莫勒·奥金（Susan Moller Okin）提出了一个反对契约怀孕的论证，这个论证基于契约怀孕对孩子的影响。她认为，怀孕契约的问题在于，它们没有考虑孩子的最佳利益。[30]对奥金来说，生殖劳动和其他形式的劳动之间的不对称性基于这样一个事实：只有在前者中，孩子的利益才会直接受到威胁。

奥金的论证十分重要，因为它关注的是怀孕契约的一个外部性。这种契约会影响到并非契约缔约方的孩子。用第四章的话来说，孩子是弱行为主体。这些弱行为主体有可能会受到伤害吗？撇开究竟何为孩子的最大利益这一难题不谈，我们并不确定，让儿童和他们的生物学父母待在一起，他们最基本的或最根本的利益总是能够得到满足。[31]当生物学父母存在虐待孩子的行为时，将孩子和他们的父母分开可能会让孩子的处境变得更好。没有人会主张，孩子应该永远和他们的生物学父母在一起。但在这一点上，我同意奥金的观点：怀孕契约存在的一个问题在于它可能削弱孩子的生物学联系，这些联系能够在这个世界上给孩子一个安全位置。[32]如果我们能够展示出，怀孕契约会以某种形式让儿童变得更加脆弱，例如，它们会鼓励父母退出，那么这样的考量可能构成限制或禁止这种契约的理由。这种论证与生殖劳动的特殊性质无关，也与父母和孩子之间特殊的生物学关系无关。即使在孩子与父母没有遗传关系的情况下，这种论证也仍然有效。孩子是脆弱且有赖于人的，这种脆弱性证成了父母对其负有的道德义务。虽然这个反驳可以用来支持不对称论题，但重要的是要注意，弱能动性和脆弱性在整个社会世界中都可以找到；它们并非家庭、性行为和生殖领域独有。

尽管如此，这种反驳的确指出了生殖性劳动与其他形式的劳动间的一种区别。这是否证成了禁止契约怀孕的做法？要想评估怀孕契约对孩子造成的影响，其困难之一便是，我们对这些影响的经验性证据仍然少之又少。在美国，第一个报告的怀孕契约案例发生于1976年。[33] 即使我们先有了比较成熟的人工授精实践，我们也还没有关于捐赠者匿名性对孩子的影响的确凿研究。我们也不确定，不同的家庭结构（包括单亲家庭、替代家庭［alternative family］，以及收养家庭）会对孩子产生何种影响。我们应该警惕在没有任何经验证据的情况下，以孩子的利益为基础，过早地做抽象的论证。此外，对于那些生活状况可能不被社群认可的家庭，只要儿童的基本利益不受损害，我们可以有道德上的理由去推翻那些为个体儿童带来最佳利益的做法。[34] 例如，如果一个单身母亲或女同性恋者的孩子遭受歧视，并且影响到了她的孩子，我认为这也并不能构成将孩子从母亲身边带走的理由。

在这一点上，值得强调的是，美国社会目前对待另外两种组建家庭的方式（体外受精和收养），将孩子的基本利益纳入考量的方式是不同的。体外受精在很大程度上遵循的是消费者选择模式，在这种模式下，未来父母的决定在很大程度上被视为一个私人问题。即使涉及第三方——精子捐赠者、朋友和亲戚的卵子，以及通过市场获得的卵子——情况也是如此。在这种情况下，孩子或遗传材料捐赠者的利益几乎不受重视，社会倾向于将生殖决定视为由市场和不断增长的生殖服务产业所促成的私人决定。相比之下，收养则受到广泛的监管，未来的收养父母要接受家访和筛选机构的问询，即使婴儿还是一个新生儿。这是一个很好的问题：尽管有配子捐赠者、医生、儿童和营利性生育诊所等第三方的参与，但为什么辅助生殖技术所涉及的那些决定，依然被认为是一个高度私人的问题呢？[35]我们似乎缺乏一种前后一致的进路，使得我们在不断变化的组建家庭方式的背景下，还能保护儿童的利益。但我们亟须这样一种进路。

生殖劳动与平等

在前面三节中，我已经论证了为何我们不能基于以下这些主张，为不对称论题进行辩护：生殖劳动有某些本质性的东西使其与众不同，从而需要进行区别对待；契约怀孕扭曲了母性纽带的性质；我们也不能通过诉诸孩子的最佳利益，来决定性地支持不对称论题。此外，我所考察的一些论证倾向于不加批判地接受家庭的传统图景。这些论证将目前人们对母性纽带和母性制度的看法当作判断怀孕契约的基线，就好像这些目前的看法并没有受到过合理质疑一样。

如果我们拒斥了这些关于不对称论题的论证，我们是否被迫重回那种理论上市场的确无所不包的观点？我们能否在不主张生殖劳动本质上不是一种商品的情况下，拒斥契约怀孕，并且为不对称论题辩护？

我认为，基于不对称论题反对契约怀孕的最有力论证，来自有关性别平等的考量。我相信，正是这种考量在默默地推动着许多论证；比如，正是这种背景性的性别不平等使女性属性的商品化尤其应被反对。我对契约怀孕的批评集中在这样一个假设上：在我们的社会中，这种契约将把女性的劳动变成被他人利用和控制的东西，并将强化性别刻板印象——这种刻板印象被用来证成女性的不平等地位。[36]

与平等公民资格的民主理想相反，性别对一个人在我们的社会中的机会与成就具有很大的影响。这些影响包括家务和照顾孩子责任上的不平等分配，这大大限制了已婚女性在工作中的机会；尽管有向好的趋势存在，但女性与男性的收入比仍然约为77∶100；对于女性来说，离婚是一种经济上具有破坏性的经验（在20世纪70年代，年轻的离婚母亲的生活水平下降了73%，而男性在离婚后的生活水平上升了42%）；以及在我们的社会中，女性从事的大部分工作仍然属于"女性贫民窟"（female ghetto）的范围：服务和文书工作、秘书工作、清洁、家庭劳动、护理、小学教师和服务员。[37]

让我首先尝试指出一些重要的契约怀孕和女性不平等地位之间的具体联系。我在下一章对卖淫进行考察时，会进一步展开对这些联系的考察。就目前而言，卖淫是一种比契约怀孕更普遍的做法。在契约怀孕目前的形式与背景之下，可以说它在三个具体方面助长了性别不平等。

1. 契约怀孕使其他人有更多机会接触和控制女性的身体和性。供精人工授精①和怀孕契约之间存在一个关键的区别。供精人工授精并没有让任何人控制男人的身体和性。选择供精人工授精的男人，只不过是出售了他的身体或性的产品；他并没有出售对他身体本身的控制。在允许买方干预和控制的范围上，目前有关供精人工授精和怀孕契约的实践存在很大不同。怀孕契约涉及对女性身体的实质性的控制。这些规定包括有关医疗的协议，代孕者同意接受堕胎的条件，以及对代孕者情绪的管理。因此，在婴儿M的案例中，玛丽·贝丝·怀特海德不仅同意了不和她将怀上的孩子形成或试图形成任何关系，而且还同意不吸烟、不喝酒精饮料，或在没有医生书面同意的情况下服用药物。她还同意，如果测试发现有遗传或先天缺陷，她还将"根据生父威廉·斯特恩的要求"接受羊膜穿刺术，堕掉胎儿。[38]

在我看来，让这种控制应被反对的，并非女性生殖劳动的内在特点，而是它尤其强化了长期以来的基于群体的不平等。考虑一下类似的但不存在这样的后果的情况：自愿（有偿）服

---

① 供精人工授精（AID），一种人工授精方法，该方法将捐精者的精液或体外分离后的精子悬液注入女方的生殖道，以达到受孕目的。——编注

兵役。在这类例子里面，男性和女性出卖他们的战斗能力。像契约怀孕一样，兵役涉及对卖方身体的重大侵犯；在很大程度上，士兵的身体被他们的指挥官控制，在这种情况下，赌注往往是生与死。但服兵役并不直接有助于延续传统的性别不平等（尽管我们可能会担心自愿服兵役追踪社会阶层的方式）。怀孕契约和军事契约一样，让某人控制别人的身体，但这并非主要问题所在；问题在于，在契约怀孕中被控制的身体是属于女性的，而在历史上，这个社会将女性的利益置于男性的利益之下，其主要方式就是控制女性的性与生育。

市场理论家可能会反驳说，可以对契约怀孕进行监管，以保护女性的自主权，就像我们监管其他劳动契约一样。然而，考虑到这种契约所涉及的利益性质，哪怕在有正式协议的情况下，这种契约也很难不对女性的身体造成巨大干扰。毕竟，这种契约的目的是为了生产一个健康的孩子。为了帮助保证生出一个健康的婴儿，女性的行为必须受到高度控制。[39]

请考虑这样的情况：如果怀孕契约是一个关于生殖劳动的契约，那么和其他类型的劳动契约一样，履约——即法律上所说的"实际履行"（specific performance）——是不能强制执行的。比如说，如果我签订了去粉刷你的房子的契约，而我没有履约，你可以起诉我违约，但即使你赢了，法院也不会要求我去粉刷你的房子。事实上，这就是即便报酬再低的雇佣劳动都会有的和契约奴役（我将在本书后面讨论它）之间的显著区别。因此，以此类推，如果怀孕契约中的女性不履行协议，决定保留孩子，契约的其他各方不应要求履约（即交出孩子）；相反，他们只能要求金钱赔偿。[40]

怀孕契约中可能出现的无法强制履约的情况,也许会对这类契约的内容产生一些后果,这些后果使得这类契约尤其应被反对。请回顾一下,这种契约发生在很长一段期限之内,在此期间,女性放弃孩子的意愿可能会发生根本性的变化。之前,我把这种关于交易的未来后果的不确定性称为"弱能动性"。那么,契约的其他各方将需要有一些机制,以此来确保代孕者履约。有两种机制可能会带来这种履约,但这两种都会引起担忧。(a)契约可以被规定为,只有在得到孩子后,买方才会向女性支付报酬。但是,这种补偿结构与婴儿出售非常相似;这样一来好像买家购买的并非女性的服务,而是孩子本身。(b)契约可以强制要求,向受到引诱而改变主意的女性提供法律和心理咨询。这样的咨询可以增强代孕者的能动性,但我们可能会担心,这可能涉及大量的操纵和对她情绪的胁迫。[41]

2. 契约怀孕加剧性别不平等的第二种方式是,它加强了对女性作为"婴儿机器"的负面刻板印象。[42]刻板印象指的是这样一组信念:某一群体的所有成员被认为拥有同样的区分性特征。有些刻板印象是以经验为基础的。但是,即使在那些与观察一致的情况下,一个事关大量刻板印象的重要论点是,它们是自我确认的(self-confirming)。正是由于我们广泛的信念与期望,个体才会认为,服从于这些信念和期望是理性的。比如,如果一个黑人男性预期,他的雇主并不会奖励他在教育和人力资本方面的投资行为,那么他的这类投资就没有意义。[43]在20世纪初的美国,很少有女性渴望成为医生;机会的结构强有力地形塑了她们的雄心,她们自己与其他人对她们在家庭中的地位的期望,也左右了她们的壮志。如果契约怀孕的实践变得普遍和广泛,它可能会影响所有女性看待自己的方式。

3. 最后,契约怀孕引起了这样一种危险:母性将以遗传材料的方式来定义,就像父性一样。在最近的几项法院裁决中,这种倾向都有所体现。玛丽·贝丝·怀特海德以她是遗传学母亲为由,赢回了对婴儿 M 的抚养权。另一方面,妊娠代孕者安娜·约翰逊(Anna Johnson)则失去了这种权利,因为她与孩子没有遗传关系。[44]这些法院裁决确立了父母身份(parenthood)基于遗传贡献的原则。在这种情况下,女性对生育的贡献只有在与男性相同的情况下才会被承认。定义自然意义上和生物学意义上的母性的,将只有基因。通过忽视女性实际的妊娠贡献,法院强化了女性只是男人之种的孵化者的老旧的刻板印象。[45]事实上,法院对女性独特的劳动贡献不闻不问,本身就是一种不平等的对待。依照男性的权利和贡献来定义女性的权利和贡献——而这两者实际又是不同的——以这样的方式,法院没能为女性的权利与需要树立一个足够的根基。这些判决让女性背上了一个额外的负担。

就契约怀孕对性别不平等的影响而言,我认为不对称论题是真的,而且这类契约尤其令人不安。目前存在的性别不平等,才是怀孕契约之错误的核心所在。将女性的生殖劳动商品化的问题并不在于它降格了生殖劳动的特殊性质,也不在于它将女性从其身份之核心部分异化出去,而在于它(在一定程度上)强化了一种传统的性别等级制的劳动分工。我的论证的其中一个后果是,在非常不同的背景条件下,这种契约可能不会那么应被反对。[46]例如,在一个女性的工作和男性的工作一样受到重视,并且平等地分担照顾孩子责任的社会中,怀孕契约可能主要是作为单身人士、身障者和同性家庭生儿育女的一种方式。事实上,怀孕契约和与其类似的实践,具有改变核心家庭形态的潜力。

同时,即使是在性别平等的条件下,接受那些受监管的怀孕契约形式,也有几个潜在需要提醒的地方:(1)确保女性不是出于极端脆弱性而出卖其生殖劳动的重要性;(2)这种实践对于其他普遍存在的地位不平等的影响,比如种族;(3)确保女性参与制定这项活动的总体目的的需要;(4)确保弱势群体(孩子)免受伤害的需要。我们对怀孕契约对孩子心理健康的影响知之甚少。我们对怀孕契约对于父母退出的影响,或者对于生物学母亲的其他孩子的影响知之甚少。而且,我们对于它们给准儿女的安全带来的影响知之甚少。最近《白板》①杂志发表了一篇文章,它记录下了金融丑闻给某些夫妇所带来的影响,这些夫妇无法再支付费用给他们雇佣的代孕者。正如作者所指出的:"如果你停止支付你的代孕者,她需要辞职并找到另一份工作,就像任何其他工人一样。但代孕并不像其他工作。辞职的唯一方法是堕胎。"[47]如果不选择堕胎,由于金主夫妇反悔她又无法再抚育孩子,那么孩子的安全就会受到威胁。

出于这个原因,即使是在更加理想的情况下,我们也有理

---

①《白板》(Slate)是美国一份持自由主义立场的网络杂志,内容涵盖美国时事、政治与文化等内容。——译注

由对这种契约的潜在用途持谨慎态度。这可以通过允许此类契约存在，但使其在法庭上无法执行来实现。禁止不仅会把这种契约赶到地下，使各方更容易相互伤害，而且这种契约的许多潜在后果都是被推测出来的。此外，我相信，根据我之前的论证，在那些存在争议的案例中法院应该在抚养权上承认，遗传代孕者和妊娠代孕者之间没有区别。最后，怀孕契约中的第三方中介应该被界定为非法的。这些提议的目的是降低怀孕契约的热度，并且给代孕者赋能。因为在任何此类安排中，代孕者都是经济上和情感上最脆弱的一方。

结论：雇佣劳动、生殖劳动与平等

在本章中，我分析了取缔女性生殖劳动市场的不同基础。虽然我拒斥了这些基础中的大多数，包括本质主义论题，但持有相反进路的市场理论家们忽略了这样一点：存在一些应该限制市场交易的非经济价值。市场会塑造个人和社会群体之间的关系，而市场理论家忽视了市场这方面的作用。

倾向于自由至上主义的市场理论家可能会主张，我对不对称论题的支持蕴含着对自由主义中立性的违背：它将一种性别平等的标准强加于自由交换之上。[48] 自由主义要求国家在众多的价值概念中保持中立。这种中立性意味着，自由主义者不能强制要求诸个体统一在一套单一的价值之上。自由主义者当然可以寻求对交换进行监管，使其位于正义的界限之内。但是，如果人们的论证超越了正义管辖的范围，而且他们出于对所交换益品之性质的特定观点，才试图禁止某些市场交换，那么就可以说违反了自由主义中立性。此外，我所给出的论证是有偏见的，我将伤害女性的活动与伤害所有人的活动区分开来。

中立性问题是一个很难去评估的问题，因为人们对中立性有很多解释。但至少有两个考量看起来是相关的。首先，为何是现有的分配应该被作为衡量中立性的标准？我已经论证，认为生殖和性的领域是中立的这种想法，是一个错误；它（至少在部分上）是男女不平等的社会、政治和经济权力的产物。第二，大多数自由主义者把线画在了这类社会实践之上：如奴隶制、契约奴役、以奴隶工资水平支付的劳动，以及对选票或政治自由的出售行为。他们捍卫不可转让的公民自由，比如良心自由和结社自由、拥有财产的权利与选择职业的权利。这种限制被视为是出于正义的需要。一些实践像系统性的性别不平等一样，破坏了平等者之间自由审议的框架，他们视此类实践是可疑的。如果这种限制也违反了立场中立性，那么这种违反似乎并不是应被反对的。事实上在我看来，如果契约怀孕破坏了女性的平等地位，那它就是一个事关正义的问题。

契约怀孕将女性的身体置于他人的控制之下，并且推动性别不平等永久化。性别的不对称性——性别支配的社会关系这一事实——为不对称论题提供了最佳基础。在下一章中，我将进一步分析契约怀孕与其他可能导致性别不平等的劳动形式的区别，比如将女性雇佣为家庭清洁工和学前班教师。

并非一切契约怀孕的潜在消极后果都涉及其对性别不平等的影响。我还提到一些这种契约必须具有的成问题的形式，即它必须是自我强化的，必须起源于弱能动性，以及必须对偏好与身份认同有形塑作用。这些怀孕契约的特征中的一部分，是其他劳动契约所共有的。社会哲学中有一个重要的传统，它论证，正是由于这些共同特征的存在，雇佣劳动本身就是不可接受的。这一传统强调，雇佣劳动就像契约怀孕一样，让一个公民群体的生产能力为另一个公民群体服务，并将前者置于后者的控制之下。契约怀孕的不对称论题并不意味着，其他形式的雇佣劳动没有任何问题。不幸的是，在政治哲学中很少有人注意到，种种形式的性别和阶级不平等会对女性和工人审议能力的发展，或其偏好的形成产生什么影响。要想支持民主制度，有一些审议能力是必不可少的，而我们必须追问：什么样的工作－家庭关系，工作环境和家庭环境，最能促进这种审议能力的发展？[49]

第六章　女性性劳动的市场

关于人类能力的不同市场之间存在着区别，我们对此有深刻的直觉。甚至那些最终认为这种区别无法证成在法律上禁止销售生殖能力与性行为的人，也有这种直觉。在本章中，我将继续探究这一直觉，重点关注对性服务的销售。一位女性出售她的性服务，而不是她的文秘劳动，这究竟有什么问题？如果我们能够解释和证成这种明显的不对称，这对于公共政策制定将会有什么样的推论？

在这一章中，我的策略与第五章中关于契约怀孕的策略类似。我将概述和批判两种流行的处理卖淫的道德性的进路。经济学进路将卖淫的错误性归结为它对效率的影响，即它产生了外部性的事实。这种进路的重要特征是，它把性行为作为一种道德上无关痛痒的事情来处理。本质主义进路则强调，对于性劳动的销售是错误的，因为它们在本质上是异化性的，或者它们有损于人类幸福。不同于这两种思考卖淫之不道德性的方式，我将论证，对不对称论题最合理的支持来自商品化后的性与生殖在维系一个社会世界中所起的作用，在这个世界中女性构成了一个居于从属地位的社会群体。这与我关于契约怀孕的论证有平行之处，但也有不同。

首先，我将论证卖淫像契约怀孕一样是错误的，只要对女性性劳动的销售强化了广泛存在的性不平等的模式。这似乎听起来令人惊讶，因为我关于契约怀孕的论证强调了女性作为婴儿机器的观念，而卖淫似乎正挑战了这些观念。我提出了另一种方式表明，当代卖淫的做法加剧并体现了女性在社会意义上不如男性的观念。但是，由于许多其他劳动形式也可能导致女性的社会地位低下，而人们不认为这些劳动形式特别令人担忧——女模特、女佣、日间护理员和互惠生——我还将回应，是什么使得卖淫与众不同。其次，与契约怀孕不同，卖淫并不涉及对孩子的潜在伤害，它也不一定涉及弱能动性。[1]因此基于有毒市场对卖淫进行的反驳，不能依赖此类理由。尽管如此，许多女性都在各种形式的卖淫中受到了伤害，我还希望表明，卖淫的受害者中还有一个第三方：女性阶层。

基于我对卖淫之错误性的分析，我们应当赋予它什么样的法律地位？这里没有一个简单的结论。由于那些我给出的卖淫为何错误的原因，非法化（criminalization）或合法化（decriminalization）都可能产生加剧性别不平等的效果。尽管如此，我的论证确实有一些推论：如果卖淫合法，这些推论针对卖淫的监管形式；如果卖淫非法，这些推论针对其禁令和惩罚。总的来说，我的论证倾向于支持在美国和西欧等语境下的合法化，在这些地方，对虐待的禁止能够得到执行，而且这些地方有各自的社会安全网，用于保护女性免于在极端脆弱的条件下进入卖淫产业。

我在这里提出的论证是有条件的，它在实践上的结论是试探性的，但它的理论论点并不是试探性的。我将论证，对卖淫之错误性最合理的解释，在于卖淫与普遍存在的男女社会不平等之间的关系。如果卖淫和性别不平等之间事实上并没有因果关系，那么我不认为，我们有很好的理由认定卖淫本身在道德上是特别令人不安的，至少基于我所考察的理由是如此。[2]卖淫在性别不平等方面的社会后果和社会根源的考量，都在我对卖淫的评估中起着关键的作用。我的分析还意味着，男性卖淫所提出的问题是不同的，它与不正义相联系的方式与女性卖淫不同。

卖淫是一个复杂的现象。因此，我将从"谁是娼妓①"这个问题开始。

谁是娼妓？

关于卖淫的历史已汗牛充栋，人们对娼妓本身也进行过一些经验性的研究。然而，少数就这个问题写作过的哲学家却倾向于认为，卖淫这个术语指称的是一种统一的东西。[3]其实不然。我们不仅很难在卖淫和看似卖淫的做法之间，划出一条明确的界限，[4]而且正如研究这一主题的历史学家所强调的，卖淫在今

---

① 在本章中，prostitute作为性别中立的卖淫从事者时，译作"娼妓"，这个词包含了男妓和女妓；prostitute一词特指女妓时，译作"妓女"；women prostitutes和female prostitutes译作"女妓"。——译注加编注

天已成为一种与早期商业化的性行为非常不同的现象。这尤其体现在,把卖淫视作一个被遗弃、被羞辱的群体的专门职业,这类想法起源相对较晚。[5]

虽然这个行业之外的人倾向于污名化一切娼妓,但卖淫本身有一个基于阶级、种族和性别的内部的等级制。大多数娼妓是非常贫穷的,尤其是当我们在全球尺度内考虑这个问题的时候。即使是在美国,街头流浪者也与卖淫的上层人士有天壤之别。考虑以下这三个案例:

- 一个14岁的女孩为了满足她男友的海洛因毒瘾而选择卖淫。后来她开始站街,以此满足她自己的毒瘾。开始的时候,她像大多数青少年街头拉客妓女一样,依赖皮条客的保护。她没有受过教育,在与她顾客的关系中经常遭受暴力。她没有社保,没有病假或产假。而且最重要的是,她无法控制自己是否与男人发生性关系。这是一个由她的皮条客做出的决定。

- 现在,想象一下公园大道(Park Avenue)上的应召女郎,或者一个由富豪花重金聘请的"社交陪同"(escort)的生活。[6]许多应召女郎在经历过"普通的滥交"之后,既不是因为在物质上有需求,也不是因为没有其他选择,而是漂流到了高级别的卖淫业。[7]她们中的一些是年轻的大学毕业生,毕业后通过卖淫赚钱,同时寻找其他工作。应召女郎的年收入在3万至10万美元之间。这些女性可以掌握她们赚取的全部酬金,而且有非比寻常的独立性,这种独立性比许多其他形式的工作还要大。她们还可以决定与谁、在何时发生性关系。[8]她们的生活与街头拉客妓女的生活相比,几乎没有相似之处。

- 最后,考虑一下数量不多但不断增加的男妓。大多数男妓(但不是所有)向其他男性出售性服务。[9]通常情况下,购买这种性行为的是已婚男性。不幸的是,关于男性卖淫的信息很少;无论是作为一种历史现象,还是作为一种当代现象,男妓都没有得到很好的研究。[10]我们所了解的情况表明,男妓与他们的女性同行一样,遍布整个经济的光谱。男妓和女妓之间的两个重要区别是,男性更有可能只做兼职,而且他们一般不会遭受男性皮条客的暴力,因为他们往往是自己运作自己的生意。

这三种情况之间有不同吗?许多批评卖淫的人认为,全部娼妓都是在带有虐待和经济绝望的情况下,才进入这个行业的。但这是一个错误的假设:批评者把这种实践的一部分误作了整体。比如说,尽管站街女是可见度最高的,但她们只占美国娼妓人口的20%左右。[11]

卖淫的种种不同情况十分重要,因为它们迫使我们仔细考虑,卖淫在我们看来问题出在哪里。例如,在第一个案例中,对我们的消极的遣责式回应来说至关重要的因素是其背景性条件:绝望的境况、娼妓的年龄,她无法控制是否与客户发生性关系的事实,还有她极易遭受的来自皮条客或客户的暴力。在第四章中,我把这些因素称为脆弱性、弱能动性和对个体而言伤害极大的结果。这些条件可以通过监管来纠正,而不一定要禁止相互同意的成年人之间商业性质的性交换。[12]卖淫的第二个案例则与此形成了鲜明的对比。这些女性所从事的看起来是一种自愿的活动,是在一系列体面的其他可能性之中选择出来的。这些女性中的许多人是在没有胁迫或后悔的情况下,出卖了自己的性能力。第三个案例则反驳了那种认为,卖淫除了剥削女性之外别无其他目的的论证。

卖淫错在何处?

经济学进路

正如我们在前几章中所见,经济学家在探讨何为分配一种益品的最佳方式的时候,通常并不考虑这种益品的内在性质。他们倾向于关注一种益品的定量特征,而不是其性质。在处理卖淫问题上的经济学进路并不会先验地表明,某些种类的销售是错误的;没有任何商品化的行为被事先地排除在外。[13]相反,这种进路关注的是紧随这种销售的成本与收益。当某种交易会带来代价很大的外部性时,以及在某种交易一般而言很低效的情况下,关于契约的经济学进路就会以此证成不可转让规则(inalienability rules)——这些规则禁止个体进入某些交易。

卖淫的成本是什么呢?首先,参与商业化的性交易的各方要分担可能成本:疾病和内疚。[14]其次,卖淫对于第三方来说也有成本:一个经常光顾妓女的男人,将原本可以用于家庭的经济资源挥霍殆尽;在一个重视亲密婚姻的社会中,不忠会使男人的妻子或其伴侣付出不信任与痛苦的代价(因此,卖淫有时可能会带来婚姻不稳定);性疾病则有可能会传播给其他人。也许,卖淫最大的第三方成本是"道德主义"(moralisms);[15] 许多人认为,这种做法在道德上是令人反感的,并痛苦于这种做法的存在。(请注意,"道德主义"是指人们对道德问题的偏好,而不是指道德[morality]本身。)

经济学进路为我们用不同于其他劳动力市场的方式对待卖淫,提供了一个偶然的辩护。我们关注的是卖淫的成本,即卖淫带来的负面的公众舆论,或者卖淫对娼妓或一定人口中其他人的伤害(包括疾病的传播)。从福利的视角思考哪些对性自由的限制能够得到证成,这可能是具有启发性的,它还迫使我们反思性法规带来的实际效果。然而,我想指出这种进路存在的三个困难。

第一,也是最明显的一点是,市场和契约交换都是在关于财产权和法律权利的制度下运作的。经济学进路忽视了卖淫发生的背景性分配体系。然而,有些背景体系是不正义的。当卖淫是作为避免饥饿的唯一途径而出现时,我们就可能会尤其担心这类卖淫现象。与契约怀孕相比,卖淫市场的一些参与者(特别是如果我们把这种实践看作是一种全球现象的话)很可能处于极度贫困之中。为了生存,她们在任何实际意义上,都是性奴(sexual slaves)。

第二,这种进路似乎无法解释益品和益品之间的区别,尤其当这些区别似乎并不只是反映成本与收益净额的差异时。对许多人来说，出售某些益品似乎是不可想象的；也许我们能通过诉诸成本与收益来证成禁止奴隶制的合理性，但问题是，这样的证成方式使一种结果（没有奴隶制）成为偶然的。我们并不是偶然地相信这种结果。从现象学的角度看，把人们对奴隶制在道德上的反感解释为"只是一种成本"，这几乎完全讲不通。正如我们在第一章中看到的，即使我们有兴趣追踪第三方成本，外部性（尤其体现在，如果我们把道德主义算作外部性的话）在实践中也几乎是普遍存在的。如果我们认为，任何会招致人们否定的市场都产生了外部性，这种外部性证成了我们对市场的干预，那么契约自由的基础就将摇摇欲坠。我们需要一种方式来标记，有哪些成本高到了足以证成我们对市场进行干预和监管，而哪些还不够。经济学分析中没有任何东西能帮助我们做到这一点。

第三，有些益品似乎具有特殊的地位，这使我们需要将它们保护起来，免于进入市场。正如我们在第四章所见，出售选票或政治权利并不只是产生了成本与收益：它改变了人们以平等者的身份进行互动的背景性条件。在这个意义上，市场并非一个中立的交换机制：有一些商品的销售重塑了交易双方的关系。那么，往好里说，对卖淫的经济学分析是不完整的。而往坏里说，它是误导性的。

本质主义进路

经济学家把他们所考虑的益品的性质抽象掉了。相比之下，如我们在第五章中所见，还有一些批评家认为，性行为具有某些内在的东西。这也是我们在它和其他类型的劳动之间做出区别的原因。根据这种观点,卖淫是错误的,这并不只是因为它引起了伤害;卖淫构成了一种伤害。本质主义者认为,性行为有一些内在的属性,这是性行为的商品化之所以错误的原因。

一些批评卖淫的女权主义者认为,与我们的其他能力相比,性能力和生殖能力与我们自我的本质之间有着更为关键的联系。[16] 她们认为,对性行为的出售更为深入地打断了自我,带来了一种与自我的更彻底的异化。回顾一下卡罗尔·佩特曼的话:"当一个妓女将她身体的使用权承包出去时,她就在一个非常真实的意义上,出售了她自己。女性的自我在卖淫中的投入方式与在其他职业中是不同的。"[17]

我们似乎可以这样说:对我们身体的损害和侵犯,要比对我们外部财产的损害所具有的影响更深、更为重要。抢劫我的身体内的肾脏,与抢夺我的房子内的音响,是两种在类别上不同的侵犯,无论我的音响多么昂贵。通过抽奖把来自健康人的肾脏分配给病人,与用抽奖的方式来分配入场券抽奖的奖品,这是两种大不相同的行为,哪怕最终这两种抽奖方式都能得到辩护。[18]

但如果想要论证,我们的器官或性能力都是在市场中不可转让的,这个论点还只是论证的第一步。大多数自由主义者认为,个体对于其精神和身体的主权,对于行使基本自由来说至关重要。因此,在没有明确伤害的情况下,大多数自由主义者会拒斥那些关于自愿出售身体器官,或者性能力的法律禁令。

事实上，证成这种禁令的通常理由是对自己的伤害；人们认为这种出售是"绝望中的交换"，是个体自己会合理地想要预先排除的东西。美国法律禁止自愿出售个人器官和身体部位，但不禁止出售血液，其假设是只有前者可能对个体造成极大的伤害。因为这种伤害极大，所以如果个体拥有足够的信息，以及合理的备选方案，她自己也会避免这种销售。

无论这种主张适用于身体器官时具有多大的合理性，[19]当它适用于性行为时，其合理性会大大减弱。至少在美国——当然是在美国更上层的社会中——我们没有强有力的证据表明，卖淫是一种比在沃尔玛工作要更绝望的交换。这可能反映了一个事实，即人们与他们的性能力之间的关系是多元化的：对一些人来说，性行为（sexuality）①是与另一个人进行狂热交流的境界；对另一些人来说，它只不过是一种运动或者散心的手段而已。有些人认为，被另一个人在性行为上利用是可以接受的，如果对方令她感到愉快或者提供足够的工资作为补偿——即使性行为对她来说也可以是一系列体验的来源。

当然，问题的关键不在于，作为一个经验问题人们对性行为（sexuality）有不同的概念。批评卖淫的人也承认这一点。关键在于这种多样性是不是可欲的，以及在什么范围内是可欲的。

对于广泛的卖淫给人类繁荣带来的影响，玛格丽特·简·雷丁给出了一个独特的担忧。她认为，广泛的性行为市场会促成更为低劣形式的人格（personhood）。她说，如果我

---

① 一般认为 sexuality 也包含了 sex 的含义。本章原文为 sexuality 但译作"性行为"的情况，我们将依此处括注原文的形式提醒。——编注

们"反思一下我们现在对人类生活的了解,并从我们现有的概念中选择最好的一个",我们就可以认识到这一点。[20]雷丁认为,如果卖淫变得普遍化,它将对本身具有内在价值的人格产生不利影响。为何如此?我们可以考虑,如果喜爱与亲密关系的标志经常脱离其通常的含义,那么这种标志很可能会变得更加模糊,更加容易受到操纵。亲密关系的标志(身体的亲密,亲昵的称呼等)将不再是亲密关系存在的信号。在这种情况下,卖淫会掩盖性关系的本质,并可能因此破坏我们区分胁迫与信息不对称的能力。[21]个体可能会更容易进入伤害性的关系之中,并因此过上不那么满足的生活。

卖淫通常使性行为与亲密关系分离,这当然是事实。但随意性行为也是如此。我们最好这样理解雷丁的论证:广泛的卖淫活动产生了一种外部性。我同意。问题是,这种外部性的本质是什么?雷丁认为,这种外部性是指低劣形式的人类繁荣。但即便卖淫不能促进繁荣,在我们所能宽容的许多商品市场中,也有许多并不能促进繁荣:比如高脂肪食品。当雷丁论证我们应根据市场促进最佳形式的繁荣的程度,来对市场进行评价与潜在地监管时,她含蓄地接受了那种国家的目的是使人们幸福的观点。这是一个具有强烈父爱主义后果的实质性主张。我曾试图提出一个并不依赖于父爱主义的关于市场的论证。稍后,我将主张当代卖淫是错误的,因为它促进了男女之间的不平等关系、性别等级制度和排他性——这是正义的问题——而不是因为它减少了人们的快乐程度。[22]

本质主义论题的另一个版本认为,性行为的买卖是对个人尊严的侵犯。卖淫降格了妓女。例如伊丽莎白·安德森认为，基于对相互之间吸引力的承认，性行为有一种共享益品（shared good）的性质，她讨论了商品化对这一性质的影响。在商业化的性行为中，每一方如今都只在工具意义上，而不在内在意义上珍视另一方。尽管双方都因此无法享受到这种共享益品，但对妓女来说情况更糟。顾客只是交出了一定数量的现金；而妓女则交出了她的身体。妓女因此被贬低到一个东西的地位。我们称此为降格反驳（degradation objection）。[23]

我也有这样的直觉：未能将他者（others）视为人格人，这是具有道德意义的；把人当作单纯的东西是错误的。但这种直觉能否支持"卖淫是错误的"这个结论？对此我持怀疑态度。考虑一下奴隶制和卖淫之间的对比。借用奥兰多·帕特森（Orlando Patterson）令人过目难忘的说法，奴隶制是一种"社会性死亡"的形式：它剥夺了被奴役的个体要求合理主张的能力，使他们无法以自身的名义，成为价值和利益的来源。[24]但若仅仅是出售某人能力的使用权，并不必然地涉及这种剥夺，无论是对买方而言还是对卖方而言。[25]许多形式的劳动——也许是大多数形式的劳动——都会将一个人身体的某些控制权让给他人。[26]这种控制的范围很广，从要求一个人在特定的时间出现在特定的地点（例如到办公室报到），到要求一个人（例如一个职业运动员）吃特定的食物、获得一定的睡眠，或者要求在面对他人的冒犯行为时保持良好的幽默感（例如航空公司的空乘）。别人对我们能力的部分控制似乎并非是事实上的羞辱，或者是对我们尊严的破坏。[27]购买某种形式的人类劳动能力究竟是否会产生这种负面后果,将取决于宏观层面和微观层面的背景性社会制度。把人的劳动当作单纯的经济投入,这固然是令人反感的,但最低工资、工人的参与和控制、健康和安全管制、产假和陪产假、对具体工作的限制,以及离职的权利,都是削弱这种反感的形式。那些主张卖淫错在它与自我身份、繁荣与降格的联系上的人,并没有表明,一个受监管的卖淫体系无法回应他们的担忧。特别是他们并没有确立,即使不考虑卖淫的文化和历史背景,它也有问题。

然而,还有另一种阐释降格反驳的方式,即在当前卖淫的做法和女性较低的社会地位之间建立起联系。[28]这种联系不是卖淫本身的逻辑问题,而是在于这样的事实:当代卖淫将女性作为男人的性奴①,而降格了女性。目前,娼妓绝大部分是女性,而她们的客户几乎全是男性。在构想一个需要满足男性性欲的女性阶层时,卖淫将女性描绘为男性的性奴。如此理解,降格反驳可以被看作是表达平等主义关切的一种方式,因为在卖淫中缺少一种互惠的意识形态,让男性也可以为女性的性需求服务。在下一节中,我将讨论对卖淫错误性的这种平等主义理解。

平等主义进路

本质主义者正确地提醒我们,应当关注我们与我们的能力和外部事物之间的不同关系。但就我们的人格、繁荣和尊严而言,他们夸大了我们的性能力与我们的其他能力之间差异的本

---

① 原文为sexual servants,本书同时出现了sexual slaves和sexual servants,考虑到中文表达习惯我们均译作"性奴",当原文为sexual slaves时,以括注形式提醒。——编注

性。他们也没有充分注意到商业化的性交易发生的背景条件。相比之下，在我看来，卖淫错在它与性别不平等之间的关系上。但是，如果这个论证可以扩展到卖淫以及契约怀孕上，为什么它不能扩展到所有蕴含性别刻板印象的工作形式，包括秘书工作上？

答案部分系于我们构想性别不平等的方式。在我看来，性别不平等有两个重要的层面，这两个层面经常被混为一谈。第一个层面是关于收入、财富和机会分配的不平等。在大多数国家，包括美国，女性在经济上和社会上形成了一个处境较差的群体，这一情况基于以下因素。

- 收入不平等。我们在第五章中已经看到，尽管男性和女性的收入差距已经缩小，但这一差距仍然是显要的。
- 贫困。以单身女性为一家之主的家庭贫困率最高，尤其当她们是黑人或西班牙裔。2007年，28.3%的单身女性为户主的家庭处于贫困之中，13.6%的单身男性为户主的家庭和4.9%的已婚夫妇家庭生活在贫困之中。[29]
- 家庭中的不平等分工。在家庭中，女性花在家务和养孩子上的时间是不相称的。根据最近的一项研究，在外全职工作的妻子做了70%的家务；全职家庭主妇做了83%。[30] 家庭分工的不平等本身是由劳动力市场的不平等造成的，它也造成了劳动力市场的不平等；鉴于职业女性的工资较低，男性要从劳动力市场抽身而退，参与家务劳动、抚养孩子，成本就更高。

性别不平等的第二个方面并不涉及收入和机会,而涉及社会地位。在许多当代语境下,女性被视为在社会地位上低于男性,并受到低于男性的对待。这种低劣待遇通过几个不同的机制实现。

- 负面的刻板印象化。关于女性可以承担何种工作和责任的刻板印象一直存在。广泛的研究表明,人们通常认为男性比女性更有支配力、更有主见、更有理性。性别决定了人们对一个人能力的信念;例如,人们认为女性的智力不如男性。[31]

- 等级制。男性能够不对称地向女性发号施令;他们欺负女性,以获得他们想要的东西。最典型的例子是暴力。女性遭受男性暴力的程度要高于相反的情况:根据一项(有点争议的)研究,在美国,每15秒就有一名女性被殴打;每年有130万女性被她们的男性伴侣殴打;平均而言,她们被殴打3.4次。[32]

- 边缘化。被边缘化的人要么被排除在社会核心生产性社会角色之外,要么在这些角色中缺席——这些角色表达了自尊,以及有意义的贡献。[33]在极端情况下,被边缘化的女性缺乏基本的生存手段;她们依赖男性伴侣来保证生活基本必需品的供给。边缘化程度相对较轻的女性,则缺乏进入核心和重要社会角色的机会。她们的活动被限制在社会组织的边缘领域。虽然女性进入卫生和法律行业的人数越来越多,但她们都集中在这些行业低端地位这一边。在一些重要的社会职位上,她们也鲜有进展:从1789年到2009年7月,只有2%的国会议员是女性。[34] 按性别(sex)划分的职业隔离广泛而普遍;此外,它还是一个全球现象。

• 污名化。在某些语境中,女性的性别(gender)与污名有关,是一种不光彩的标志。考虑一下强奸。在强奸罪中,原告过去的行为和性格是判定是否真的发生了犯罪的关键。而其他犯罪则并非如此,邮件欺诈(这是一个双关①)就不会因为受害者的错误判断或天真而被驳回。社会区别对待强奸,我认为这是因为,许多人认为女性是真的想要(或应该)被强迫发生性行为,被当作供男性取乐的对象。因此,女性的低下地位影响了人们对强奸的看法。

这两种形式的不平等——分配上的不平等和地位上的不平等——显然是相互影响的。但它们又是不同的。我不认为,第一种意义上的性别不平等(男女之间的分配不平等)和卖淫有直接的因果关系。但我相信这是一个合理的假设:卖淫和与之相关的做法,比如色情作品,对女性的低下社会地位有重要贡献。卖淫塑造了习俗和文化,塑造了性行为重要性的文化含义,以及女性性行为(sexuality)的性质、男性欲望性质的文化含义,它本身也被这些因素塑造。[35]

如果说卖淫是错误的,那是因为它对男人如何看待女人,

---

① "邮件欺诈"即 mail fraud,在英文中音同"男性欺诈"(male fraud)。——译注

以及女人如何看待自己产生了影响。在我们的社会中，卖淫将女性描绘为男性的性奴。它支持并体现了一种广泛持有的信念，即男人有强烈的性欲，这种性欲必须得到满足，其满足方法主要是通过获得某个女性的身体。这种信念支撑着一种错误的想法，即卖淫是最古老的职业，是人类（即男性）本性的必然后果。它也支撑着传统婚姻观念，在这种观念中，一个男人不仅拥有他妻子的财产，也拥有她的身体。事实上，直到20世纪相当晚的时候，美国许多州还不承认婚姻中存在"真正的强奸"的可能性。

为什么那种女性必须为男性的性需求服务的想法，展现的是一幅不平等的图像，而不仅仅是差异呢？我的论证表明，这有两个主要的、背景性的原因。

首先，在我们的文化中，并没有这样一种互惠的社会实践，在其中男性是为女性的性需求服务的。男性可以是男妓和有偿的社交陪同，但他们的性行为（sexuality）并不被视为一种独立的能力，可供女性购买使用。他们为女性的性欲提供服务，这一事实并不是一个男性阶层身份认同的一部分。事实上，男妓绝大多数都是为其他男人而不是为女人服务的。

第二，卖淫体现了女性是低劣者的理念，这一点从强奸和暴力侵害女妓的高发率中就可以看出。尽管我们社会中的所有女性都是强奸和暴力的潜在目标，但与年龄、种族和社会阶层相当的非卖淫女性相比，从事卖淫的女性的死亡率大约是其6倍。[36]

我的想法是，卖淫通过将一个阶层的女性视为低劣者，而描绘出一种性别不平等的图像。卖淫是不平等的一个剧场；它为我们展示了一种实践，其中女性被视为男人欲望的仆人。这一点在女性被她们的（男性）皮条客强行控制的情况下尤其如此。根据我关于卖淫的概念，男妓的卖淫行为就不需要有如此负面的影响。我们需要对同性恋男妓的流行形象与概念进行更多的研究，也需要对极少数有女性客户的男妓进行研究。

那种有关参与卖淫的女性的负面形象，即将她们视为暴力和强奸的正当目标，这本身就是应被反对的。它助长了一种重要的不平等形式，即不平等的地位，它基于优越感、排他性和不尊重的态度。遗憾的是，政治哲学家和经济学家反而关注收入和机会的不平等，他们在很大程度上忽视了这种形式的不平等。此外，这种形式的不平等并不局限于女妓。我相信，女妓的负面形象很可能也有第三方的影响：它塑造并影响了人们对于女性作为一个整体的看法。当然，这是一个经验性的假设。它之所以没有得到检验，主要是因为我们缺乏对嫖娼男子的研究。大多数现有关于卖淫的研究针对的都是从事卖淫的女性，检验的是她们的行为和动机，这一事实本身就能引起人们这样的怀疑：卖淫被视为"一个关于卖淫女性的问题……［而不是］一个关于要求购买她们的男人的问题"。[37]这些研究想当然地采取了男性的性别认同。

为了调查卖淫对女妓和一般女性的负面形象的影响，我们需要对以下问题进行研究：

- 嫖娼的男性对妓女的态度是什么？他们对妓女的态

度与不嫖娼的男性的态度相比如何？

● 嫖娼的男性对女性的一般态度是什么？不嫖娼的男性对女性的态度如何？

● 女性对女妓的态度是什么？

● 参与卖淫的男女如何看待自己？

● 卖淫是促进还是减少了性暴力犯罪的可能性？

● 借助跨国研究，我们能对这些问题产生怎样的了解？在美国和那些工资政策更平等，或者男女之间的地位不平等更少的国家之间，人们对女妓的态度如何变化？

对这些问题的回答，将会反映出一些有关我们文化的社会事实。无论"卖淫助长并表达了性别地位的不平等"的假设具有怎样的合理性，它都从这些地方获得了这一合理性：周围的文化背景，以及卖淫这种做法在更广大社会中的意义。

我能够想象，在某些假想境况之下，卖淫并不会带来负面想象。它可以标志着对女性性行为（sexuality）的一次重新认识。COYOTE[①]的马戈·圣詹姆斯（Margo St. James）和其他女权主义者认为，娼妓可以作为性治疗师（sex therapists），既能满足人们一种正当的社会需求，又能作为体验的来源，给性行为（sexuality）和性别提供替代概念。[38]我同意，在不同的文化中，关于男女性别认同的假设不同，卖淫可能并不会对卖淫女性或者作为一个群体的女性产生有害影响。但我认为，这些

---

① 马戈·圣詹姆斯于1973年成立的支持性工作者权利的社会组织，全名为Call Off Your Old Tired Ethics，直译即"打破你那陈旧的伦理规范"。——译注

女权主义者严重低估了围绕着当代卖淫的文化刻板印象,并且夸大了她们自己对这种实践的形塑力。卖淫,就像色情作品一样,很难从周围更广大的文化中分离出来,这些文化将女性边缘化、刻板印象化,以及污名化。[39] 我认为我们需要仔细地看看,男人和女人在卖淫中实际得到了什么;有人主张,关于卖淫的人种学研究会表明,卖淫有助于增强女性尊严或权力的形象。对于这些主张,我表示怀疑。

如果卖淫带来了女性作为男性性奴的负面形象,并以此强化了女性在社会中低劣的地位,那么它就是错的。我认为,即便男人可以并且就是娼妓,但我们不太可能在作为群体的男人身上找到同样的负面形象效应。个体的男人可能会在个体的卖淫行为中被降格;但男人作为一个群体则不会。

假设上述我所说的都是真的,那么卖淫的负面形象效应是否比其他那些主要是女性为男性服务的职业——例如护理或时尚模特——所产生的影响更大?卖淫特殊在何处?

无疑,负面形象效应同样存在于卖淫之外的领域。但是,卖淫和其他具有性别隔离特征的职业之间,还有三个重要的区别。

第一,目前有很多人认为,与家政保洁不同,卖淫尤其是应被反对的。在这种对卖淫的道德观点不变的情况下,如果卖淫继续主要作为一种女性职业存在,那么,卖淫将不相称地助长女性的负面形象。[40] 污名围绕着这种实践,形塑了它,也从它那里得到强化。

第二,卖淫将女性表象为供男性使用的对象。正如我前面指出的，妓女比其他职业更有可能成为暴力的受害者；她们也比其他女性更有可能遭到强奸。对于妓女所服务的男性以及其他男性来说，妓女所说的"不行"并不意味着不行。

第三个区别事关第三方伤害：卖淫可能对其他女性的性自主权产生影响。[41] 斯科特·安德森（Scott Anderson）近期论证，如果卖淫被看作是与其他就业形式类似的另一种工作，那么性行为大概也可以被任何工作包含，成为它的一部分。那些不希望按要求进行性行为的女性可能会发现，她们的就业选择受到了限制，她们在劳动力市场上也成了更少被雇佣的人。与卖淫不合法的情况相比，这些女性现在的处境会变得更糟。而且，安德森强调，她们可能会因此感到压力，为了得到她们想要的工作而发生性关系。

我的论证是，如果卖淫是错的，那是因为，若要实现男女之间重要形式的平等，出售女性的性劳动可能会为其带来不利影响。如果这种对于不对称论题的论证是正确的，那么它就把卖淫与污名和不平等的地位联系在了一起。然而，在很大程度上，这种不正义是借由信念和态度来运作的，而这些信念和态度有朝一日可能会得到改变。我现在要讨论的问题是，即使我们假设卖淫在目前境况下是错误的，它是否应该保持非法状态。

卖淫应该被合法化吗？

卖淫的错误，和我们有资格针对这种错误做出的法律回应,明确两者的区分是很重要的。就卖淫之所以错误的那些事实而言,如果禁止卖淫使那些事实变得更糟,又或者禁止卖淫给其他重要的价值带来了太大的代价,那么即使卖淫是错误的,我们禁止它的做法也有可能得不到证成。即便是支持此类监管,关于国家干预的适当范围,还有关于平等的考量的适当范围,人们都有一系列合理的观点。

还有一件同样重要的事:要记住,将解决方案的讨论收窄到是否禁止卖淫这一单一问题上,显示出了人们想象力的贫乏。关于家庭内部恰当的劳动分工现有的文化价值观,以及女性的性能力和生殖能力的性质,要挑战它们,我们有很多途径,比如通过教育、意识觉醒团体,以及对雇员育儿假政策的改变。要为女性提供奖励使其免于参与卖淫,法律并不是唯一途径。尽管如此,我们的确需要决定,对卖淫的最佳法律政策应该是什么。

我将以对目前政策的评估开始。美国是少数几个将卖淫定为犯罪的西方发达国家之一。[42]例如,丹麦、荷兰、德国西部、瑞典、瑞士和奥地利都将卖淫合法化,尽管在其中一些国家,卖淫受到当地法令的限制。[43]在其他一些国家,为性行为付费是非法的,但出售性行为却不是。在允许卖淫的地方,它受到了严格的监管。

假设我们接受性别平等是社会政策的一个正当的目标,问题在于,美国目前在法律上禁止卖淫,这是否促进了性别平等。我认为,答案是没有。可以说,美国目前的法律政策强化了那些卖淫之所以错误的因素。

第一,目前对卖淫的禁止使一些从事卖淫的女性处于弱势。一些妓女从皮条客那里寻求帮助,以此替代那些她们被剥夺了的合同上的、法律上的补救措施。男性皮条客可能会保护妓女不受顾客与警察的伤害,但由皮条客经营的卖淫体系给处于卖淫业最底层的女性带来了巨大的负面后果,造成了极端伤害。

第二,在从事商业化的性行为上,女性受到了不相称的惩罚。许多州的法律规定,出售性行为比购买性行为的罪行更严重。因此,皮条客和客户("嫖客"[johns])很少被起诉。事实上,在一些司法管辖区内,尽管卖淫是违法的,但嫖娼并不违法。研究还表明,男妓被逮捕的频率比女妓更低,而且刑期也更短。一项对2859名男妓和女妓的司法处理的研究发现,如果被告是女性,法官更有可能认定其有罪。[44]

目前对卖淫的法律禁止也没有给女性阶层带来明显的好处。这是因为,现阶段政府对于卖淫的禁止,其文化含义模糊不清。尽管不受限制的卖淫制度——即对于女性性属性的定价制度——可能会对女性的自我认知,以及男性对她们的认知产生负面的外部后果,但国家的禁止也能反映出一种对女性的看法,而这种看法也会助长女性的不平等地位。例如,有些人支持国家监管,但这是因为他们认为女性的性就是为了繁殖。这种主张与关于女性之恰当角色的传统观念紧密相连。

对于性别不平等问题而言,禁止卖淫似乎并不是一个恰当的反应,这背后还有一个原因。这个原因能够表明,为何卖淫与商业代孕的案例之间缺乏可比性:禁止卖淫本身没有消除卖淫，也不会消除它。尽管我们有理由认为，将商业代孕安排非法化或不可执行化能够减少其发生，但对于卖淫，并没有这样的证据。没有一个美国城市仅仅通过将卖淫非法化，便消除了卖淫现象。相反，非法化后的卖淫作为一种黑市活动蓬勃发展，皮条客代替了法律，成为执行契约的机制。因此，它使妓女的生活比她们本可能的情况要更糟，而且没有明显抵消掉那种卖淫给女性带来的、主要是负面的形象。

如果我们决定禁止卖淫，我们必须回应这些问题。如果我们放弃禁止卖淫（无论是通过合法化还是去非法化），那么我们必须小心翼翼地监管这种实践，以回应其负面影响。我们需要对广告和召妓行为进行一定的限制，以回应不受限制的卖淫制度所带来的负面形象效应。但是，目前的黑市卖淫体制伤害了许多妓女。黑市将她们的性能力主要置于男人的控制之下。为了促进女性的平等地位，这里有一些建议的监管原则：

- 任何女性都不应被法律或私人强迫，违背自己的意愿进行性行为。（请回顾一下，直到近期，法院才承认婚内强奸的存在。）出售性服务的女性必须有拒绝提供性服务的能力；她不得被法律或私人胁迫进行性服务。[45]
- 无论是法律还是私人，都不能拒绝任何女性取得避孕手段，或者对于性传播疾病的治疗手段的权利，尤其是艾滋病的治疗，也不应被拒绝堕胎（至少是在妊娠头三个月内）。
- 法律应该增加能动性，确保女性在同意性交之前拥有足够的信息。女性应该广泛地拥有下列信息：性病和其他性传播疾病的风险、怀孕的风险，以及有哪些法律可以保护女性拒绝性行为的权利。

- 关于性同意的最低年龄的法律应当得到执行。这些法律应确保脆弱的女性（和男性）不受胁迫，在她们能够理解自己所同意的事情之前，不发生性关系。

- 法律应该通过禁止中介行业存在，来促进女性对自己的性的控制。如果卖淫的问题在于它与性别不平等之间的关系，那么至关重要的就是，法律应主要针对那些利用女性的性能力获利的男性。

这些原则中的每一条，都是为了确立并保护女性控制其性能力和生殖能力的权利，而不是将这些能力的控制权交给他人。这些原则中的每一条，都是为了保护女性性同意的条件——用第四章的话来说，是为了增强女性的能动性——无论这种性行为是不是商业性的。这些原则中的每一条，都试图通过减轻卖淫作为一种女性奴役的性质，来对抗对女性的伤害。

结论

如果我在这里提出的论证是正确的，那么卖淫之所以错误，是因为它有利于延续一种影响深远的不平等形式：男女之间地位的不平等。在不同的情况下，人们对于女性及其社会角色的假设不同，卖淫可能并不会令人不安，或者至少不会比目前允许的其他许多劳动力市场来得更令人不安。那么,根据我的理论,在男女之间地位的更平等的情况下,人们要么会否认不对称论题,要么会觉得它没有那么强。虽然那种认为卖淫本质上是降格性的直觉甚是强大(而且,如同许多这类直觉一样,有这种直觉的人即使在接受过理查德·勃兰特所称的"认知疗法",纠正了事实上的和推论上的错误之后,这种直觉仍然存在),[46]我认为,这种直觉本身是和一些根深蒂固的观点紧密相连的,它们包括男性的性别认同观点,以及女性在这种认同中的性角色的观点。如果我们对卖淫感到不安,那么我们就应该把大部分精力放在另一个地方:提出男女之间关系的平等主义替代模式。[47]

第七章　童工：一个规范性视角

国际劳工组织①估计，超过2.46亿名的儿童正在从事劳动。尽管在全球范围内，童工发生率一直在下降，但其下降并不均衡。在一些地区，童工发生率似乎还在上升。[1]在南亚和非洲的许多国家，童工比例在20%至60%之间。

童工的广泛存在引发了民众的愤怒，带来了旨在禁止销售所有由儿童制造的产品的立法倡议。但是，发展中经济体和许多经济学家对普遍禁止童工的行为提出了警告。他们认为，这种禁令将是低效的，并将伤害贫困家庭和他们的儿童。一些经济学家呼吁，对于家庭策略进行父爱主义式的干预是令人忧虑的，因为在贫困和教育系统不足的情况下，这些家庭策略很可能是合理地发展而出的。另一些人则指出，由于童工本身具有异质性，从放学后送报的轻松工作，到儿童卖淫全部都有，一刀切的政策可能会削弱它针对童工之最坏形式的能力。因此，针对童工问题，建立并执行一套适用全球的一刀切标准是否可

---

① 国际劳工组织（International Labour Organization，下文简称ILO），联合国负责劳动事务的专门机构。——编注

取，尚存在相当大的争议。

在这种争论的背景下，本章探讨了童工所引发的规范性问题。在第一节中我将简要考虑定义谁是儿童的概念问题，这是出于识别童工的需要，第二部分将探讨使童工在道德上成问题的几个考量因素，这些考量因素涉及我在第四章中提出的所有四个参数：弱能动性、脆弱性，以及对儿童个体而言和对社会而言的极大伤害。[2] 在这些考量因素的引导下，我辩护的立场与那些主张应立即废除所有童工的人，以及那些主张我们必须适应童工的人都有所不同。我将论证，最为恶劣的童工形式——包括儿童卖淫，和使用儿童作为抵押劳工——应该被无条件地禁止。在特定情况下，即便我们目前做了许多工作消除某些类型的童工，我们可能需要宽容它们，至少是在不远的将来。然而，法律上的宽容并不意味着漠不关心，国家和非政府组织可以通过多种方式保护和促进儿童的利益。这尤其体现在，他们可以采取广泛的社会措施来改善儿童的境况，特别是要确保所有童工接受教育。

如果不考虑我们的道德和政治价值，我们就无法回应童工问题；这些价值事关我们就童工提出的问题、我们寻求的数据，以及我们的政策设计。此外，无论采取什么政策，我们都会涉及不同价值之间的妥协。政策制定者需要明确说明，他们想要促进何种价值，以及他们愿意接受的妥协是什么。在本章中，我认为最重要的价值是防止对于儿童和社会的极大伤害。我还将指出，这些价值应如何指导政策和研究。

什么是儿童？

许多国家都按年龄定义儿童，其他国家则会考虑到社会因素。例如在一些非洲国家，学徒工和新娘到了10岁就不再被认为具备一些特征，尽管这些特征在工业国家仍然跟"儿童"地位捆绑。他们可能到了结婚的年纪，但他们没有资格独立于其父母做出决定。在不同的国家中，成年的年龄门槛也不同；即使在一个国家内部，这种门槛也会有所不同：有的是投票年龄，有的是就业的年龄，还有的则是服兵役的年龄。最后，儿童的类别内部也允许异质性的存在：3岁的孩子与15岁的孩子有极其不同的能力。

现代社会对儿童的看法的规范性基础是什么？在我们所有的道德和法律实践中，几乎都隐含着这样一个关于儿童的概念：儿童是一个在某些基本方面尚未发育的人，是在发育中的人。[3] 出于这个尚未发育的条件，我们需要父母或代理人的存在，他们代表儿童行事。因此，父母或代理人被赋予了特殊的义务，包括保护、抚养和教育儿童的义务。这些义务是父爱主义式的，因为无论当事儿童是否同意接受保护、抚养或教育，成年人都感到自己有义务履行这些义务。

成人以父爱主义的方式对待儿童，并且感到这种做法是能够得到证成的，这是因为儿童还没有发展出认知、道德和情感的能力，他们无法基于自己的利益进行思考和行动。[4] 儿童还不是完整的人格人，但他们是人格人。

童工的规范性维度

童工的规范性维度都有哪些？儿童（有时是他们的父母）的能动性较弱，其弱能动性与潜在的脆弱性有关；这尤其体现在，它可能对儿童本身和社会造成伤害极大的结果；因此，童工问题会引发道德关切。

弱能动性

我们不能假设，儿童有充分的能动性。他们缺乏成年人的认知、道德和情感能力，而且在家庭中，他们也很少有权力决定如何分配他们的时间。[5]父母通常是孩子的主要决策者，尤其针对幼儿，他们对孩子生活的大部分方面行使权威、施加控制。

请考虑上述情况与理想的劳动力市场之间的对比。在理想的劳动力市场中，工人和雇主是完全理性的行为主体，他们以自己的名义，在完全的信息下进行交易。正如简·汉弗莱斯（Jane Humphries）所指出的，这里有的并不是对市场信号做出反应的"经济儿童"（infans economicus）；大多数儿童是被他们的父母安排工作的。[6]在童工劳动力市场中，这种在选择者和被选择者之间的鸿沟可能会令那些儿童的利益遭到折扣。代理决策是一个在道德上充满风险的领域，尤其是对于幼儿而言，他们甚至无法清晰地表达自己的利益。此外，这种代理能动性有时会解体，比如当父母虐待、剥削或忽视他们的孩子时，他们会失去孩子的监护权。家庭不是同质化的实体，而是一种亲密的联合，其成员有不同质的利益。我们不能简单地假设，一家之主是一个仁慈的独裁者，他的行为总是出于整个家庭的利益。

童工还在这一点上区别于理想的劳动力市场：决策者可能缺乏关于他或她的选择的后果的重要信息。童工的成本可能会延伸到很远的未来，比如，对儿童的健康产生的长期不利影响。即使是充满善意的父母，我们也不能确定他们是否将这些成本考虑在内。如果父母本身来自非常贫穷或者被鄙视的社会群体，信息的缺乏可能就尤其重要。正如德雷兹和盖兹达所指出的，"父母对于教育的个人价值和社会价值的评估能力，取决于他们所掌握的信息，和一些其他的因素。如果他们的整个参考群体都基本上没有受教育的经历，这种信息可能相当有限"。[7] 值得注意的是，从事债役的儿童的父母往往自己也曾经是债役工。[8]

在计算童工给其家庭带来的成本与收益时，我们应当注意到，儿童与其他可能在市场上进行交换的资源并不相似。儿童对其家庭的市场价值不仅取决于外部的供求关系，而且还取决于父母所做的选择。父母决定在他们自己的资源中，拿出多少花在他们的孩子身上，这会影响到童工的技能水平和生产力。而孩子则会影响父母的净成本；作为成年人，父母还有他们自己正在衰老的父母，在对后者的投入方面，他们也要做出一些选择。

能动性问题（代理决策、无知、对教育儿童的未来成本与收益的不确定性）可能通常与童工有关。但是，即使那些选择童工的人是完全知情且自愿的，童工也未必在道德上就是能够得到证成的。如果贫困儿童和他们的父母所面临的背景性条件和选项是不正义的，那么被选择的选项也不会由于某种神秘的过程，突然变得正义起来。一个行为主体面对着社会上可获得的种种选择，对这些选择的道德正当性，我们有着一定的看法；要对这个行为主体的行动进行道德评价，这些看法是我们的一个关键输入项。换句话说，一个选择是否具有合法性，除了它是自愿的之外，还取决于其他条件。现在，我将考虑这些其他条件。

不对称的脆弱性

童工可能因为其背后的脆弱性而尤其应被反对。这些脆弱性可能存在于儿童和雇主间的交流中，也可能存在于家庭本身的情况中。家庭的脆弱性可能是童工市场的一个因素；大多数童工的父母都处于不稳定的状态，他们往往离赤贫只有一步之遥。他们也很可能没有受过教育，而且是文盲。于是，童工就成了一种征候，说明出现了一种应被反对的脆弱性。在一些国家中，种姓和族群划分可能会加剧此类脆弱性。

童工还可以产生、反映和延续家庭内部不平等的脆弱性。一些家庭可能为了其他孩子或家庭成员，而牺牲掉一个童工。例如，当母亲外出工作时，他们可能会让女孩辍学，以照顾年幼的孩子。[9]这种对于家庭中某些儿童的极端偏爱，在道德上也是令人不安的。

童工也可能反映了母亲和父亲之间权力和资源的不平等。越来越多的证据表明，母亲比父亲更偏好对儿童的福利进行投资，包括其教育。[10]

极端有害的结果

童工市场所造成的损害的性质，取决于童工的形式。许多国际协议（包括ILO第182号公约《最恶劣形式的童工公约》[Worst Forms of Child Labor Convention]，和美国参议院1997年审议的《桑德斯修正案》[Sanders Amendment]）将强迫劳动视为童工最恶劣形式的之一。但是，强迫劳动并非区分最有害的童工形式的一个有用的类别。父母代表他们的孩子做许多父爱主义式的决定，包括"强迫"孩子上学。鉴于儿童的能动性较弱，因此，几乎所有的童工（和儿童教育）都是被迫的。因此，如果没有关于儿童利益的更充分的理论，我们就不可能识别童工的有害之处。

按照阿玛蒂亚·森的说法，儿童有两种利益，即我在前面提到的福利利益和能动性利益。[11]正如我在第四章中所定义的，福利利益涉及一个人的整体善；能动性利益涉及他设定并追求自己的目标和利益的能力。儿童和成人都有这些利益，但他们拥有它们的方式和程度不同。

首先，请考虑福利利益。儿童目前的福利利益包括住所、食物、健康、教育、身体完整性，以及与父母（或其他照顾者）的稳定的、充满爱的关系。儿童需要父母来保护并提供这些利益，因为他们自己还不能丰衣足食。由于儿童的脆弱性和弱能动性，国家需要发挥后盾一样的关键作用，以保护儿童免受父母虐待和忽视。当然，国家必须做的不仅仅是扮演防止虐待的后盾，因为父母不可能自己来提供孩子所需的一切事物，比如一个干净的环境。儿童的福祉，就像成人的福祉一样，在很大程度上取决于社会制度的性质。

与之相比，一个成年人的福利利益是不同的。首先，成人对他人的依赖程度与儿童不同。在适当的背景条件和制度之下，我们认为，成年人有能力做出选择，这些选择能够使他们为自己提供福利：获得营养、健康和住所；找到有报酬的工作；并且能够行使他们的一系列能力。其次，成年人的福利是由他们自己的价值、他们所关心的事物，以及他们想要的生活方式所决定的。我们不认为一个成年人的福利，能够与她关于价值和目的的概念完全分离。比如，一个相信无神论的成年人，就可能会从强制性宗教教育中获得极少的福利。

幼儿几乎没有直接的能动性利益。[12]但与其他依赖性强的弱势人群（如有严重认知障碍的人）不同，在合理的有利条件下，儿童会发展出为自己设定目标的能力，并根据自己的价值进行选择和行动。随着他们的发展，儿童对行使其能动性的兴趣越来越大，尽管出于他们能力与经验的缺乏，社会仍然对其合理地设定了法律限制。

相比之下，成年人在行使他们的能动性方面有很大的兴趣，他们希望可以成为那些影响他们生活的决定的参与者。他们有理由认为，被当作儿童来对待是一种冒犯。只有在他们同意的情况下，他们才会心甘情愿地允许其他人代表他们做出决定，比如政治领袖。世界上许多最贫穷的国家中普遍存在腐败与专制制度，这是实现和行使成人能动性的严重阻碍。

虽然儿童和成人的利益不同，但儿童也在慢慢发展为成人。任何关于儿童利益的理论都必须动态地看待这些利益，看到这些儿童的利益会逐渐发展成为他们作为成人的利益。

在个体层面，伤害可以被定义为对儿童现在的能动性利益和福利利益，或者未来的（成人）能动性利益和福利利益的消极影响。特别是，我们可以定义一个基本能动性利益和福利利益水平，如果不能满足这些利益，对儿童来说就是虐待，或者会阻碍其关键成人能力的发展。侵犯儿童基本利益的童工将构成极大的伤害。

重要的是，需要将这种"基本利益"标准与一些儿童权利倡导者提出的判断童工的"最佳利益"标准区分开来。最佳利益标准存在两个主要问题。首先，由于对何为儿童的最佳利益没有广泛的共识，父母可以用完全不同的方式对标准进行解读。[13] 就基本利益标准达成广泛共识，可能性就大得多。[14]

其次，最佳利益标准假定，父母（在实践中通常指母亲）仅仅是优化其儿童利益的工具，而自己并不独立地参与计算。从道德的角度来看，这就是错的。设想儿童必须为整个家庭或其他家庭成员的福祉做出一些贡献，这种家庭结构内并不存在什么内在的不公正。家庭内部利益之间的一些妥协是可以接受的，而且无论如何都是不可避免的。因此，在某些条件下和某些限制下，儿童所从事的工作可能是可接受的。[15]

在社会层面上，童工也可能产生极大的危害。任何社会都不可能对儿童的抚养和教育方式漠不关心,因为这些因素会影响其未来成员的性质。没有受过教育、不识字且被动的成年人无法对社会发展做出太多贡献,也无法在回应社会问题上发挥作用。童工的存在可能会抑制长期富有成效的发展,而这种发展是帮助穷人走出绝境,或者增加国家财富所必需的。

童工可能会破坏一个由平等者组成的社会的可能性。没有受过教育、不识字的成年人往往会构成一个奴性的社会阶层(servile social caste),被排除在社会的主要机构之外。事实上,迈隆·韦纳(Myron Weiner)认为,在印度,童工本身是一种应被反对的等级制的征候,而并不是贫穷的征候;因为印度的大部分劳动力来自下层社会,从事的是琐碎的工作,所以上层社会的精英们并不认为对于贫困儿童的教育是必要的。此外,未受教育的儿童长大成人后也无法主张自己的权利。[16]

用第四章的话来说,将童工视为有毒市场的理由建立在我的全部四个参数之上:弱能动性、脆弱性、对个体而言极大的伤害,以及对社会而言极大的伤害。童工也有可能具有动态的效应,形塑并延续特定类型的人群和社会,在其中一些人仅为他人所利用、抛弃。值得强调的是,在全球范围内,那些陷入童工、生活在极端贫困中的儿童是无辜的。他们没有做任何应当换来他们的处境的事。[17]

政策上的推论

在这些规范性维度上,某些形式的童工表现很差:儿童或其父母的能动性很弱，家庭内部、家庭之间都具有脆弱性，或者对儿童和社会而言都伤害极大。对于这类童工而言，我们应该如何给出回应？一些活动家和非政府组织采取的进路是，将一切童工定义为对儿童权利的侵犯，并呼吁立即废除童工。在这个框架下，在童工的不同种类之间作出区分——有危害性的和无危害性的，劳役的与非劳役的，兼职的与全职的——被认为是毫无意义的。这是因为，对儿童而言，任何次于接受全日制正规教育的情况，都被认为是对儿童的基本利益的威胁。[18]

尽管就如何具体实施这种政策而言，这种进路没有提供什么指导——在国家和全球秩序都很虚弱的背景下，这是一个严重的问题——但它仍然具有一个重要的政策功能。权利，尤其是法律权利，创造、正当化并且加强了社会对人们所应得之物的理解。[19]因此，强调儿童权利可能会给儿童的福利带来积极的影响，因为它强化了那种儿童可以向国家、社会以及最终向国际社会提出保护要求的观念。

要评估通过严格执行法律制裁来废除童工的实用性，这是很困难的一件事。因为我们并不真正了解，在某些情况下，童工是不是一些贫穷国家所不可避免的现实。关于童工在多大程度上是由贫困和欠发达造成的，又在多大程度上是由政策失误——包括由社会和政治不平等造成的失误——造成的，人们的争论仍在继续。

儿童的教育，而不是童工，已经和经济发展密不可分。中国大陆、中国台湾地区和韩国都在促进基础教育的同时，取得了快速的经济进步。禁止童工，从而限制劳动力市场，有可能会提高成年工人的工资，使儿童不再需要工作。[20]若果真如此，那么对许多贫困家庭而言，允许童工存在可能会让他们的状况比可行的替代方案要更糟。我们还不知道这在贫困国家实现的可能性有多大。我们也还不知道，如果那些工业国家真的有意愿消除童工，他们会采取怎样的措施。

由于资源的有限性，以及人们很可能需要在各种价值之间进行妥协，全面禁止童工面临两个重要的挑战。首先，在某些背景下，禁止一切童工可能会促使一些家庭为其儿童做出更糟糕的选择。孩子们上非全日制学校，很可能比不上学要好；他们在工厂工作，很可能比当娼妓或士兵好。因此，政策制定者们必须注意，旨在取缔一切童工市场的立法或努力，与旨在保护儿童免受黑市上更坏结果的政策要结合在一起。

对立即禁止所有童工的第二个反驳来自这样的认识：童工往往是其他问题的征候，而这些其他问题不会因为禁止童工而被消除。这些问题包括贫困、不完善的教育系统、家庭内部的歧视、种族冲突、得不到充分的保护的人权，以及薄弱的民主体制。针对一切形式的童工的地毯式立法，有可能对解决根本问题而言毫无帮助。此外，许多不工作的儿童也并不会去上学。在这些"无处可去"的儿童中，有许多可能是在家里工作的女孩，她们帮着做家务和养小孩。[21]聚焦于执行立法方案来禁止童工，可能无法解决这些儿童所面临的问题，而且还有可能将本就稀缺的资源从其他改善儿童生活的方法里抽走。

我所采用的框架则为一个有些不同的进路开辟了道路。当我们从弱能动性（尤其表现为父母的无知与适应性偏好）、脆弱性和极大伤害的角度来审视儿童的劳动时，并非一切由儿童从事的工作在道德上都是应被反对的。某些工作——尤其是那些不会干扰或破坏他们的健康或教育的工作——可能会让儿童发展他们所需的技能，成为各方面都很完善的成年人，而且还会给他们的未来带来更多机会。在一些国家，的确是由于公共教育系统的缺陷，一些儿童才会通过工作来赚取私立教育的学费。[22]

当童工明显侵犯儿童基本利益的时候，它才是最应被反对的。在某些类型的工作中，儿童遭受到了那些悲惨的虐待性条件，这些条件无论是在现在还是在将来，都不能被视为合乎儿童的基本利益。根据ILO的最新研究，1.71亿名正在工作的儿童——占所有正在工作的儿童的数量的2/3——经常性地面临健康风险、暴力虐待和可能的伤害。数以百万计的儿童被殴打、强奸、骚扰和虐待，这表明，雇主（通常是儿童的父母）的动机并不仅仅是经济上的。事实上，如果只有理想市场中不流血的非私人的经济动机，儿童的生活可能会好得多。据估计，有840万名儿童陷入了ILO所谓"无条件的最恶劣"的劳动形式，包括奴役、贩卖、债役，以及参与武装冲突、卖淫和色情制品的制作。

消除这些形式的童工应该具有最高的优先级。即便在某些情况下儿童不得不工作，至少在短期内，他们也完全没有理由承受这些做法背后的那种虐待性待遇。任何国家、非政府组织、家庭、贷款机构或消费者，都没有理由参与这样的活动：它们完全无视儿童基本利益，带着蔑视对待儿童，并且将他们的生命像垃圾桶里的东西一样不经意地打发掉。

要确定一种童工实践的危害程度，我们还应当运用另外两个考量因素。第一，那些参加工作、不去上学的儿童，他们很可能缺乏有效行使他们作为成年人的能动性的能力：识字、算术、关于个人和社会选择的广泛知识、沟通技巧。教育的一个核心收益是，它让受教育者有能力以更知情的方式进行选择。因此，教育深深影响着一个人的生活品质。例如，阅读文件和新闻的能力可以帮助受压迫的人要求他们的权利，这对女性尤其重要。穆尔蒂、吉奥和德雷兹的经验调查表明，女性的识字率是增强女性在家庭中的能力和降低出生率的一个重要变量。[23] 因此，童工这种用工形式即便没有直接造成伤害，也会给儿童成年后的福利利益和能动性利益带来很大的伤害。

第二，童工可能会造成重大的第三方伤害。童工可能导致劳动力不识字且生产力低下，从而使成年人的工资减少、健康状况恶化，还会导致整个公民层面的被动和无知。它可能会让一些人被置于完全依赖他人的基本生存环境中，从而使他们容易受到虐待、剥削和蔑视。它支撑起一个充满奴性与羞辱的世界，在这样的世界里，卑微的人畏缩不前，强大的人傲慢不屑。整个社会都会受到这种结果的伤害。

这两种类型的伤害——对孩子作为成年人的未来利益的伤害，和对整个社会的伤害——是父母在决定如何分配孩子的时间时，很可能没有考虑到的成本。他们尤其可能考虑不到的，是对社会造成的伤害；很少有人会意识到这些影响，哪怕他们意识到了，在个体决策的背景下，他们也可能不会对这些考虑给予多大的重视。父母和儿童的短期利益与儿童和社会的长期利益之间的差异表明,我们的干预途径主要有两种。

第一,如果童工反映出儿童或其父母的弱能动性,我们可以采取行动提高双方的能动性。要做到这一点,我们可以向父母提供更多的信息,让他们了解童工真正的社会成本和个人成本,以及教育的收益。这可以给家庭内部的决策过程赋能,以强化母子关系(因为数据显示,母亲比父亲更有可能关注孩子的利益),或者要求父母与孩子的雇主签署关于工作条件限制的协议,这些协议应以法律为依据。

第二,干预措施可以把改变家庭决策的外部环境作为目标,直接解决那些导致童工的背景性贫困问题。人们广泛引用一个很有希望的干预措施,这就是墨西哥的教育、健康和食品计划(Programa de Educación, Salud y Alimentación),该计划向有孩子要上学的母亲提供现金转账。其他的策略还包括给教育系统赋能,将儿童的工作日限制在有限的时间内,以便他们至少可以半工半读;鼓励采取相应措施(培训、组织)提高成人工资;以及向贫困家庭提供信贷。[24]

值得反思的是大多数童工得以滋长的环境:严重的贫困、薄弱的国家、糟糕的教育系统、族群冲突、巨大的不平等,以及民主制度的缺乏。南亚是工作儿童的绝对数量最多的地区,那里有多少正常运转的劳动力市场?那里的经济中有多大一部分,是债役、农奴制、债务苦工(debt peonage)和对非熟练劳动力近乎垄断的定价?

即使我们承认,某些情况下儿童必须工作,以下这一点也是毫无疑问的：如果有法律建立和实施真正的自由市场，包括从雇佣劳动中退出的权利，以及对买卖双方的垄断的限制，并由国家介入作为贫困家庭的信贷来源，那么儿童的处境将会好得多。发展并强化民主的政治和经济制度，很有可能是结束童工过程中的一个重要组成部分。

在政策和承诺没有广泛改变的情况下，不同的干预措施将导致在价值之间进行妥协的不同方式。例如，在一个国家实行统一的、平等的教育制度，可能会歧视那些在社会和经济上处于最不利地位的儿童。有些家庭可能根本无力送孩子就读全日制的学校。但是，允许一些儿童上非全日制学校，这就会破坏对教育公平的承诺，并可能会使种姓不平等、地理不平等永久化。容忍一些国家的童工，就会引起人们对国际范围内不公平竞争的担忧。因此，在考虑各种政策工具时，明确哪些价值得到了偏袒是极为重要的。

结论

在本章中，我利用我的框架，辩护了一种中间立场：既不同于那些希望立即废除一切形式的童工的绝对主义者，也不同于那些寻求适应童工的语境主义者。[25]在不同价值之间做出妥协是不可避免的，但我们有很好的理由去划清底线。那些虐待儿童的童工形式——卖淫、债役、奴役和雇用儿童当兵——威胁到儿童生活的核心所在，对此不应予以宽容。儿童还有许多其他方式能为其家庭提供收入，这些方式不会涉及这种极大的伤害。但是，对于那些在一个或多个规范性维度得分特别高的其他形式的童工而言，要消除它们，就必须在位于底线以上的不同价值之间，做出妥协。

尽管不同的人、组织、家庭和国家的妥协方式都各有不同，但重要的是，我们要把重点放在不同的政策对个体儿童的影响上，而不是放在它们对总体的影响上。对于以未来的家庭收益或社会收益为名的政策来说，我们必须限制它们给儿童施加的代价。儿童不是单纯的、可以被使用和丢弃的东西。语境主义必须受到我们试图实现的普遍主义标准的指导和调节。

从某种意义上说，这里提出的规范性视角是广泛的人道主义的。它给予优先性的是，要保证所有儿童拥有一个体面的最低水平的能力和资源。但是这种人道主义的内容本身，则是与一种关于平等的概念联系在一起的：为儿童提供那些他们成为独立的成年人所需的资源。正如沃尔泽对这种平等的概念的描述，"再没有卑躬屈膝、勉强度日，也没有拍马屁的谄媚讨好；再没有战战兢兢；再没有高高在上；既没有主人，也没有奴隶"。[26]此外，只要自由民主制度有助于实现这一人道主义目标，那么促进这些制度的发展就必须成为回应童工问题的总体策略的一部分。事实上，在负责任的政治实体的背景下，结束童工的渐进式方法更有可能获得成功。如果政府不是致力于偷窃，或者基于种族的分赃制度，而是致力于提供卫生诊所、小学、道路和通信设施，那么穷人无疑会过得更好。减少某些类型的社会不平等，也可能会给最脆弱和最不利的人带来更好的结果。

168　世界的现状或许能够证成一些渐进式的措施，但我们需要关注那些使用童工的社会的发展轨迹。童工是作为一种可以为儿童带来未来利益的过渡性策略，还是作为一种剥削策略，用以给无情的商人、自私的父母或腐败的政府提供利润，抑或是用来满足虐待狂雇主心血来潮时的想法，这些都有很大的区别。因此，为儿童教育的进展建立基准是至关重要的。这些基准可以提高问责能力，并且能够让我们追踪儿童的利益随着时间推移究竟起了什么变化。如果要实现儿童的利益，非政府组织和贷款机构需要让与他们合作的各方——父母、当地村庄、公司、国家政府——对儿童的遭遇负起责任来。[27]

要想确定在何种情况下应该偏向何种渐进式政策，我们尚需更多数据和实证研究。比如，尽管不时有人主张，儿童在某些情况下会从童工中受益，但实证文献还并没有充分关注到，工作中的儿童和受益的儿童是不是同一个。

我们还需要家庭内部的不同儿童之间、成人和儿童之间的妥协的数据（尽管这很难得到）。是一个家庭中的所有孩子都有参与一点工作，但都有去上学，还是女儿被完全赶出学校，以便儿子免于工作，这之间有很大的区别。因此，我们必须继续收集较低层次的分析数据，以评估性别和其他因素的相关性。收集这些数据可以帮助决策者制定有效的干预措施。例如，它们可以揭示出，我们应将重点放在向家长和教师告知女孩教育的重要性上，还是放在确保贷款机构将实现教育中的性别平等作为其部分贷款的条件上——如果后者才是有效做法的话。

我们目前拥有了太多的数据，但它们的包容性都不足。特别是，只有极其少数的研究提供了有关不上学、在家工作的女孩的数据。事实上，ILO并没有将这些女孩纳入其关于童工的统计中。"谁算作工作儿童"的这种局限性，可能是存在一个"无处可去"的儿童类别——那些既不工作，也不上学的儿童——背后的原因。尽管要获得在家工作的女孩的调查数据可能是非常困难的一件事，但对于评估不同政策的有效性以及规范性是否充分来说，这些数据至关重要。

我们还需要关注那些兼顾工作和学习的儿童。补贴计划可能会吸引儿童上学，但不会减少家庭对儿童劳动的需求。卡比尔已经注意到了这种"双重负担"给儿童的成就和福祉带来的影响。[28]要采取渐进式的打击童工战略，研究这一儿童群体尤其重要。

我们需要有好的实证项目来对一些国家和政府进行调查，看看他们是如何能够，以及为何能够在教育儿童方面取得实质性进展。不同的贫穷国家（地区）在为儿童提供的教育方面确实存在差异。例如在印度，贫困程度相似的各邦在教育方面的表现就有很大的不同。在北方邦（Uttar Pradesh），只有32%的12岁至14岁的农村女孩上过学，大约是喀拉拉邦（Kerala）的1/3。在那里，98%的同龄女孩上过学。[29]什么因素能解释这种结果上的差异？[30]

在现在的工业化国家中，童工曾经很普遍。根据贫困社会的资源和制度，在这些社会中消除童工现象可能并不可行。但是，历史上的童工案例和当代的童工案例之间的一个关键区别是，如今存在着工业化国家。增加发展援助，结束对贫困国家关闭市场的保护主义政策，鼓励跨国公司向成年工人支付更高的工资，促进在穷人所需产品（疫苗、药品）的研究和开发方面的合作，赋予世界各地的民主制度以权力，还有技术转让，这些都有可能带来改变。联合国强调，我们需要一个资金充足的全球基础教育倡议，这种需要现在非常明确。在世界部分地区，童工作为对贫困的一种回应，这也许是可以理解的。但是，不同的财富和权力分配模式将减少对童工的需求。这在很大程度上取决于这些替代性的分配是否能够实现。[31]

第八章 自愿奴役与市场的限度

大多数人应该知道,一个人自由要比被奴役更好,哪怕他一无所有。我宁愿要自由,拥有我的自由权利。当我做奴隶的时候,我过得和任何白人小孩一样好,但我不会放弃我的自由。

——E. P. 霍姆斯牧师,1883年

现代西方资本主义最重大的成就之一就是,从债役、契约奴役和强迫工作的制度,过渡到了具有形式自由的契约劳工制度。50年前,人们可能认为,正如主佣契约和奴役在工业化国家中的衰落一样,它们最终也会随着资本主义的全球化,而在全球各地消失。但奴役并没有消失。在当今世界的部分地区中,劳动奴役和类似的做法仍然以其他名称存在(例如,债务苦工、附属劳动、农奴制、债务奴隶制)。在债役安排中,"一个人作为劳动力,被无限期地束缚在某个债权人身上,直到某些过去的贷款得到偿还"。[1] 在实践中,这个无限期的阶段可以持续一生。债役工往往是完全奴役性的,在工作中和工作外,他们都被迫对其雇主表现出恭敬与服从。[2] 甚至那些辩护此类关系的经济合理性的人，也有注意到这种现象中涉及的"丑陋的权力关系"。[3] ILO估计，全球约有1230万人——其中许多是儿童——被征作债役工。[4]

虽然许多人认为债役是非自由劳动的一种典范，而且经常拿它来和奴隶制进行类比。但是，它通常是自愿签订的。事实上，虽然奴隶制本身通常植根于最初的强制行为，但即便是奴隶制，也不一定起源于暴力和武力。据报道，在许多重要的历史事件中，奴隶制是自愿达成的。[5]

债役是如何自愿产生呢？因为贫穷的农民没有资产，他们没有正式的抵押品。他们得到的工资往往随农业季节而变化；在失业率高的淡季，工资较低；在失业率低的种植旺季，工资较高。在许多情况下，农民从一个收获季节到下一个收获季节的生存，将取决于在淡季借钱消费；他们在旺季根本没有足够的收入来进行储蓄。

考虑一下这样的案例：一位地主向一位劳动者提供信贷，以换取他同意将其未来的服务作为贷款抵押品。这样一来，地主就增加了他执行协议的权力，因为在旺季，他可以直接从劳动者的工资中，扣除劳动者应付的款项。而对劳动者来说，他现在可以获得从前得不到的信贷。从契约理论的视角来看，如果身心健全的成年地主和劳动者共同寻求订立这种契约，我们并没有明显的理由在法律上施加限制。因为，如果行为主体是理性的，并且能够预见他们的契约条款的未来后果，那么我们就没有理由拒绝借款人在缺乏偿还贷款的资源的情况下，自由地承诺为放款人提供主佣契约服务。

在这一章中，我将采用两个具有不同基本规范性假设的框架，考察它们对于债役现象的看法：自由至上主义的放任理论，以及帕累托式的福利经济学。自由至上主义者认为，有能力的成年人之间的基于同意达成的协议，都应该得到尊重。[6]对于帕累托主义者而言，他们支持那些能使双方都能在其偏好上得到更好发展的交换。每种理论都为我们提供了支持许多种类——甚至是大多数——债役实践的理由，这些理由在直觉上也是合理的。但是，每一种理论也多少忽略或否定了其他的考量，比如我在前面几章中提出的那些。这些考量可能会让我们带着更批判性的眼光，看待这同一些债役案例。

我认为，这两种理论都没有充分说明我们对债役的反驳。发达资本主义国家，这些反驳已被立法确定。比如，美国就对劳动契约有重要的限制：国家不会强制执行那些自愿奴役的契约，不会实际履行债务奴役以作为违约的补救措施，也不会执行其他那些被认为"不合情理"（unconscionable）的契约。自由至上主义和帕累托主义并没有充分说明这些限制。此外，它们的失败之处十分有趣；它们支持我的这个主张：我们不能依靠自由、平等和外部性的抽象概念，来对市场交换进行评估。

在考虑这些理论是否足以解释我们对债役的反驳时，我在债役的两个重要维度之间做出了区分：债役得以产生的背景情况（理想市场与非理想市场），以及那些劳动被抵押的行为主体的性质（成年劳工与儿童劳工）。就第一个维度而言，债役安排往往产生于绝境之中，它们利用了最脆弱之人的脆弱性，使某些人的生存彻底依赖于其他人的意志与心血来潮。

即使在更加理想的情况下,即没有市场失灵也没有严重的贫困,我们仍然有理由对债役协议不予执行。从儿童的例子开始,我将在第七章的论证基础上论证:对儿童劳动的奴役会阻碍他们发展出成为社会平等者所需的能力。奴役(bondage)给儿童带来了一种基于"误解自己拥有的权利"的充满奴性的生活,或者"赋予他们相对较低的价值"。[7]然后我将提出,我关于儿童的论证可以提供一个杠杆,以反对那些束缚成年人的劳动形式;也许,如果成为平等者的能力会被债役安排钳制,那么它们也可能因为债役安排而丧失。我将引用一些经验性的证据,并以此表明:如约翰·斯图尔特·密尔所说,"在大多数人的天性中,有的是一种非常柔弱的植物。它不仅容易被充满敌意的影响扼杀,而且容易亡于仅仅是营养的缺乏;对大多数年轻人来说,如果他们生活中所从事的职业,以及他们所处的社会,不利于保持对高级能力的锻炼,那么这种能力就会迅速消亡"。[8]

我在这里辩护的中心思想是,当某些竞争性市场破坏或阻碍人与人之间的平等关系时,我们就有理由进行市场监管,即使这种市场在其他方面是高效的,或是产生于个体理性选择的基础上。[9]

自由至上主义

自由至上主义者相信坐落在正义范围内的契约自由原则。如果两个或更多理性的成年人同意进行交换,那么,只要他们实际上有资格获得他们所交换的益品,并且没有其他人的权利因此受到侵犯,政府(和其他行为主体)就不应该进行干涉。用罗伯特·诺齐克的精辟表述来说,自由至上主义者并不禁止"相互同意的成年人之间的资本主义行为"。[10]虽然经济学家通常将自由市场交换作为一种提高效率的工具来看待,自由至上主义者认为,自由交换自己财产的能力与个体的自由、不可侵犯性、分离性和神圣性紧密相连。[11]

在评估一个特定的债役契约的可允许性时,自由至上主义者会考虑,要交换的益品与服务是不是通过合法手段获得,以及交换是不是自愿的。如果这些条件得到满足,那么根据自由至上主义者的观点,我们应该允许这种交换。在《无政府、国家和乌托邦》中,诺齐克主张,尊重契约自由的原则意味着,个体甚至有权利出卖自己,进入奴隶制。[12]

自由至上主义证成参与债役或奴隶制契约的自由,依赖的是自愿选择的观念。由于这个原因,它的应用似乎取决于,我们如何理解是什么使交换行为成为自愿而非强制(coercion)。[13]然而,强制究竟包含哪些内容,这是一个很难界定的问题;强制出价和非强制出价之间的界限非常难以划清。正如我在第一章中指出的,强制很少采取剥夺个体全部选择的那种直接强迫的形式。即使当一个枪手威胁说"要钱还是要命"的时候,这个出价之所以是强制的,显然并不是因为你没有选择权。

根据诺齐克的理论,一个出价之所以是强制的,是因为相对于一个行为主体的正当的基线情况,它降低了这个主体的地位。[14]即使一个人在面对枪手的威胁时,有可能也可以自由地决定交出她的钱,但由于枪手没有拿到她的钱的权利,而且通过拿走她的金钱,枪手以不被允许的方式恶化了她的处境——考虑到她正当的资格。因此,她是被强制的。

诺齐克的观点是,强制本质上是一个规范性的概念。[15]两个人可以就有关某个交换的一切事实达成一致,但仍有理由对交换的一方是否受到另一方的强制持有不同意见。他们每个人是否认为一个出价是强制的,取决于他们对被强制方是否有正当资格被侵犯的在先判断。当一个行为主体由于贫穷、缺乏教育等原因面临极端的限制时,我们会说她的行动是受到强制的。这背后的原因是,她有某种拒绝落入这种境地之中的权利。

当然,自由至上主义者一般不认为,国家有任何积极义务来改善一个个体的背景环境,无论这些环境有多糟糕。那么,在思考债役契约的正当性时,自由至上主义者和他们的平等主义批评者之间的一个主要问题涉及的是,行为主体的那些基本资格(underlying entitlements)的性质:要同意接受一个契约,或威胁不接受一个契约时,什么样的基线作为参照是在道德上可接受的。

按照自由至上主义的观点,尤其是在财产方面人们都有哪些基本资格?自由至上主义者倾向于认为,财产权建立在类似于第一主张人(first claimant)的权利的基础上。[16]只要地主是第一个在土地上生产商品的人,或者是通过第一主张人的自愿转让获得土地上的财产,自由至上主义者就会授予地主决定如何使用这块土地的排他性权利。在自由至上主义者看来,如果国家阻止地主按照他的意愿使用他的土地和土地产生的盈余，那么国家的行为就是不正义的。如果个体地主希望把他的一些剩余物贷给别人，那么他应该可以自由决定他的借贷条款——根据他制定的条款，他自愿放弃对自己的一些资源进行私人使用的权利。如果他发现有其他人愿意接受他那高度不平等的条款，那是地主的好运气。根据自由至上主义的观点，这种好运不会产生不正义。[17]

虽然人们经常认为在所有相关理论中，自由至上主义与纯粹形式的资本主义最为兼容，但自由至上主义也可以接受并证成包括农奴制在内的自愿封建制度。[18]事实上，如果一个封建领主通过第一产权获得土地，并且只给那些愿意生活在他的保护之下、接受他的条件的人提供这片土地上的就业机会，那么像诺齐克这样的自由至上主义者就会谴责国家干预，只要这种干预会限制领主的权力。这意味着，至少某些版本的自由至上主义，兼容于一个人对另一个人的永久的直接服从。[19]

一个自由至上主义者如果非常重视最初取得正义与否，他会指出，事实上在封建主义时期，领主最初的取得大多基于掠夺、欺诈和暴力。自由至上主义者认为，基于武力或欺诈的契约都不是正当的。如果地主和债役工之间达成的协议有这种肮脏的起源——如果它们是基于雇主的错误行为，或仅靠身体上的暴力来维持——那么这就是我们不予尊重这些协议的一个理由。[20]

并非所有的自由至上主义者都对财产权之起源的问题感到担忧；有些人强调尊重个人财产权的重要性，无论这些权利是如何建立起来的。[21]但即使是这些自由至上主义者也承认,对私人财产权有某些限制。[22]如我们将在下文中看到的,甚至诺齐克也认为,一个人不能正当地获得世界上所有的水。一些自由至上主义者可能会认为,个体具有不可转让的自我所有权,所以他们不能将自身订为永久的奴隶,尽管除了永久奴隶制一切契约形式都是可以接受的。[23]

让我们更详细地考虑那个非常贫穷的劳动者的例子。为了取得贷款,他同意自己被地主抵押。从理论上讲,国家可以通过一些非常不同的方式,对这一交易中的私人财产权进行限制:[24]

(1)国家能够接受自己有一个积极义务,这便是给劳动者提供足以维持生计的收入,或者其他就业选项,以扩大她的背景选择。如果她仍然签订了债役契约,国家则可以拒绝执行该契约。

(2)与(1)相同,只是如果劳动者在改进后的境况下仍然签订债役合同,那么国家现在将执行该契约。

(3)尽管国家没有积极义务来改善劳动者的背景选择,但国家可以拒绝执行任何形式的债役契约,即使劳动者违约。

(4)国家可以拒绝执行债役契约,并且规定,任何向工人寻求订立自愿奴役安排的行为都是犯罪。它可以起诉地主。

(5)国家可以通过实际履行方式来执行契约,并且要求劳动者为放款人工作，直到他的债务得到偿还。但是，交换所依据的实质性条款必须得到调整，使其不那么偏向于地主的利益。例如，国家可以对放款人可收取的贷款利息金额设定法律限制。

（6）国家可以拒绝以实际履行法令的方式强制执行契约，但给予雇主一些其他类型的补偿措施，比如金钱上或公平上的补偿（例如，当雇员为别人工作时允许雇主扣发她的工资）。[25]

（7）国家可以通过实际履行法令来强制执行书面契约，如果雇员不遵守契约，可以阻止她为其他任何人工作。

（8）同上，如果雇员不偿还贷款，国家可以通过监禁该雇员来执行法令。

在这些情况中，自由至上主义者会承诺接受哪个？自由至上主义者一般不认为，国家有任何积极义务来改善劳动者的背景环境，因此他们倾向于拒绝（1）、（2）和（5）。自由至上主义者认为，一旦我们以尊重的态度对待个体，那么国家就不能强迫他们将自己的任何资源转移给他人，即使这些他人拥有十分迫切的需求。但在实践中，几乎没有自由至上主义者会一路走到（7）或（8）。例如，诺齐克就不是这样；当面对一些事实上的垄断市场时，比如在沙漠中对水的垄断，他甚至不会走到（6）的程度。[26]

在《无政府、国家和乌托邦》中，诺齐克辩护了"洛克条款"的一种版本。该版本认为，最初的占有行为要想是正当的，那么它就不能导致任何人的情况比这种占有行为不存在时会有的情况更糟。²⁷ 诉诸洛克条款，以及基于福利的对契约自由原则的限制，这样的做法在自由至上主义理论的界限内有些格格不入。²⁸ 毕竟，自由至上主义者对契约自由的承诺，应该是独立于这一自由给人类福利所带来的后果得到证成的。因为一旦我们承认，对个体的福利后果可以构成一种基础用来评估其他人的资格，我们为什么不应该将自由至上主义者所接受的财产制度，与其他替代方案进行对比看看呢？比如，和限制背景产权、重新分配收入的再分配福利国家进行对比。也许，对一个没有土地的贫穷农民来说，让他处在某种替代的所有权形式下，可能会比他在自由至上主义的私有财产制度下的过得更好。至少，如果这个农民的背景资产与他雇主的资产更加平等，他可能会过得更好。

令人吃惊的是，诺齐克版本的洛克条款与福利经济学家诉诸的帕累托效率标准是多么相似。²⁹ 然而，即使我们承认某种版本的洛克条款，它也不一定会在债役安排方面发挥作用。如果雇主的垄断权力不是基于对土地等自然资源的占有，而是基于社会权力和资本呢？在这种情况下，诺齐克式的自由至上主义者会完全否定洛克条款的适用性。

当然，自由至上主义者认为人们可以合法地签订债役劳动协议，这一事实本身并不蕴含着，他们也认为国家需要以任何特定的方式来执行这种协议（国家甚至根本不需要执行它们。对于权利的执行，诺齐克说得出奇得少）。但我的论点是，在诺齐克的自由至上主义理论中，没有任何东西排除了国家的以下做法：通过实际履行的方式要求劳动者遵守其契约条款，或者在劳动者未能履行他的那部分协议时将他监禁。此外，对诺齐克来说，国家似乎有责任不干涉这些契约的私人执行，这意味着国家对这些契约的承认。

对于至少某一些债役安排，自由至上主义者可能还有另一种反驳。正如我们在第七章所见，大多数工作的儿童都是由他们的父母安排的。自由至上主义者可能会声称，父母没有资格将其孩子的劳动抵押出去，至少是在他们成年后。只要自由至上主义者对契约自由原则的辩护是建立在这样的想法的基础上——个体在自愿地为自己订立契约，或者他们（自愿地）指定了他人，由他们来代表自己订立契约——那么对自由至上主义者来说，他们就有办法批评那些做法，它们涉及父母用他们孩子的劳动来担保自己的贷款。

像大多数自由至上主义者一样，诺齐克对儿童的积极权利说得很少（公平地说，大多数政治哲学家也是如此）。[30]事实上，一些自由至上主义者认为，尽管父母培养孩子的能力是件好事，但他们没有义务这样做。他们唯一的义务就是不伤害他们的孩子。[31]当然，要确定对儿童的"伤害"，我们必须知道那条恰当的比较基线。对于自由至上主义者来说，这是一个棘手的问题，因为幼儿并不能满足自己的需要。他们需要他人来为他们提供相应的需求。[32]对于父母的时间与照护性劳动，孩子有实质性的权利吗？

无论我们认为幼儿有怎样的资格基线，这都会与他们父母的资格密切相关。如果儿童有不挨饿的权利，那么确保这一权利的最佳方式可能是改善其成年父母的背景性情况。再重复一次，这是自由至上主义者普遍反对的一种策略。

此外，正如我在第七章中所强调的，儿童并不是生来就具有做选择、正义地行事，以及养活自己所必需的全部能力。一个独立个体的发展取决于他的营养、教育、信息和有利的社会环境等因素。特别是对那些按照奴役劳动者的标准抚养长大的儿童而言，他们一生都会被束缚在一个雇主身上。一个人要把自己视为权利的承担者、道德要求的独立来源，需要一些习惯和倾向，它们很可能是这些儿童所缺乏的。事实上，那些父母也是债役工的孩子可能会发现，他们自己的自我概念是由他们周围的支配和从属关系形塑的。若果真如此，那么不去阻止债役童工的自由至上主义制度就会有一个长期的不稳定性：它将无法自我再生产，因为它将创造出这样一批人：他们缺乏维持自由至上主义价值和自我概念的倾向与能力。[33]

那么，除了带有错误行为或者童工的例外情况，对许多自由至上主义者而言，他们甚至对终身债役安排都没有原则性的反对，只要缔约方的基线资格是正当的，而且契约是自由订立的。他们对封建农奴制安排没有原则性的反对，只要这些安排是通过契约订立的，而非通过畜养或征服。具有讽刺意味的是，自由至上主义远不是资本主义社会的自然意识形态，它很难将资本主义表象为一种针对封建主义的道德进步，因为资本主义的崛起取决于对有关劳动力的封建财产权的限制。[34]

帕累托式福利经济学

福利经济学对不同的制度的评价，取决于它们是让人们的处境变得更好还是更糟。如我们所见，福利经济学家通常将人类福利（或福祉）视作是偏好的满足。[35]不幸的是，我们很难比较不同个体间的偏好满足程度，甚至不可能进行这样比较。但请回顾一下，福利经济学家的确有一种可以在不比较个体偏好的情况下，比较社会状态的方法：借助帕累托最优的概念。

有大量的文献认为，基于某些假设，债役实践是一种帕累托改进，即使它不是帕累托最优的。帕累托改进指的是一种社会状态的变化，它至少使一个人的处境变得更好，而没有人的处境变得更糟。巴丹向我们展现了，地主有动机去提供这种长期契约，以避开在旺季招募工人的高昂成本。[36]他还论证，这种契约可以为厌恶风险的劳动者提供保险，防止他们在不同的季节的收入发生波动，还能为风险中立的地主提供有保障的旺季廉价劳动力。[37]布拉弗曼和斯蒂格利茨分析了劳动契约如何能激励农业劳动者在淡季更有高产地工作。[38]斯里尼瓦桑论证，试图通过限制地主的信贷活动来减少地主的权力，这会降低农业产出，并因此使佃农的处境更糟。[39]

当然，帕累托主义要想将债役评估为一种改进，还要取决于一些假设：缔约各方都是理性的，并且他们都有足够的信息等。但是，一个同意以每月20%的利率向放款人借贷的农民，可能并不理解他实际上同意了些什么。能否做出积极的评价，还要取决于其中有没有重大的交易成本。

那么在更理想的条件下,既有充分的知识,又没有交易成本,这种情况下如何呢?在这样的世界里,帕累托主义者难道不应拒绝对契约自由施加限制,认为这样的限制效率低下吗?禁止地主和农民按照自己的意愿签订合同,难道不会妨碍贸易带来的明显收益吗?

并不一定。当一个人朝着最大化他的福利而行动时,我们不应该假设,他是在一套外生的约束条件下这样做的。行为主体所面临的一系列选择往往是内生的。允许劳动者选择将自己抵押给债权人,可能会使他们无法选择(劳动者实际上会偏好的)其他的选项。[40]

请回顾一下童工的例子。对于单个家庭来说,童工可能是该家庭的最佳选择。然而,与此同时,童工的广泛存在会使成年劳动者的工资和技能下降,从而使童工变得对每个家庭来说都是必不可缺的。因此,童工制度限制了贫困家庭可选择的集合,以至于他们现在没有了更好的选择,而只能送他们的孩子去工作。这是德里克·帕菲特(Derek Parfit)所强调的"道德数学"的一个重要论点。我们对一个行为集合的评价,并不一定与我们对这个行为集合中的每一个行为的评价相同。[41]尽管当我们考虑童工对单个贫困家庭的影响时,一个个体行为(个例)可能是帕累托改进的,但童工这种实践(类型)可能会通过改变那些对其他家庭开放的选项范围,使他们的处境变得更糟。

在评估有关市场的社会政策时,同样重要的是,我们要认识到往往存在多个均衡点，所有这些均衡点都是帕累托最优的。例如，对于一个给定的社会来说，可能存在一个童工加低成人工资的最优状态，以及另一个成人高工资加无童工的最优状态。应该实现哪一个最优状态，取决于行为主体所拥有的背景性资格，我们可以说成是博弈规则。这些规则使一些结果比其他结果更有可能实现。

帕累托最优状态很少是唯一的，这一事实揭示出，对债役的帕累托证成具有一些有趣的限度。首先，通过揭示行为主体所面临的选项集是由内生因素决定的，我们削弱了对市场的一个经典辩护。也就是说，承认选项集的内生性，留下了制度评价的问题。如果两种不同的制度创造并满足了不同的偏好，我们应该根据什么在它们之间做出选择？

其次，选项的内生性告诉我们，自愿选择和强加的奴役形式之间的区别并不那么清晰。有权势的行为主体经常以这样的目标采取行动：他们想要限制向无权势的行为主体开放的选项集，这样他们就会从剩下可用的选项中选择那个最佳的。(事实上，对于贫困农民来说，他们的选择不可避免地是在他们所无法选择的财产权和市场制度背景下做出的。)允许童工的存在符合一些雇主的利益，因为童工为他们提供了比成年人更廉价的劳动力来源。这些雇主可能会试图操纵选项环境。

第三，在债役劳动中，行为主体的偏好和选项集的内生性表明，某些交换中的各方——他们的文化、价值和偏好——可能部分地是由交换本身构成的。也就是说，某些类型的交换不仅分配东西，而且分配权力，形塑着我们成为什么样的人。这一洞见在传统的福利经济学家的市场方法中是找不到的。[42]我们的偏好和能力并非固定的,如果我们把这一观点纳入我们的经济模型中去,那么我们就不应忽视,一系列社会安排可能会改变我们。

当然,福利经济学家没有理由必须把自己限定在帕累托主义上。如我们所见,还有其他关于效率的概念存在,尤其是潜在的帕累托改进的观念:卡尔多-希克斯效率。如我们前面所见,这个观念是成本-效益分析的基础。理论上说,如果禁止童工提高了成人劳动力的生产力(也许是通过刺激雇主增加对于成人技能发展的投入),从而使赢家能够补偿输家,那么这种禁令就是得到证成的。

还有其他关于福利的概念存在:人们可以放弃"偏好满足是衡量福利的正确标准"这一假设。阿玛蒂亚·森的观点描述了一些基本功能,即"存在与行动"(beings and doings),而个体需要这些功能来实现一定的生活质量。这些基本功能包括营养、读写能力、预期寿命、令人满意的工作,以及在公众面前不会感到羞耻的能力。福祉被理解为生活质量。这样的福祉概念并不仅仅包括一个人的主观偏好的满足程度,而主要是一个她实际上实现的功能的问题。这些功能的界定是客观的。如果我们接受森的观点,我们可能会尝试这样对不同的替代性均衡状态进行排序:依据它们实际给人们带来了多少重要功能。我们可能还希望在排序中纳入这样一些考虑,比如缔约方是否生活在债权人的摆布之下,以及他们是否有能力决定他们所面对的选项集。[43]这将使我们超越有关福利的考量。

为什么债役是有毒的

尽管债役可以是协议的产物，而且有可能改善个体工人的福利。但是，有一些其他的特点令它变得有毒。

脆弱性

当某些人缺乏相应的资源来保护自己免受作物歉收的影响，或者季节性失业引起生命威胁时，债役就会出现。放款人利用劳动者在这种情况下的脆弱性，以很苛刻的条件向他们发放信贷。对于那些不是处于这种绝境中的人来说，这些条件远低于他们所能接受的限度。[44] 位于这种协议背后的背景性绝望使我们怀疑，这种交换可能是不公平的。也许我们可以想象，在更理想的情况下，某些债役并不产自绝望中的交换，也不是剥削性的。但是，这种顾虑肯定会加剧我们对现有的债役实践在道德上的反感。

弱能动性

大多数陷入债役的人都是不识字的文盲。要说他们理解了他们所接受的贷款条款，这是不合理的。[45] 尽管大多数债役安排都允许在偿还债务后终止契约，但在实践中，这些安排往往会持续一生。债役工无法自由地辞去他们的工作，哪怕他们能找到待遇更好的工作（从而加速偿清债务）。印度和巴基斯坦的农民经常成为债役工，他们很少在自己的有生之年还清债务。

如果他们未能还清债务就已经死亡，他们的孩子和孙子就会接替他们的工作。

如果他们拥有相关信息，为何不让人们与雇主签订终身契约？我认为，没有人应该以这种方式束缚她未来的自己，因为人们拥有我所称的基本能动性利益。这其中保有了一些做出选择和决定的空间。此外，债役不仅涉及让渡决策权，它还将这种决策权交给了另一个人。我已经论证，任何一个社会，只要它的成员具有依赖性与奴役性，它都会因此受到伤害。但是，即使有人不同意我的观点，而认为维持最低限度的自主权并非基本利益，或者否认关系性平等是一种重要价值，她也应该关心这种安排可能造成的、对个体而言伤害极大的结果：个体不仅对她未来的自我缺乏完全的了解（也就是我一直在说的弱能动性），她的境况也很有可能会以她现在无法预测的方式发生变化，并且在这种情况下，一旦她让渡了自己的独立性，她的处境可能会变得非常糟糕。由于潜在的极大伤害，从监管的角度来看，制定相应的指导方针（比如，取缔那些不允许退出的终身契约），将未来的严重伤害的风险降到最低，这是说得通的。

对个体而言极大的伤害

在实践中，债役工没有不服从雇主指令的自由，无论这种指令是多么武断、多么有辱人格，或者对个人来说代价有多大。无论是在田间地头还是自家房舍，劳动者都被要求全天候地满足雇主的要求。尽管贫农对其身体与劳动还是保留了一些形式上的控制权，但在债役安排中，他们往往缺乏任何有意的、实质性的控制权。就像公司镇中的工人一样，债役工的生活完全依赖于他的雇主，而且极易受制于雇主的心血来潮与虐待行为。

研究表明，债役不仅仅是一种契约现象，而且是一种心理现象。在一项对巴西东北部的债役工的研究中，债役工把他们的雇主称为人类（homens），把自己称为山羊（cabras）。这也许表明了他们在社会中的从属地位。[46]许多研究还报告了社会规范在培养女性与低种姓男子的顺从性和服从性上起到的作用。被绑架为性奴（sexual slaves）的女性和被反复贩卖的儿童在获得自由后，有时还会回到他们的主人身边。

请考虑巴尔德夫（Baldev）的例子。他是一名债役工，从一个亲戚那儿得到了一笔意外的遗产，从而设法获得了自由。两年后，由于缺乏任何对自由的准备，他重新回到了债役劳动之中。在一次采访中，他解释说：

> 我妻子收到钱后，我们还清了债务，并且可以自由地做任何我们想做的事了。但我一直在担心，如果我们的一个孩子生病了怎么办？如果我们的庄稼歉收怎么办？如果政府想要一些钱怎么办？因为我们已经不再属于地主，我们不能像以前那样，每天都能得到食物。最后，我去找地主，要求他带我回去。我不用借任何钱，但他同意让我再次成为他的哈瓦哈（halvaha［债役耕种者］）。现在我不那么担心了，我知道该怎么做。[47]

巴尔德夫几乎不珍视自己做出决定的能力。借助哲学家托马斯·希尔（Thomas Hill）的说法，我将巴尔德夫的例子所展现出的境况称为奴役。[48]一个具有奴役性的人不仅拒绝在某些情况下行使自己的权利，而且从一开始就不认为自己拥有这些权利。即便他能够摆脱束缚，他的思想也是不自由的，形塑他的是一个总是由别人为他做决定的世界。

对于那些已经被束缚了几十年的工人来说，他们的雇主持续不断地强化他们的自卑感，以及他们所受奴役的预定论本性。打不服从或者逃跑的算盘，都可能是很可怕的。债役工经常被有意地与非债役工分隔开，这样一来，债役工的视野就会一直很狭隘，他们的愿景也很低。在这种情况下他们很可能会逐渐认为，他们的奴役是必然如此的，是无可避免的，而且是正确的。[49]

债役的这些方面是不予执行或者不支持这种安排的理由，哪怕这种安排产自协议，而且代表了主观福利的改善。作为一个债役工，巴尔德夫可能会更快乐，因为这是他已经做好准备要过的生活。但是，国家有充足的理由不支持那些安排，它们依靠剥削最弱势者的脆弱性，将一个人与另一个人永久束缚在一起，给予一个人对另一个人过多的权力，或者破坏个体在社会中以平等者身份立足所需的能力。可以说，这些原因中有好几个，都和绝望的、非理想的情境有关，奴役也产生在这种情境中。但巴尔德夫的例子也让我们注意到，社会需要在其成员中制造并且再生产某些能力。

每个社会都依赖其成员具有这样的能力：以能够使这个社

会现实化（realize that society）的方式行事，并在他们的行动、偏好和思维习惯中实现该社会的再生产。尤其是，民主社会取决于其公民以平等者的身份进行运作的能力。这不仅意味着，人们在这样的社会中拥有平等的权利，也意味着他们视自己为拥有平等基本权利的人，他们理解并且按照正义的要求行事，他们接受，自己和他人都是合理主张之自我确证的来源（self-authenticating sources of claims）。若要拥有或提出要求，他们无须征求任何许可。

工作占据了大多数成年人大多数的时间和精力。工作是个人发展的来源，这一观点在实验研究中也得到了支持。比如，研究人员发现，工作的组织方式对于心理功能的运作而言，具有真实的、实质性的影响。[50]有研究测定了工作的组织方式对工人的独立能力、服从态度、自我概念和道德责任的影响。

在思考劳动力市场时，如果我们只从自由至上主义或帕累托主义的角度出发，我们的评价框架将遗漏这类市场重要的规范性维度。正如古典经济学家所理解的那样，在自由劳动力市场中，不仅偏好被创造了出来，而且它还使某些技能和能力得以培养，其他技能和能力受到阻碍或削弱。[51]如果平等主义者同意，我们的目的是确保人们有能力立足于社会、以平等者的身份相互联系起来，那么他们就不能对制度给技能和能力带来的影响无动于衷。因此，若我们要对制度（包括市场）进行评估，就需要考虑它们对人类动机、抱负和能力的可能影响。

债役特别在何处？

对大多数债役契约而言，其中都有至少一方放弃了对自己某些方面的控制。此外，许多无技能的工人只在形式上保留了从雇主那儿辞职的能力，他们并没有现实的替代方案。最后，我们目前还不清楚，债役的做法是否内在地与独立性和平等社会关系所需的能力相抵触。难道就没有一些契约形式尽管也制定了"实际履行"条款，或者限制了工人的退出能力，但与社会关系的平等性完全相容吗？束缚于某一特定球队的职业体育运动员，或士兵又如何呢？[52]

毋庸置疑，许多与债役相关的问题与债役本身无关，而是与极端贫困、教育的缺乏、信息不完善、信贷市场的不完全性，以及穷人缺乏体面的选择有关。要想评估债役这种实践形式，这些考量非常重要，就像它们之于对卖淫和契约怀孕的评估一样。但我不认为，它们穷尽了我们对雇佣契约有所顾虑的理由。有些劳动契约只因其公开内容，就冒犯了行为主体的平等地位。奴隶契约和允许雇主以性骚扰雇员来换取工资的契约，很可能就属于这个类别。其他的契约则可能因其范围而应被反对。人们常常签订那些会约束未来自己的协议（毕竟，这就是大多数契约的本意），但我们有理由拒斥那些实际上是永久性的劳动契约。我们允许人们形成并修改他们的价值观念，并且允许他们基于这些价值观念采取行动。由于我们珍视上述做法的价值，我们有充分的理由允许人们保留（在某一时刻）退出与其他成年人的雇佣关系的法律权利,而不去订立不可逆转的永久性协议。我们寻求限制一个人对另一个人所能行使的权力,以维持使个体自由和平等得以可能的条件。基于这样的做法,我们有充分的理由不予执行永久性劳动契约,哪怕它们提供了公平的报酬,并且是协议的产物。

对债役特殊之处的反思促使我们(再次)考虑平等的意义。劳工运动很早就认识到,在就契约进行谈判时,对自我尊重的社会基础的关注是至关重要的。[53]工人们不仅为工资、工时而罢工,而且还为组织权利而罢工,为寻求限制雇主在与工作无关之问题上的自由裁量权力而罢工。更一般地说,自由社会通常限制一个人对另一个人拥有的权力;在大多数契约中,这些社会并不会强制执行"实际履行"条款。如果一个契约的条款被视为不合情理,这些社会也将不予执行。它们也不会因为一个人无法偿还债务,而把这个人关进监狱。这样的社会也承认人们离婚的权利,即便他们曾经宣誓了终身的忠诚。

结论与一些推论

两个重要的思想流派——帕累托式的福利主义和自由至上主义,在理论上都致力于一个没有限制的理想市场。在原则上,两种理论都不会谴责奴役契约,或者应当说不会谴责自愿的奴役契约。相反,只有这种安排产生了外部性、反映出不完美信息,或者这种安排是不完整的市场的结果,基于身体暴力或盗窃,它们才会受到谴责。

具有讽刺意味的是,这两种理论都没有充分认识到资本主义相比之前封建主义的进步。资本主义市场不是自然的事实,它是由社会的先决条件形塑的,这包括基本资格与社会规范。要想改变封建关系,资本主义必须限制财产权,并改变人们彼此之间产生关联的方式,改变他们对彼此的看法,以及实际上对自己的看法。要理解这种转变有多么巨大,请将平等公民资格的理念与奥古斯丁的自然奴役理念进行对比:

> 是你们[天主教会],通过贞洁和忠诚的服从……让妻子服从于丈夫;你们让丈夫凌驾于妻子之上;你们通过自由授予的奴役,将儿子束缚于父母,并让儿子在虔诚的统治中高于父母……你教导奴隶要忠于他们的主人……你将所有人束缚在一起,让他们纪念他们的最初的父母,这并不仅仅通过社会关系,而且通过他们对共同亲属关系的某种感觉。你教导国王基于人民的利益进行统治;而你则警告人民要顺从他们的国王。[54]

这种对于奴性概念作为社会黏合剂的理解,与我们自己在西方的道德和政治世界格格不入。但在发展中国家,数以百万计的人尚未拥有反对雇主暴力的权利,他们几乎没有政治发言权,也几乎没有公民权利。他们经常被剥削,被性虐待,被交易给别人,或者被简单地打发掉。在缺乏义务教育的社会中,债役蓬勃而起(无论是在法律上,还是更典型地在实践中)。这样的社会中法治薄弱,正规的信贷和劳动力市场也很薄弱,退出的权利同样很薄弱,类似种姓制的社会分化和社会冲突很普遍。[55]这不是资本主义,这是封建主义。

第九章　人类肾脏供给中的伦理问题

有些时候，社会会禁止销售一些益品，就算他们实际上希望支持或鼓励这类东西的供给。[1]这方面的例子包括对选票、儿童和人体器官市场的禁止。在美国，像肾脏这样的器官出售目前是非法的，而那些需要肾脏的人，必须依赖别人出于利他主义目的的器官捐献。从经济学的视角看，器官禁令似乎是低效的，因为向捐赠者支付费用似乎会带来供给上涨，从而减少长期的器官短缺。从自由至上主义的视角看，禁止出售器官是对个人自由的不正当侵犯；允许人们出售自己的身体器官，仅仅是承认他们正当控制范围的一种方式而已。[2]支持人体器官市场的非自由至上主义者也认为，禁止这类销售在道德上是可疑的，因为增加供给可以拯救许多生命。

如今，建立关于肾脏市场的想法在参与肾脏移植者、经济学家和医学伦理学家中获得空前支持。在本章中，我将根据我在第四章中提出的框架，研究关于器官市场的辩论中涉及的价值。但我也提出了一个与这些市场相关的独特考虑：市场和动机之间的联系。与童工、债役、性和代孕的情况不同，激励人们以能够增加移植器官供给的方式行事，这符合我们的利益。

背景简介：肾脏获取体系的现状

尽管我们刚才给出了一个支持器官市场的初步辩护，但目前在世界上的每个发达社会中，肾脏出售都是非法的。[3]联合国和欧盟已指示其成员国禁止出售人体器官。根据世界卫生组织的解释，《世界人权宣言》禁止出售器官。事实上，尽管各国在执行能力上存在巨大差异，而且许多国家黑市繁荣，但全球大多数国家都已经颁布了禁止此类销售的法律。

在美国，人们可以在死后或活着的时候捐献自己的肾脏，但这只能是出于利他主义。1984年起草的《统一器官捐献法》（Uniform Anatomical Gift Act，同年，《国家器官移植法》[National Organ Transplantation Act] 颁布）规定，任何人因提供器官而获得任何报酬或"有效对价"，①都属非法。相反，对那些需要肾脏的人而言，他们必须在很大程度上依靠个人或社会的敦促，来激励人们进行捐赠。其结果是，大多数的活体捐赠都来自受赠人的亲朋好友。对于一个孩子是否可以作为兄弟姐妹或亲戚的捐赠者，父母是其委托人。个体有权利将自己的肾脏捐给亲人，但没有权利将其出售。

美国的尸体器官主要来自两类人：一类是明确同意在死后使用其器官的人，无论是通过生前立下遗嘱，还是通过在驾驶

---

① 有效对价（valuable consideration），在契约中一方为获得某物付给另一方的代价，尤指以货币支付的代价。——编注

执照上表明希望成为捐赠者。另一类则是被推定为已经给出同意的人。超过15个州依赖有关推定同意的法律；根据这样的法律，接受强制性尸检的人（通常是在凶杀案中）被推定为已经同意使用其部分器官，除非他在死前明确反对这种捐赠。[4]（在美国，有关推定同意的法律仅适用于由验尸官或法医管辖的尸体。）

个体也有权利不捐献自己的器官，没有一个社会强制要求捐献肾脏。美国现行法律保护活人免于在未经其同意的情况下被夺走器官，即便另一个人的生命正处在危急关头。[5]如果无法通过敦促来获得器官，需要器官捐赠的人没有（法律上的）追索权，而必须在那张移植名单上等待他的轮次。[6]目前，获得肾脏的队伍很长。仅在美国，2003年就有超过5万名美国人在等待肾脏。同一年，捐赠者有1.2万人。[7]这意味着，有3.8万人将被转移到2004年的等候名单上，再加上当年新加入的人。许多人要等上好几年才能得到器官。仅在美国，每年就有数千人在等待器官移植时死亡。[8]如果在他们能在最需要器官的时候得到器官，其中一些人就不会死亡。[9]

一些欧洲社会则依赖"选择退出"（opt-out）的器官获取体系，而不是美国使用的"选择进入"（opt-in）体系。在许多国家——包括奥地利、比利时、丹麦、芬兰、法国、意大利、卢森堡、挪威、新加坡和西班牙——所有个体都被推定为，同意在他们死后将其器官用于他人。在选择退出体系中，默认立场即每个人的器官在她死后都可以被使用，尽管每个个体都可以推翻这种推定（即选择退出），通常是在驾驶执照上明确注明这一点。[10]

如果我们迈向的分配体系，它的基线是选择退出，只要它能拯救生命，那这就可以是一种得到证成的社会政策。但是，它似乎并不能解决移植所需器官的短缺问题。在许多欧洲国家，包括那些依赖选择退出式分配体系的国家，器官短缺问题依然存在。[11]事实上，一些研究表明，选择退出式体系与选择进入式体系相比，就最终的器官获取数量而言，通常几乎没什么影响。[12]这一结果似乎有悖常理，但有三个原因能够表明，对默认起点的改变可能不会增加器官的供给量。首先，许多实行选择退出制度的国家给予亲属拒绝捐赠尸体的权利，即使死者曾表示支持这种捐赠。而亲属经常会因为宗教或个人原因，选择放弃捐赠。其次，许多获取到的器官根本不适合移植；死者可能已经非常年迈，或者已经病入膏肓，或者没能在他死后器官尚有用处时，及时被人发现。[13]而高效地获取器官的能力——即安全而迅速地将其取出，并交付移植的能力——似乎关键取决于制度性因素。[14]第三，由于肥胖症和糖尿病的发病率急剧上升，以及人们寿命的延长，需要肾脏移植的人数持续膨胀，速度比供给的增长速度更快。

反市场的考量

如我们所见，自由市场具有巨大吸引力：人们认为契约自由促进了自由权利；竞争性市场应该给每项投入支付它所应得的报酬（其边际产量）；而且市场往往是生产和分配益品的极其有效的机制。鉴于可用肾脏的短缺以及其中涉及的强利害关系，我们并不意外，在交易因为违反美国法律而被网站管理员关闭前，一个肾脏在易贝网（eBay）上出售，竞价可以高达580万美元。[15]

尽管有这样的考量存在，我认为，我们有理由警惕顺应日益增长的人类肾脏市场狂潮的呼声。其中一些原因事关一个非理想世界中的非理想特征，这些可以通过监管来解决；还有一些原因则在任何现实的世界中都成立。

市场禁令是否必然会减少可用器官的供给？

在理查德·蒂特马斯著名的研究《礼物关系》中，他论证，一个纯粹利他的血液获取体系要优于一个依靠利他的捐赠和市场相结合的体系。[16]通过比较美国和英国的供血体系，他证明了献血体系（英国体系）在质量上要优于那些同时使用血液采购的体系（美国体系）。部分原因在于卖血者有理由隐瞒自己的疾病，而利他的献血者则没有。此外，蒂特马斯声称，为血液提供经济奖励会导致那些需要钱的人过分频繁地献血，从而危及他们自己的健康。根据蒂特马斯的说法，利他主义体系不仅更加道德，而且还能产生更高质量的血液供给。

令许多经济学家惊讶的是，蒂特马斯还论证，一个只依靠利他主义的献血制度可能比血液的市场制度更高效。他主张，就血液而言，引入市场"压制了利他主义的表达，（并且）侵蚀了社群感"。[17]有些人献血的理由是献血能够给人带来"生命的礼物"。但如果血液被当作一种明码标价的商品，这些人如今就会拒绝献血。因此,血液供给不一定会因为市场的增加而增加;事实上,蒂特马斯的假设是,在英国引入血液市场的净结果是更差的血质、更少的血量。

这似乎令人惊讶。既然我们只是在现有选择的基础上增加了一个新的选择(即卖血),那么为何现有的选择(即献血),或者它对利他主义者的吸引力会改变呢?[18]为什么那些诉诸自利的政策,反而会导致人们以一种更不热心公益的方式行事?

请考虑一下这个真实的实验,它阐明了蒂特马斯所猜想的关于动机的市场效应。面对那些习惯性地在接孩子时迟到的家长,海法的六个日托中心对他们进行了罚款。他们希望罚款能给这些家长一个基于自利的理由,让他们按时来接孩子。这些家长对罚款的反应是,他们迟到的时间提高到了原来的两倍。[19]即使罚款在三个月后被取消了,迟到的情况仍然存在。对这一结果的一个合理解释是,罚款削弱了父母认为自己在道德上有义务不占日托人员便宜的意识;相反,他们现在将自己的迟到行为视为一种可购买的商品。

通过精心设计的实验,这一结果已经得到了复制。实验经济学家布鲁诺·弗雷(Bruno Frey)和其他人考察了那些引入价格激励而内在动机(intrinsic motivation)遭到部分破坏的情况。[20]当一个行动仅仅是出于行为主体从行动中获得的满足感时,这个行动所依据的就是内在动机。传统的经济分析假定,提供货币补偿会增加人们接受那些本不需要的计划的意愿;但弗雷却发现,向人们提供货币补偿,使他们接纳在街坊之内建造一个有害的核废料设施时,对该计划的支持实际上减少了。他的研究表明,在个体具有公民意识的情况下,价格激励的使用非但不会增加,实际上还会降低人们对公民行动的支持度。对于一个拥有内在动机的人来说,为钱而做的行为与免费做的行为在根本上就是不一样的。[21]金钱激励的存在会排挤掉一个人做特定行为的内在动机,从而改变他所面对的选择的吸引力。比如在核废料的案例中,公民可能就会觉得,金钱贿赂了他们。在及时去日托班接孩子的案例中,对教师的利他主义关怀可能就会被基于自我利益的、对罚款是否值得的计算所取代。

这种排挤利他主义(crowding-out altruism)的结果并不是不可避免的;市场也可以朝着一个对社会有益的、更加利他主义的方向发展。在美国圣迭戈,一项对引入共乘车道①使用权市场的研究发现,这个项目的启动与共乘车道整体交通量的增加、主车道交通量的减少,以及拼车水平的大幅提高正相关(拼车者可以使用快速车道,但不必为此付费)。研究作者假设,对拼车者增加的最可能的解释是,(共乘车道上的)新司机被一种相对的金钱收益吸引而选择拼车:能免费获得别人要付钱才能享有的东西,他们感觉更好。[22]

如果这些案例研究能够说明问题,那么市场就可以改变社会规范。如果市场的引入确实影响了内在动机,我们就不能先验地预测,行为的净变化会朝哪个方向发展。在核废料案例

---

① 共乘车道或高承载车道(carpool lane 或 High Occupancy Vehicle lane)在美国是指公共汽车、摩托车及承载两人或两人以上的私家车免费使用的专用车道。原文此处表述为 express carpool lane,因为主车道经常堵车,相较之下共乘车道就成了快车道(express);美国另有付费的快车道 express lane。——编注

中,我们获得了更少的亲社会行为,但在拼车的案例中则恰恰相反。当然,肾脏市场和血液市场与获得更快通勤速度的市场有所不同。捐赠器官和血液往往涉及生命和死亡的问题,而不是简单的方便。因此很可能,对于那些行利他主义之事的人,他们身上有许多不同的动机都在发挥作用,这些动机更容易受到排挤。

若要引入关于肾脏的市场,那些具有利他主义动机的人是否可能遭到排挤,从而导致供给量实际上变得更少?即便肾脏市场把所有利他主义者都赶走了,肾脏的净供给仍有可能增加。也许,那些具有潜在的外在动机的捐赠者,要多于那些只具有或主要具有内在动机的捐赠者。此外,如果通过市场获取到的器官数量仍然不足,将器官的价格抬高,可能会带来更多出于非利他主义的捐赠者。在弗里德里希·迪伦马特(Friedrich Dürrenmatt)的精彩悲剧《老妇还乡》(The Visit of the Old Lady)中,一个年轻时被爱人伤害的富婆如今向她的老乡提供100万美元,让他们杀死他。起初,市民们愤怒地拒绝了这个提议,他们认为这是非常不道德的行为。但这个女人诱使他们提高消费,并进行借债。最后,当他们适应了新的舒适水平之后,他们决定杀死这位多年前拒绝接受自己父亲身份的情人。也许在弗雷和其他人考察的案例中,金钱奖励根本就不足以赋予人们动机。又或者,在实验者给出金钱奖励的时候,人们还未有机会适应这个想法。[23]

同样重要的是,我们还要考虑,如果允许卖肾对于具有利他动机的人存在排挤效应,那么一切对于放弃肾脏的外在奖励——包括在捐赠者死后对其继承人的奖励、终身医疗福利，以及葬礼费用的承担——是否都会产生与现金一样的排挤效应。[24]

也许至少在价格合适的情况下，卖肾合法化会减少利他主义的捐赠行为，同时也会增加器官的净供给。[25]如果一个人对器官市场的支持或反对，仅仅建立在这种市场对供给带来的影响上，那么卖肾合法化是否会增加器官供给量，这就是一个特别相关的考量因素。因为在很大程度上，支持器官市场的正面理由就建立在这样的基础上，所以它显然影响到该理由能否成立；道德动机可能比我们经常假设的要更脆弱。但对于一些反对肾脏市场的人来说，引入市场是增加还是减少了供给量，这可能就不是决定性因素；还有些人认为，即便供给增加，卖肾也是错误的。

脆弱性

对一些人来说，卖肾是应被反对的，因为它是一种典型的绝境中的交换（desperate exchange），即那些除非不存在其他合理的选择，否则没人会做的交换。用一位器官市场批评者的话说，肾脏是"底牌器官"（organ of last resort）。[26]许多人反对器官市场，正是因为他们认为，这些市场会让其他人利用穷人的绝望处境。这种对绝境中的交换的反驳往往与一种父爱主义式的担忧有关，即卖家实际上会因出售其器官而受到伤害，但考虑到他们的绝望处境，只要器官出售是合法的，他们就会这样做。

器官市场的捍卫者可能会说，对于剥削的担忧可以通过监管来消解：取缔那些能够控制大部分器官价格的器官掮客，允许那些为黑市所排除的公开竞争，以及强制执行契约条款。要回应这个问题，我们也可以说，只有在人们不太可能会陷入极度贫困的情况下，器官捐赠才应该是合法的。[27]

弱能动性

尽管在理想市场中存在的是完全知情的参与者，但我们已在本书中看到：许多市场并没有，事实上也不可能在此基础上运作。有时，这是因为市场交易涉及只有未来才能得知的情况。肾脏移植涉及外科手术，它和所有的外科手术一样，都会带来风险。在一项对印度的肾脏卖家的仔细研究中，86%的参与研究者报告说，他们在肾脏切除后健康状况明显恶化。[28]虽然在运作良好的情况下，一个肾脏也能够净化血液，但如果剩下那个肾脏受到损伤或者过滤能力下降，切除一个肾脏就容易使卖家面临未来才会出现的问题。（事实上，过滤能力下降是衰老的正常的副产品。）不消说，在发展中国家卖肾的穷人并没有医疗保险，如果他们剩下的一个肾无法正常工作，他们也无从主张自己应获得额外一个肾。此外，虽然大多数关于肾脏移植的研究报告显示，捐肾对于捐赠者的不利影响不大，但这些研究绝大多数是在富裕国家进行的；我们根本无从得知，在贫穷国家里，那些只有一个肾脏的人的处境是否与富裕国家的人一样好。在一些地方，人们很少有机会获得净水或足够的营养，并且经常从事困难的体力劳动，在此情况下捐赠者的健康风险很可能更高。

在一项对印度肾脏卖家的研究中,还有两个发现与我们对弱能动性的担忧有关。首先,绝大多数(79%)受访者表示,他们对自己的决定感到后悔,而且不会建议其他人卖肾。其次,大多数(71%)被采访的卖家是已婚妇女。鉴于妇女在印度社会中的弱势地位,她们卖肾的自愿性值得怀疑。对于为什么是她们而不是她们的丈夫出售器官,妻子们最常见的解释是:丈夫是家庭的收入来源(30%),或者他们生病了(28%)。当然,正如该研究的作者所指出的,对女性的访谈大多是在她们的丈夫或其他家庭成员在场的情况下进行的,所以她们可能不愿意承认,自己是在受压之下选择捐赠的。

在有些人看来,我们对于器官市场的辩护应建立在这样一个基础之上:一个人拥有对其身体部位做出自己的决定的权利。对于这些人来说,弱能动性就是一个严重的问题,而当弱能动性与重大伤害相关时,情况尤其如此。大多数器官卖家不会推荐别人出售器官。这个事实表明,如果潜在的卖家能够更好地了解出售器官会带来的结果,他们就不太可能会选择卖肾。[29]也许在实际经历失去肾脏之前,人们很难想象这种失去意味着什么。当我们把信息的缺失与收益的缺乏联系起来时,允许肾脏市场存在的理由就会因此而遭到削弱。[30]

器官市场的辩护者可能会回应说:针对卖家受到削弱的能动性,我们的适当反应只是要确保他们更好地了解其交易的可能后果。比如,我们可以要求器官出售者参加有关活体器官捐赠风险的课程,并证明他们已了解放弃肾脏的可能后果。然而，由于许多卖家面对的是骇人的贫困状况，而且也许他们还缺乏教育，我们目前还不清楚，他们会在多大程度上仅仅因为高风险而放弃这项交易。此外，在较贫穷的国家，监管制度不仅薄弱，而且缺乏资金。

然而，请注意，基于弱能动性的论证——卖家不知道未来自己会对卖肾行为作何感想——可能会让我们阻拦那些基于利他主义的器官捐赠，它也阻拦有偿捐赠。也就是说，弱能动性并没有真正地挑出肾脏市场的问题所在。[31] 如果卖肾者的潜在健康风险如此之大，那么我们也许应该禁止所有这种来自活体卖肾者的转移。（而利他主义的捐赠是否真是从充分的信息、丰富的选择的角度出发的，这也值得怀疑。家庭成员往往面临着巨大的捐赠压力，而且正如我们所见，父母可以自由地捐赠他们自己孩子的器官。）

同样重要的是，我们还要考虑，器官捐献给捐赠者和出售者带来的潜在伤害究竟多大。目前，我们允许人们从事有风险的职业（如在核反应堆工厂工作）；我们并不会取缔那些使人们从事有风险的行为的市场，如吸烟和跳伞；我们在征兵时有依靠经济上的激励，这也使个体面临严重的风险。因此，要想说基于弱能动性的论证是令人信服的，因为它预示着伤害的发生，那么就必须考虑，这种潜在的伤害是否比我们目前允许的其他出售行为要来得更糟。[32]

基于平等地位的考虑

目前的肾脏黑市无疑反映出了买方与卖方的不同市场状

况。大多数卖家非常贫穷；而大多数买家至少是相对富裕的。人们敏锐地注意到，国际器官市场将器官从穷人转移到富人，从第三世界转移到第一世界，从女性转移到男性，从非白人转移到白人。事实上，允许肾脏买卖的压力越来越大。可以说，这反映出了这样一个事实：那些寻求买肾的人往往并不缺钱。[33]对比一下那些穷人的情况，目前他们的健康需求尚且得不到满足。尽管有数以百万计（或以十亿计？）的极端贫困人口有迫切的健康需求，但他们拥有的金钱很少。因此，他们的健康需求得到的关注，往往比相对富裕的人的健康需求得到的关注要少得多。

如果在一个体系中，肾脏的获取与分配依靠的是由个体买家和卖家组成的肾脏市场，穷人会不相称地成为世界上的器官卖家，而富人则很可能成为接受者。[34]相比之下，一个依靠捐赠的肾脏获取系统则更有可能拥有来自各阶层的供应人。事实上，蒂特马斯在美国和英国的不同献血体系中，就发现了这样的反差。[35]

石黑一雄在他令人毛骨悚然的小说《莫失莫忘》(*Never Let Me Go*) 中，想象了这样一个世界：人们造出了克隆人，使其成为别人的器官捐赠者。[36]在这些被创造的人类进入中年之前，他们就开始捐献他们的重要器官。在小说的结尾，这些被特意创造出来的人"完整"(complete) 了，也就是说，他们放弃了他们最后的重要器官，将其移植给别人，然后走向死亡。循着这些思路，器官市场的批评者们指责，这种市场将有效地把极度贫困的人变成富人的"零件"。有人说，器官市场最终还是把金钱转移到了穷人身上。在回应这种论证时，器官观察①的创始人南希·谢珀-休斯（Nancy Scheper-Hughes）嘲讽道："要想帮助穷人，也许我们应该寻找更好的办法，而不是把他们拆掉。"37

穷人为富人提供重要器官，这幅画面肯定有什么地方令人不安，这就像石黑一雄所描绘的世界一样，一些人被创造出来，专为他人提供所需的器官。但重要的是，我们要认识到，这个世界上有许多穷人已经为富人提供服务，这些服务富人却没有对等地向穷人提供。极少（如果真有的话）富人在矿场从事危险工作，或在核电站工作，或受雇清理他人的厕所。社会证成这些工作的方式是指出，它们是社会所必需的工作，而重要的是确保从事这些工作的人在符合健康和安全标准的条件下，能够得到公正的酬金。有鉴于此，提供方之间的不平等并不能凸显肾脏市场的尤其应被反对之处。

同时，我认为批评者也提出了一个合理的担忧，即肾脏市场实际上可能会恶化现有的基于阶级的不平等。通过将身体器官纳入金钱能买到的东西的范围，这种市场可能会扩大不平等的范围。在目前等待肾脏移植名单上，还有些人极度缺钱，甚至身无分文。在很大程度上，选择谁成为接受肾脏移植，与接受者的支付能力无关。相比之下，肾脏市场有可能意味着，肾脏归出价最高者所有。但是，肾脏的分配难道不应基于需求、等待时间长短和医疗合适性，而不应基于支付能力吗？

---

① 器官观察（Organs Watch），创办于1999年的国际非政府组织，关注人类器官使用情况。——译注

当然，从理论上讲，我们可以对合法的器官市场进行监管，以确保富人和穷人都能获得肾脏，而政府为贫困买家的器官购买提供资金。通过补贴和保险，政府可以设法使肾脏的需求与购买者的财富脱钩。此外，政府还可以致力于为贫穷病人寻找卖肾者。[38]从平等主义的角度来看，这些监管措施都是可欲的。事实上，政府可能会创造一个垄断：它自己是唯一合法的器官买家。政府可以利用一个未来市场来购买这些器官——在这样的市场中人们只有死后才能收到报酬——以此来避免胁迫性的把戏。然而，即便政府采取了这样的措施，对于任何资源有限、有其他优先级的政府来说，它们仍然很难通过市场使肾脏分配与卖肾者的财富完全脱钩。在垄断下确立肾脏的最高价格，可能会重新制造出肾脏市场本来打算克服的短缺问题，特别是在有补贴的肾脏可用，产生道德冒险问题时。[39]

身体完整性

迄今为止我所详述的三种担忧——弱能动性、脆弱性，以及穷人变成富人的器官供应人的可能性——都可以通过对肾脏市场施加监管而非取缔来解决。对于市场是否会增加肾脏供给的担忧是不同的：在任何现实的社会背景条件下，市场都可能减少利他主义的器官捐赠，即使是在有监管的情况下。

关于肾脏市场还有一个额外的考量，这个考量在我对债役和童工的讨论中曾出现过：在选项集上增加一个选项，可能会改变行为主体可用的其他选项。我想考虑的是，肾脏市场的存在会以什么方式使一些穷人的处境比原本更糟。尽管这种考量并不是决定性的——取缔肾脏市场也会使其他急需肾脏的人比原本的处境更糟——但我认为，在目前人们对器官市场的热情中，这种考量是缺席的，而且需要得到处理。这种考量促使我们思考，一个人的内部资源能够以什么方式不同于他们的外部资源。这一思考将与特殊平等主义诸进路相呼应。

我想在这里探讨的想法是，即便限制卖肾有益于个体卖家，但这种限制对其他人来说可能是有害的。这是因为允许这种市场作为一种广泛的实践，作为一种由法律支持的、重复和定期的交换模式，会对人们的可用选择的性质产生影响。肾脏市场的支持者通常专注于特定环境下的个体交易，但市场的引入能够改变环境（包括如我们所见，市场可能改变人们的动机）。请考虑一下，在那些卖肾实践最普遍的地方，肾脏被视为一种潜在的抵押品，放债人拥有更多动机去寻找更多借债人，以及去更改借贷条款。人类学家劳伦斯·科恩（Lawrence Cohen）发现，在印度那些卖肾相对比较普遍的地区，债权人向欠他们钱的人施加了额外的压力。[40]科恩指出："在泰米尔乡村的肾脏带（kidney belts），债务是首要的……能卖肾的女性是债务抵押的工具。"[41]

科恩的发现表明，如果卖肾成为一种普遍实践，一个不想卖肾的穷人可能会因此更难获得贷款。[42]在其他条件相同的情况下，信贷市场会将贷款分配给那些能提供更好抵押品的人。如果存在一个肾脏市场，抵押品的总量就会上升。假设可贷资金的供给或多或少是固定的，这将意味着那些没有多余肾脏或拒绝出售肾脏的人，得到的贷款会比以前少。换句话说，这些人的处境因肾脏市场的存在而变得更糟。若果真如此，那么尽管允许肾脏市场的存在扩大了一个人的选择范围，但在总体上看，它可能会减少或改变其他人的可用选择，而这些人的处境将会变得更糟。除非抵押自己的器官，他们将再也找不到利率合理的贷款，因而他们的有效选择将更少。一旦我们看到肾脏市场对那些非交易方的影响，我们就不能再说，这种市场不会带来有害的后果。

当然，这个论证也适用于其他关联性市场，许多市场都会产生与金钱相关的外部性。回顾一下，与金钱相关的外部性，指的是生产或交易（通过价格而非直接的资源分配）对外部各方产生的影响。例如，在一个农村社区引入二手房市场，可能会使一些首次购房者退出这一社区的住房市场。但是，认为肾脏市场令人不安的人，不一定认为二手房市场令人不安。因此，我关于肾脏市场对其他人的选项集的影响的论点，并没有解决该市场是否应该被取缔的问题。事实上，它引导我们思考：假如人们不愿意出售自己的器官，他们是否应该因此而付出代价？如果不应该，又是为什么？

如果我们把肾脏看作是与我们所拥有的其他资源类似的资源——无论是金钱还是苹果——这个问题就变得不清楚了：为什么我们不应该出于保住信贷的目的，放弃肾脏？但许多人拒斥这个类比。他们似乎默认了罗纳德·德沃金的观点，相信我们有充分的理由在身体周围画出一条"预防线"（prophylactic line）。这是一条"几乎让身体不可侵犯的线，也就是说，使身体器官免于成为社会资源"。[43]我同意这种思路是有些道理的。事实上,人们对肾脏市场的反感背后,可能正是对他人征用我们身体的想法的恐惧。但我认为要以此作为取缔肾脏市场的理由,它还是初步的,因为它没有考虑到可能因缺乏肾脏而死亡的人。无论如何,值得强调的是,不管这一论证最终是否成功,它都给肾脏市场带来了一个不同的视角。这个视角不同于之前的观点,即那些出于绝境而达成的交易很可能是剥削性的、过分的,或者是极不公平的。[44]也就是说,即使我们认为交易条件是公平的,卖家的选择也并非出于绝境,这种反驳也可以成立。

政策

我已经分析了人们面对肾脏市场的不安感,这包括脆弱性、弱能动性、有害的结果、不平等以及动机等方面。我研究了在现有情况和更理想的情况下,我们基于此类考虑限制这种市场的理由。肾脏市场的许多问题之所以会出现,恰恰是因为此类市场不可能是理想的,市场失灵在其中广泛存在:能动性很弱、垄断力量盛行,人类所处的绝望处境带来了剥削与不适当的定价。人们对肾脏市场的反感,在很大程度上来自卖家所处的环境带来的潜在伤害:贫困、清洁用水和基本医疗保健的缺乏,以及艰苦的劳动。市场监管可能会在一定程度上缓解弱能动性方面的问题,尽管它不可能使世界上令人绝望的贫困问题消失。回应捐赠肾脏带来的任何潜在伤害,我们还有可能以如下方式进行：强制执行适当的后续护理，确保捐赠者在需要时能够获得替代器官，以及禁止肾脏的国际贸易。但同样地，在世界的某些地方，这些可能都很难执行。减轻可能的对卖家有害结果的一个方法是，让人们只有在卖家死亡后才能提取已购置的器官——一种器官的期货市场。

即使肾脏市场已经被取缔，即使没有后续治疗也没有护理，那些绝望中的人也可能会诉诸黑市。如果国家能力太弱而无法执行禁令，或者没有特别的意愿执行这些禁令，那么器官黑市就会蓬勃发展，就像在印度、巴基斯坦和巴西的部分地区一样。据许多观察家说，在第三世界，特别是随着先进医疗技术的普及，器官销售在黑市上已经达到了惊人的比例。对已经合法化的肾脏市场进行监管，而不是依赖黑市，这可以说在一定程度上解决了人们对销售中存在的剥削以及单方条款的担忧。如果监管得当，器官市场的结构可能可以减少极端贫困者卖肾的情况。

但从这里开始，我们又得考虑基于金钱的外部性的论证。作为一种社会实践，允许极度贫困的人出售他们的器官，这将影响那些不想参与这种市场的人如何做出选择。如果人们只是拒绝卖肾，让他们为此付出代价是不合适的，这会是一些人的想法。这个问题也需要在政策设计中加以考虑。

不平等的问题，即把穷人变成富人的"多余零件"的问题，也可以通过监管来至少是部分地加以解决。我们可以不依靠竞争性的市场，而是建立一个垄断的市场，让国家成为唯一合法的买家，并根据医疗需求进行分配。我们可以规定，贫困的器官接受者由国家代为购买器官。尽管如此，如果市场还是存在，器官捐献者和接受者的财富分层可能会比目前的情况还要严重。这可能有很多重要的原因，其中最重要的一个是，它可能"压制了利他主义的表达，并且侵蚀了社群感"。

反思不同种类的市场所涉及的价值，有助于帮我们看到肾脏市场与苹果市场何以不同。我讨论的一些价值对市场运作来说是内在的：福利经济学的效率定理就假定了存在完美信息；如果一个市场的引入实际上减少了供给量，那么取缔它就不会带来社会成本。另一些价值对市场运作来说则是外在的——在死生大事上，紧急需求应该高于支付能力——但却得到了广泛的认同。外在价值中有一部分更加有争议性：有哪些益品，人们不应因为拒绝出售它而付出代价。

最后，我想简要地考虑一下最近关于肾脏市场的一些提议，看看它们在我所列出的维度上表现如何：脆弱性、弱能动性、对个体而言有害的结果和有害的社会不平等。目前，决策者之间正在就其中一些提议进行辩论。我所考虑的提议是：（1）由竞争性市场来管理供求关系，换言之，像对待苹果一样对待肾脏；（2）竞争性市场只管理供给，要么根据需求进行分配，要么分发补贴给穷人，以此补充市场分配；（3）竞争性期货市场，只有死后才能放弃器官；（4）实物配对交换，一个有意愿卖肾但与病人血型不相容的卖家，可以与另一对血型不相容的病人－卖肾者进行交易。[45]

表2中的"是"表示在某一维度上存在问题；"否"表示一个相对较低的值（但不必然就是没有问题的）。[46] 从这个表中可

以看出，纯竞争性的肾脏市场似乎是最成问题的，在所有的参数上都有相当高的值。相比之下，苹果市场通常不会在任何维度得到很高的值。鉴于信息的不完善、潜在的有害结果，以及在获得急需益品（肾脏）上的不平等，我认为，我们应该把这个市场看作是道德上不可接受的。

表2 评估器官分配的替代方案

市场/分配	弱能动性	脆弱性	对个体而言有害的结果	有害的社会不平等
竞争性市场来管理供求关系	是，尽管可以通过知情同意来缓解	是	是：给非常贫穷的卖家带来伤害；给其他穷人带来外部性	是
只限于供给的竞争性市场	是：见上文	是	是：见上文	否
未来市场	否	否，除非这给了其他人动机，促使他们加速这些未来器官捐赠者的死亡	否	否
实物配对交换	有可能：见上文	否	否	否
利他主义捐赠	有可能：见上文	否	否	否

在我看来，越是能更好地解决这各个维度上的担忧，一个市场就越能被接受。即使对于那些担心这类市场的金钱影响的人——这类市场可能改变那些不愿参与者的交易条款——问题也在于，我们能否找到一种机制，防止卖肾进入其他种类的契约中去，比如作为贷款抵押品，或者作为获得社会服务资格的手段。

而如果这些顾虑不能得到充分解决,无论是通过信息传播、监管、收入转移,还是其他一些手段,我们都需要考虑其他的可能性,包括更多地敦促人们捐肾。我不想忽视这样一个事实:在肾脏市场可能对卖家造成伤害之外,它还有可能延长一个本会死亡的人的生命。在鼓励利他主义的器官捐赠方面,我们还有很多事情可以做。与此同时,由于买卖双方的绝望处境,在未来很长一段时间内,我们可能还会一直寻找解决可移植器官短缺问题的办法。[47]

结　论

> 如果没有共享且深入人心的道德价值与义务，法律、民主政府，甚至市场经济都不会正常运作。
>
> ——瓦茨拉夫·哈维尔，《转型期的政治、道德和文明的沉思》
> (*Meditations on Politics, Morality and Civility in a Time of Transition*)

在近期动摇了美国的金融危机中，人们对市场自我修正能力的高估肯定起到了作用。尤其是，信贷衍生品在很大程度上在不受监督和监管中进行买卖，沃伦·巴菲特称这些信贷衍生品为"大规模杀伤性金融武器"，它们促成了今天已经蔓延至全球的大流行。

信贷衍生品的市场拥有一些刻画了有毒市场的特征。[1]首先介绍一些专业术语。信贷衍生品是作为银行分散风险的一种方式被采用的；它们涉及出售支付义务的违约风险。如果一方给一个有风险的借款人提供贷款，他可以通过为名义本金①的百

---

① 名义本金（notional principal）在此即为银行的放款额。此处原文为notional principle，疑为笔误。——译注加编注

分比利息购买信贷保护,来保护自己。如果借款人违约,该保护将使放款人有权获得一次性付款。

衍生品能够让那些承担了不明智风险的放款人,将金融资产转移给第三方——第三方与原始交易相距甚远,而且往往对其信息知之甚少。这些衍生工具因此起到了削弱能动性的作用。此外,这些金融工具鼓励银行和其他金融组织承担比他们应该承担的风险更大的贷款。如果我知道我可以在几周内(有时是几天内)卖掉我刚刚放出去的贷款,那么我就没有理由担心,借款人在20年内无法偿还贷款:这不是我的问题。然而,这些高风险贷款的买卖不仅导致人们所依赖的许多银行面临倒闭的威胁,而且还导致了对以下两类人的极大伤害:那些相信自己确实有资格获得贷款的借款人,以及那些第三方——他们依赖经济为这个国家的资产和生产力或多或少做出正确的定价。我们能在这里找到许多重要的关于信贷市场的监管教训——这些教训亚当·斯密几百年前就已十分清晰,但直到最近人们似乎又将它们遗忘了。

很显然,市场这只看不见的手并不是单独运作的:市场依赖背景性的财产权、信息的可获得性,以及一系列的非市场的机构,比如法院、监管主体和学校。市场还依赖社会信任以及其他超越狭隘的自我利益的动机。本书还着重强调了反向的命题:市场可以影响财产权、信息、非市场的机构和社会动机。这是因为市场不仅可以产生经济效应,还可以产生政治和文化效应。特定的市场可以排挤掉利他主义,使市场主体之间形成等级关系,甚至破坏民主社会得以可能的条件。

当我们评估市场时，我们应该考虑一系列广泛的价值。我认为，有四种价值对我们评估有毒市场来说至关重要：弱能动性、脆弱性、对个体而言极大的伤害，以及对社会而言极大的伤害。经济学家对外部性的一般看法不够精细，不足以从其他具有第三方效应的市场里，区分出这些参数中的一个或多个方面得分很高的市场。

除了列出作为评估市场的参数的四种价值外，我还辩护了一个可能被称为社会民主论题（social democratic thesis）的观点：如果公民要成为平等者，某些益品就需要在市场之外被提供。这些益品的平等是民主的公民资格的必要条件；因此，民主国家里没有选票市场，也没有关于基本政治或公民权利的市场。公民的其他必需益品可以部分地由市场来供给（这种供给是不平等的），但非市场的供给也是必需的。例如，美国社会允许父母为自己的孩子购买私立教育，但也保证教育是所有儿童的权利。一个民主社会非常重视培养有能力参与到社会的政治结构里的成年人，以及确保所有儿童都能接受充分的教育，足以成为能够自力更生、能够作为平等公民立足的成年人。[2] 这样的社会也需要从各行各业中选出它的领导者，这种需求对可接受的教育不平等设置了限度。在公立和私立教育的提供上，过多的不平等也威胁着一个由平等者组成的社会。

我们还需要保护其他益品免于进入市场。因为，当这些益品的交换成为一种（市场中的）社会实践时，它们就会强化人们讨价还价能力的严重不平等，有时还会强化能够带来极大伤害的政治权力的不平等。我在本书中探讨了童工的案例，它说明了在单一情况下可能是帕累托改进的市场交换，如果有大量的人同时进行这种交换，交换就可能出现问题。关于最低工资法，我们也可以提出类似的论证。对最低工资法的一种思考方式是，这是一项通过改善工人的健康与安全处境，通过培训与发展技能，诱导企业采取策略提高劳动投入的质量。如果是这样的话，那么我们就可以通过诉诸最低工资法对工人能力发展的内生的影响，包括充分参与社会制度所需的能力，来证成限制（那些愿意赚取低于最低工资的报酬的人，和那些愿意给他们开工资的人之间的）自愿交换。

我自己的社会民主理论，与我（借助詹姆斯·托宾的说法）称之为一般平等主义者的观点形成了鲜明对比，因为我坚持认为，平等必须有比收入和财富更广泛的衡量标准。虽然我同意，一定数量的收入和财富——以及关于收入和财富分配的一定程度的平等——是社会平等的必要条件，但它们并不是充分条件。对于社会平等来说，一些有毒市场是成问题的，这与它们分配收入的方式无关。[3] 但一般平等主义者在一件事上肯定是正确的：在一个有10亿人——世界人口的1/6——尚处于赤贫之中的世界里，我们不应该期望有毒市场会消失。

我同意特殊平等主义者关于需要区分各种市场的观点，但我不同意他们为这种区分而提出的许多理由。我已经尽可能地避开了一些论证，它们诉诸关于人类繁荣或者益品之意义的特定观点。我的论证建立在（我认为的）许多人的共同顾虑之上，例如避免极大伤害和保护最脆弱者的需要。我还强调了考虑不同市场对我们民主的影响的重要性。这些考量能够贯穿不同种类的益品。

我也很难赞同，应当全面禁止所有会让人感到不安的市场。在评估一个市场是否恰当时，我论证的那些深深介入其中的道德顾虑并不会提供一个简单的答案。有多种因素需要被考虑，许多价值都在其中发挥作用。一个市场是有毒的这一事实并不会告诉我们，我们是否应该把它取缔掉，或者应该试图进行监管。何为恰当的政策反应往往——尽管不总是——取决于棘手的经验细节。但有时，我们社会的基本价值会受到威胁。

当我开始思考这个话题时，我从未想过我最终会写一本书，关注与人体密切相关的市场：性、肾、劳动和怀孕。但我逐渐意识到，这些市场让我感兴趣的主要问题成为焦点：特定市场如何影响我们的自我概念与能力，包括我们取得独立性、建立平等关系的能力。然而，这种影响似乎也可能存在于其他市场中：政治影响力（竞选捐款、专业游说者）的市场、信息（媒体）市场、教育市场、儿童护理市场以及医疗保健市场。

在这些案例之外，还有很多特定市场的例子正持续引起人们的论辩与担忧：碳市场、救命药市场、教育券（school voucher）[1]市场、私人监狱市场，以及国际武器市场。我希望我的框架对思考这些问题有所助益，但我并不期望我是那个拥有最终发言权的人。我希望能引发一场对话，关于市场异质性，

---

[1] 在美国的一些州，政府会利用原先投入公立学校的教育经费，以教育券的形式直接发放给家庭或学生。许多家庭因此可以选择私立学校，教育券可以折抵学费。——译注

以及我们应该用何种考量来评价这些市场——包括这些市场给动机与人类能力带来的影响——尤其是关于，我们希望这些异质性的市场运作于一个怎样的社会之中。

注 释

（注释中的页码代表的是文献原文页码）

导 论

1. 在过去的20年里，一些污染物已经成了可交易的商品。对于排放量低于其污染限额指标（或上限）的公司，它们可以在公开市场上出售其剩余的配额，或为未来储存这些配额。那些具有较高污染水平的设施可以购买这些储存的配额，继续排放相同的污染物，或者清理自己的排放物，看何种方式更经济。

2. 对于一种相关的观点，参见 Bowles, "What Markets Can and Cannot Do"。

3. Marshall, "Citizenship," 122.

4. Walzer, *Spheres*, xiii.

5. 参见 Bowles, "What Markets Can and Cannot Do"。

6. 参见 Pettit, *Republicanism*，其中有关于作为无支配的自由（freedom as non-domination）的自由主义观点的讨论。

7. Tobin, "On Limiting."

8. 对于相关的讨论，参见 Kanbur, "On Obnoxious Markets"; Treblicock, *The Limits of Freedom of Contract*。我特别感谢 Kanbur 对这些问题的讨论。我在第四章中讨论了他们和我的进路之间的一些差异。

9. 感谢Josh Cohen使我注意到，我的参数分属于来源和影响。

10. 我在这里借用了Kanbur的术语；参见"On Obnoxious Markets," 45–52。

11. 参见 ibid., 56。

第一章

1. 例如，在Hal Varian那本为人广泛使用的《中级微观经济学》（*Intermediate Microeconomics*）中，并没有对市场的定义。令人吃惊的是，尽管市场是经济学家研究的核心制度，但经济学中关于市场特征的讨论却很少。

2. Friedman, *Capitalism and Freedom*, 13–15.

3. 参见 Nozick, *Anarchy;* Wertheimer, *Coercion*。

4. 我在第八章讨论抵押劳工时，更详细地考虑了自愿性的问题。

5. 参见 Kanbur, "Obnoxious Markets," 42。

6. *New Shorter Oxford English Dictionary*, 1699.

7. 市场可能有一个自然的基础吗？亚当·斯密认为有可能。哈耶克也是如此。但是两位思想家也都清楚地意识到，市场对财产规则、社会习俗和国家执行的依赖性在不断发展。

8. Mnookin and Kornhauser, "Bargaining."

9. 参见 Lindblom, *The Market System*, 4。

10. A. Buchanan, *Ethics*, 2.

11. Gordon, *Ants at Work*, x.

12. 这个概念是以意大利经济学家维尔弗雷多·帕累托命名的，他在研究经济效率和收入分配时使用了这个概念。关于这一点的讨论，参见 Amartya Sen, *On Ethics and Economics* (Oxford: Basil Blackwell, 1987), 30。

13. "显而易见"并不意味着真。对帕累托原则的批评，参见 G. A. Cohen, "The Pareto Argument"; Philips, *Which Equalities Matter?*，亦参见 G. A. Cohen, *Rescuing Justice and Equality*。

14. Sen, *On Ethics and Economics*, 32.

15. Lionel Robbins, 转引自 Sen, *On Economic Inequality*, 81。

16. Sen, *Development as Freedom*, 25–30.

17. Marx, "The Communist Manifesto," 476.

18. Smith, *An Inquiry*, vol. 1, book III, chap. 4, paragraph 4, p. 412, 强调是我加的。

19. 这种依赖性是由领主支配的武力，以及使等级关系显得自然的意识形态来保证的。

20. 见第二章中对斯密的市场观的讨论。

21. 参见 Putterman, "On Some Recent Explanations"。

22. Smith, *Wealth of Nations*, 27.

23. 对这一点讨论，参见 Hirschman, *Exit*。

24. 但也参见 Marglin, "What Do Bosses Do?"，其中讨论了有关资本主义企业中持续存在的等级制度的论证。

25. 我在第九章中讨论了债役安排。

26. 参见 Marglin, *The Dismal Science*。

27. 参见 McMillan, *Reinventing the Bazaar*。我感谢 McMillan 对市场体系所预设的背景制度和规范的出色讨论。

28. 有些财产权是在不同的个体或不同的实体之间分配的。

29. 关于所有权的习俗本性的讨论，亦参见 Murphy and Nagel, *The Myth of Ownership*。

30. 参见 McMillan, *Reinventing the Bazaar*, chap. 4, p. 45。

31. Akerlof, "The Market for 'Lemons'"; Arrow, "Uncertainty."

32. 参见 Kahneman and Tversky, "Prospect Theory"。

33. 参见 Bowles, "Mandeville's Mistake"。

34. Hirschman, *The Passions*.

35. 参见 Taylor, *Anarchy and Cooperation;* Ostrom, *Governing the Commons*。

36. 正如我前面提到的，市场曾与剥夺基本自由权的政治政权共存。皮诺切特治下的智利与纳粹德国就是突出的例子。

37. 近期的研究认识到，由于交易成本、信息失灵和各方的策略性行动，市场失灵可能比以前设想得更为普遍。

38. 经济学家还考虑了一个市场交易给益品对于他人的相对价格所带来的影响，这种影响被称为"与金钱相关的外部性"。这种影响也是无处不在的，我在后面的章节中会讨论其重要性。

39. Herzog, "Externalities."

40. 关于对伤害原则的经典表述，见 John Stuart Mill's *On Liberty* (Harmondsworth, England: Penguin, 1984)。

41. 人们可以尝试区分一个人的道德判断和他的幸福或效用，但从经济学的框架内部看，这样的区分充其量是缺乏动机的，因为经济学倾向于从偏好函数的角度来看待道德判断。

42. Elizabeth Anderson 在谈到市场失灵理论时指出，它"不是关于市场出了什么问题的理论，而是关于市场不可用时什么出了问题的理论"(*Value*, 192)。

43. "完全市场"模型假设了契约执行的问题都不存在。这个假设实际上有很大的误导性，因为一旦我们假设存在具有一定时间跨度的贸易，那么行为主体履行其契约可能就不符合他们的经济利益。这就意味着，我们必须依靠规范或其他机制来确保遵守，而这些机制可能会干扰效率。

44. Robbins, *An Essay*.

45. Tobin, "On Limiting," 269. 当然,我们可以说贩卖选票产生了外部性,但我不会在这里展开这个论证,因为我觉得它没有什么说服力。但参见 http://gregmankiw.blogspot.com/2007/11/on-selling-votes.html。

46. Basu, "Economics."

47. 这种谴责已经进入了国际法。1949年8月12日《日内瓦公约关于国际武装冲突受难者的附加议定书》第47条规定:"雇佣军无权成为战斗员或战俘。"

第二章

1. 一个理论家的整体视野,可能比她对经验事实的把握或她整体论证的细节更重要。过去许多伟大的政治理论家——洛克、卢梭、霍布斯和史密斯——之所以被人们记住,主要是因为他们为我们留下了看待自己和社会的新方法。阿尔伯特·赫希曼讲述了下面这个寓言故事,以此来说明视野的重要性,这多少有点调侃的意味。克拉科夫的拉比在祈祷时发出哀号,说他刚刚看到两百英里外的华沙的拉比之死。几天后,一些来自克拉科夫的犹太人碰巧去了华沙,在那里他们惊讶地看到,华沙的拉比身体很好。犹太人回到克拉科夫后,流言蜚语在克拉科夫拉比的会众中传播开来,持怀疑态度的人中出现了批评和讥讽的声音。然而,拉比的几个弟子急忙为他辩护,声称虽然他在细节上出了差错,但"尽管如此,这是多好的视野啊!"(*Passions*, 117)。

2. Polanyi, *The Great Transformation*.

3. Hirschmann, *Rival Views*.

4. C. F. Alexander, "All Things," 3.

5. Hobbes, *Leviathan*.

6. Smith, *Wealth of Nations*, vol. 1, 412.

7. 在不同的封建社会中，流动的理论可能性是不同的。这是因为在其中一些社会中，农民的义务是契约性的，而在另一些社会中则是强迫性的。事实上，对于封建主义的决定性特征到底是什么，还存在着争议。在这里，我把封建主义理解为一种基于等级地位和农奴制的社会秩序。参见 Bloch, *Feudal Society*。最近的历史学术研究对农奴制是不是封建主义的本质提出了质疑。

8. Smith, *Wealth of Nations*, 420.

9. Marx, *Capital*, vol. 1, 280. 当然马克思马上指出，在生产领域这种自由、平等、财产和边沁是不明显的。

10. 参见 E. Anderson, "Ethical Assumptions"。

11. Rodbertus, 转引自 Bohm-Bawerk, *Capital*, 332。

12. Smith, *Wealth of Nations*, 157–58.

13. Ibid., 83.

14. Ibid., 725.

15. 亦参见 Rothschild, *Economic Sentiments*，其中介绍了斯密被更保守的经济学家的规范性框架同化的精彩历史。

16. Smith, *Wealth of Nations*, 143, 强调为后加。

17. 关于美国劳动合同规则的变化，参见 Steinfeld, *Coercion*。

18. Smith, *Wealth of Nations*, 781–82.

19. Smith, *Wealth of Nations*, 782. 这种对资本主义经济中产业工人的有限性的惊人承认，后来被黑格尔和马克思在他们的劳动异化思想中加以发展。

20. Smith, *Wealth of Nations*, 28–29.

21. Smith, *The Theory of the Moral Sentiments*, 189–90.

22. Smith, *Wealth of Nations*, 356–57.

23. 阿玛蒂亚·森在 *Development as Freedom*, 124–25 中讨论了斯密的逻辑。

24. Smith, *Wealth of Nations*, 781.

25. Ibid., 785.

26. Ibid., 785–86.

27. J. Baldwin, "A Talk to Teachers," p. 326.

28. Smith, *Wealth of Nations*, 785.

29. 要看到这一点,请思考一下教育对一个人的偏好的影响。如果教育能够改变偏好——它很可能的确如此——当我们给一个教育体系下判断时,我们应该使用这个人的在先(ex ante)的还是在后(ex post)的偏好?当政策和制度改变偏好时,我们面临着一个循环性的问题。市场的捍卫者可能会回答说,她对偏好的内容或这些偏好的产生方式不感兴趣。她只对尽可能多地满足行为主体的偏好感兴趣,而市场在这个定量的维度,比其他替代方案做得更好。但这并没有解决循环性问题,而循环性问题攻击的是偏好与福利之间的联系。我们应该用哪些偏好来判断一行为主体的福利?

30. 参见 Sen, *Development as Freedom*, for discussion of the importance of people's real freedoms。

31. 参见 Satz, "The Limits"。

32. Smith, *Wealth of Nations*, 67.

33. Blaug, *Economic Theory*, 75–82.

34. Ricardo, "An Essay on Profits," 21.

35. 和亚当·斯密一样,李嘉图认为,地租是对"使用土壤的原始的、不可破坏的力量"的支付。因此，李嘉图的租金只限于土地，不包括任何资本改进（比如建筑物）的利息。Ricardo, *On the Principles*, 69.

36. Ibid., 74.

37. 关于一个对李嘉图地租理论给美国进步主义法律和社会思想带来的影响的出色讨论，参见 Fried, *The Progressive Assault*。

38. 参见 Ibid., 120–123。

39. Marx, *Capital*, vol. 1, chap. 10, sec. 3, p. 240.

40. Ibid., 933.

41. Ibid., 280.

42. Marx, "Economic and Philosophic Manuscripts of 1844."

43. 参见 Marx, "Critique of the Gotha Program"。

44. 针对完美市场的假设，有我们可以称之为"第二波"的批评，它关注非清算市场、信息和执行问题，以及制度的内生效应。

45. Jevons, *The Theory of Political Economy*, 267.

46. 关于生产成本理论的困难，参见 Blaug, *Economic Theory*。

47. 参见 discussion in Fried, *The Progressive Assault*, 131。

48. Fried, *The Progressive Assault*.

49. 参见 Veblen, *The Theory of the Leisure Class*。

50. Fried, *The Progressive Assault*.

51. 与第一批边际主义者同时代，或稍晚于他们写作的经济学家，也对他们进行了攻击：包括 Thorstein Veblen、Leonard Hobhouse 和 John Commons。

52. Ricardo, preface to *On the Principles*, 5, 强调是我加的。

第三章

1. 参见 Tobin, "On Limiting"。

2. Ibid., 264.

3. 在 Arthur Okun 的著名作品 *Equality and Efficiency: The Big Tradeoff* 中,他假设平等必须与效率进行妥协,问题是要决定该如何进行权衡。关于效率和平等之间的关系,还有一个不同的、不那么对立的观点,参见 Birdsall, "The World"。

4. 或者说,如果不是严格意义上的平等分配,这种观点的提倡者相信,此类益品的分配应该对平等主义的考量保持敏感。

5. 泰坦尼克号的例子是 Andrew Williams 首先向我提出的。Thomas Schelling 在《选择与后果》(*Choice and Consequence*)中也讨论了泰坦尼克号案例。Jonathan Wolff 在他的一些论文中也讨论了 Schelling 的例子的推论。参见"Market Failure",另见 Bernard Williams 发表在 *Economics and Philosophy* 上的对 Schelling 的书评中对这个例子的处理。

6. 参见 Sen, *Inequality Reexamined*, 1。

7. R. Dworkin, *Sovereign Virtue*, 1. 事实上,在 *Sovereign Virtue* 的大部分章节中,德沃金用"平等关切"来表述他的要求,而不是他早先的"平等关切与尊重"。基于当前的目的,我假设这不会带来什么变化。感谢 Zosia Stemploskowa 给我指出了这一点。

8. Will Kymlicka 在他的 *Contemporary Political Philosophy* 一书中,也为所有当代正义理论都是平等主义的观点辩护。参见 *Contemporary Political Philosophy*, 4–5。

9. R. Dworkin, *Sovereign Virtue*, 12.

10. Ibid., 66.

11. 参见 Bennett, "Ethics and Markets"。

12. 正如罗纳德·德沃金在"What Is Equality," 285中所指出的。当然，我们可以操纵人们获得的土地的大小。但我们仍然需要一种方法来确定，何时两块大小不等的土地具有同等的价值。

13. Ibid., 289.

14. 德沃金用拍卖来接近理想市场中会有的结果。

15. 该模型抽象掉了信息问题、交易成本和外部性。在这些外部性存在的情况下，我们不能假设市场会出清。因此，在非理想的市场中，德沃金的观点允许进行干预，以纠正扭曲。

16. R. Dworkin, "What Is Equality," 287, n. 2.

17. 因此，对德沃金来说，在先的平等（在拍卖之后、市场交易开始之前）使在后的不平等变得公平。正如我们将看到的，我对在先的平等的重视程度远远低于德沃金，而对在后的平等的重视程度更高。

18. R. Dworkin, *Sovereign Virtue*, 78–79. 在德沃金看来，这个假设显然是一个次优的假设。理想的情况是，当我们在对自己的天赋和能力水平毫不知情的反事实条件下进行推理时，我们会有关于每个人愿意购买多少保险的信息。我将在本章后面部分中回到这一点。

19. 罗纳德·德沃金自己也提出了这个潜在的反驳。参见 *Sovereign Virtue*, 70, 159–61。

20. 参见 Bennett, "Ethics and Markets," 201。当我们考虑到各种制度——教育、文化制度和媒体——从童年到成年，影响和形塑我们的偏好的方式时，我们许多偏好的真实性和稳定性是一个特别的问题。可以肯定的是，德沃金所假设的保险市场是在信息贫乏的情况下运作的，因此可以纠正"禀赋效应"和其他对我们评价的扭曲。但是，对于我们的哪些偏好可以承保一个公平的市场分配，它没有给我们提供什么抓手。

21. 参见 Frank, *Luxury Fever*。

22. R. Dworkin, *Sovereign Virtue*, 159. 德沃金确实认为，人们不应该为他们单纯的"渴求之物"（cravings）负责。亦参见82, 293。

23. Ibid., 239–242.

24. 德沃金确实说过，资源平等谴责基于种族偏见的关于益品和服务的评估。但他并没有为他的拍卖师制定标准，以便他能够尝试用来排除各种不恰当的偏好。

25. 然而对于德沃金关于身障的观点的批评，参见Tremain, "Dworkin on Disablement"; MacLeod, *Liberalism*, 79–109。Tremain指责德沃金将身障视为一种个体特征，而不是个体特征与世界之间的互动。例如，我的双腿几乎无法使用是不是身障，在很大程度上取决于环境的特点；轮椅和无障碍空间可以使这种特殊的身障（disability）变得不那么身障（disabling）。

26. Rawls, *A Theory of Justice*, 64.

27. 关于使用补偿模型来处理身障会带来何种问题，参见Wolff, "Addressing Disadvantage"。

28. 参见 Tremain, "Dworkin on Disablement"。许多理论家正确地强调了"承认"的重要性以及它与"再分配"的独立性。参见Fraser and Honneth, *Redistribution or Recognition?*。

29. 我并不否认，物质资源在包容身障者方面可以发挥一定的作用。有些资源，比如为那些需要和渴望助听器的人提供助听器，是需要金钱的。但是，身障者的利益并不在于一般的金钱本身，而在于，他们需要能让他们作为平等的、正式的成员参与社会的资源。金钱不能替代供坐轮椅的人使用的投票站（除非这里的想法是，让坐轮椅的人能雇人抬他上楼梯。但是，这就把为什么没有设计相应空间，为这些社群成员提供通道的问题放在了一边。以及，如果所分配的资源没有被用于提高包容性，将会发生什么问题，这种想法也没有涉及。也许是因为，提高包容性的成本要大于个体补偿的成本）。

30. 参见 Okin, *Justice*。

31. 参见 A. Williams, "Dworkin on Capability"，亦参见 E. Anderson, "Against Desert"。

32. 德沃金给了 Andrew Williams 这种回应，见 R. Dworkin, "Sovereign Virtue Revisited," 137。

33. 如果要从种族推断到性别，这可能会给德沃金在他的资源平等理论内部处理性别不平等的方案提供更多筹码，这些筹码要多于我在这里的假设。参见 Browne and Stears, "Capabilities"，其中有一个关于如何发展德沃金的理论以处理性别不平等问题的论证。

34. E. Anderson, "What Is the Point of Equality?"，其中讨论了这样的选择。亦参见 E. Anderson, "Against Desert"。

35. 德沃金的确有顺便指出，"我们可能有父爱主义的理由，来限制一个人可以冒多少风险"(*Sovereign Virtue*, 75)。

36. 最近，关于我们应对从事特别危险的攀登活动的攀登者给予何种程度的援助，出现了有趣的争论。参见 William Yardley, "Alpines vs. Armchairs," *New York Times*, February 25, 2007。

37. 在最近一篇考虑德沃金的平等观的论文中，伊丽莎白·安德森要求我们考虑一个从事高风险职业的人，比如一个煤矿工人或一个消防员。她主张，德沃金的保险模型将把这种风险的成本分配给这些个体工人，尽管让人们做出这些职业选择获益的是整个社会。当然，当一个个体选择成为一名消防员时，存在社会意义上积极的外部性。因此，安德森的观点一定是，德沃金会把这种风险的所有成本分配给个体消防员——除了那些公众为了他们享受的收益而承担的成本。参见 E. Anderson, "Against Desert"。

38. R. Dworkin, *Sovereign Virtue*, 75.

39. 参见 ibid., 334–38，其中有关于失业保险的精辟讨论。

40. Ibid., 287.

41. 感谢 Rob Reich，他建议我在批评依靠个体偏好来指导我们彼此之间的关系时，将向后看和向前看的方面分开。

42. 阻止这种偏好的作用是反歧视法的一个重要目的。

43. 我的讨论一直关注的是德沃金使用市场来给资源的初始平等建模。但人们也可以对他在拍卖发生后，将市场作为分配机制的做法提出批评。例如，为什么我们要允许一些人仅仅因为拥有土地，就能获得巨大的利益？正如我在第二章指出的，这是一个困扰李嘉图及其追随者的问题。或者说，考虑到所有其他的社会投入，我们为什么要假定，一个人在市场上为他的劳动换得的价格是他自己一个人的呢？参见 Freeman, "Rawls"，其中有对此的讨论。

44. 德沃金的拍卖是为了模仿理想市场的性质。因此，他也会赞成纠正由于外部性、不完美信息等造成的不平等。此外，他还赞成进行干预，以纠正先天的天赋和能力的差异。

45. 重要的是，不能过分夸大一般平等主义相比于特殊平等主义在效率上的收益。对于税收和现金转移的再分配用途，我们有实际的限制。理性的经济行为主体在面对他们的所得税时，可能会改变他们对工作和休闲的偏好，以及他们对职业的选择。正如托宾所指出的，"我们还没有想象出经济学家梦想中的税收现实——没有人可以通过改变自己的行为来避免或减少的一次性税收"（"On Limiting," 265）。

46. Schelling, *Choice and Consequence*, 4–5.

47. 参见 Roemer, "Egalitarianism,"其中论证了平等主义者不应致力于"保姆式国家"（nanny state）。

48. 而且，正如我在上面讨论的，德沃金很大程度上拒绝这种干预。

49. 参见 Sunstein and Thaler, "Libertarian Paternalism"。

50. 并不是说，国家对其成员负有的唯一义务是他们的紧急需求。我将在第四章中回到这个问题。

51. Tobin, "On Limiting," 264.

52. Walzer, *Spheres*. 这个论证至少可以追溯到卡尔·马克思在《1844年经济学和哲学手稿》中对货币的讨论。

53. 尽管如此，我还是可以接受对这些益品的赔偿，并介入对非正常死亡的诉讼。例如，在受伤的情况下接受这种赔偿，并不意味着我认为我的四肢的价值等同于金钱。

54. Kant, *Groundwork*, 42–43.

55. 我在第九章讨论 Titmuss 的论证。亦参见 Healy, *Last Best Gifts*。

56. 德沃金在他对沃尔泽的书评中，非常有力地提出了这一论证，见 "To Each his Own," *New York Review of Books*, April 14 1983, 4–6。

57. E. Anderson, *Value*.

58. Sandel, *What Money Can't Buy*.

59. Radin, *Contested Commodities*.

60. Lawrence Summers, 转引自 *The Economist*, February 8, 1992, 66. Dan Hausman 和 Michael McPherson 在 *Economic Analysis* 中讨论了萨默斯的备忘录。Ravi Kanbur 在他的 "On Obnoxious Markets" 中也提到了这一点。Lant Pritchard 声称他是备忘录的真正作者。

61. *The Economist*, 66.

62. Schelling, *Choice and Consequence*, 116.

63. 事实上，谢林曾经论证，穷人应该能够光顾那些安全水平低于富人要求的机场和航空公司，因为他们可能更喜欢低质量旅行带来的金钱上的节省。

64. 参见 Bowen and Bok, *The Shape*, 341。

65. 在我们的讨论中，Steve Darwall 指出，与在泰坦尼克号上冒险的情况不同，爬山和跳伞涉及对某些卓越性（excellences）的追求。虽然我觉得这暗示了什么，但我在这里并不展开处理这一个区分不同案例的方式。

66. G. Dworkin, "Paternalism," 120–23.

67. 参见 Wolff "Market Failure"，其中有关于这一点的讨论。

第四章

1. 亦参见 Kanbur "On Obnoxious Markets"，其中有关于抽象市场和具体市场之间的区别的讨论。

2. Calabresi and Bobbitt, *Tragic Choices*.

3. 在市场失灵的情况下，支持干预的理由只是初确的：一点市场的低效，可能相比大量的官僚主义的繁文缛节来说更可取。

4. 参见 Gauthier, *Morals*。

5. 虽然大多数经济学家都致力于设计出一个高效的市场，但他们的方法并不排除国家出于公平或其他原因对财富进行再分配的论点。然而，鉴于所有实际的税收制度都会对纳税人的行为造成无效率的扭曲，这两种方法之间可能存在着矛盾。

6. 亦参见 Treblicock, *The Limits*; Kanbur, "On Obnoxious Markets"。Treblicock 关于的市场进路强调外部性、信息失灵和强制性；Kanbur 的理论强调极端的个体结果、弱能动性和分配不平等，其中极端结果和不平等是用福利经济学的术语进行刻画的。

7. 这种诉诸道德与政治理由的对市场的限制，将我的进路与 Michael Treblicock 和 Ravi Kanbur 的进路区分开来。尽管我在确定我的参数时借鉴了他们的一些见解，但我提供了一种反思有害结果和外部性的具体方式，这种方式与平等理论相联系。

8. 当然，正如我所强调的，许多市场促进了人们对益品和服务的获取，降低了它们的价格，使它们相比其他分配系统下更加可及。

9. Kanbur, "On Obnoxious Markets," 44.

10. Sen, *On Ethics and Economics*.

11. Shue, *Basic Rights*, 18. 描述人权的语言试图捕捉这样一个想法：存在一些普适的基本利益，保护它们是尤其紧迫的。

12. 在亚当·斯密关于人类的"打交道、以物易物和交换"倾向的表述中，他强调了这一点：

> 当一个动物想获得某种东西时……它没有其他说服的手段，它需要某些动物的服务，它只能去赢得它们的青睐。一只小狗向它的母亲献殷勤。一只小猎犬在它想得到主人的喂养时，会用无数的吸引力来吸引正在吃饭的主人的注意。人有时也会对他的兄弟们使用同样的手段……通过各种卑躬屈膝和献媚，来获得他们的好感……但人们几乎总是有机会需要他的弟兄们的帮助，而他不能指望这些帮助是出自他们的仁慈。如果他能……向他们表明，做他所要求之事是对他们自己有利的，那么他就更有可能成功……我们期望我们的晚餐并非来自屠夫、酿酒师或面包师的仁慈，而是来自他们对自己利益的考虑。我们不是针对他们的人性，而是针对他们的自爱……除了乞丐，没有人会选择主要依靠他的同胞的仁慈。(*Wealth of Nations*, 118–19)

伊丽莎白·安德森的论文 "Ethical Assumptions" 使我回忆起这段引文的重要性。

13. Tobin, "On Limiting," 269.

14. 用米尔顿·弗里德曼的话说,"通过自愿合作进行协调的可能性取决于一个基本的(但经常被否认的)命题,即只要交易是双边自愿和知情的,参与经济交易的双方都能从中受益"(*Capitalism*, 13)。

15. Kanbur, "On Obnoxious Markets" 讨论了能动性失灵的问题。

16. 我在第五章讨论了商业代孕的问题。

17. 在过去的十年间,业界面向12岁以下儿童投出的广告支出经历了爆炸性增长,从1990年的1亿美元增加到2000年的20多亿美元。参见www.media-awareness.ca/english/parents/marketing/marketers_target_kids.cfm。

18. 参见第七章。

19. Rousseau, *Social Contract*, 34.

20. 参见 White, *The Civic Minimum*,其中有一个对于市场脆弱性的非常有启发性的讨论。

21. 参见 Crow, *The Diversity of Markets*。

22. 再次参见 Kanbur, "On Obnoxious Markets"。

23. 我用的词是"兼容"(compatible with),而不是"蕴含"(entailed by),因为福利经济学家并不需要支持债役。但是,只要自由至上主义者认为所有的权利都是可以转让的,那么这很可能就蕴含了允许债役的可接受性。

24. Marshall, "Citizenship," 122.

25. Ibid., 78. 我在 Satz, "Equality" 中讨论了马歇尔的公民资格观点有关教育的推论。

26. Marshall, "Citizenship," 78.

27. 如果在这些案例中真的有父爱主义,那就是一种总体父爱主义(collective paternalism):我们限制那些向我们开放的选择,以保持我们需要的选择，后者能够保护我们的社会免受严重伤害。

28. 然而，教育方面的巨大不平等很可能也会破坏民主社会。参见 Satz, "Equality"，其中有对此的讨论。

29. 也许有些自由至上主义者会很开心地参与选票买卖，但他们不太可能找到很多追随者。

30. 参见 Sandel, *What Money Can't Buy*，其中有对于民主的共和主义观点的讨论。

31. 参见 Rawls, *A Theory of Justice*，其中有关于对政治自由权的公平分配的讨论。亦参见 Brighouse, "Egalitarianism and Equal Availability"。

32. 在对相关各方的影响中，劳动力市场可能是一个高度构成性的因素。正如我们所见，亚当·斯密推测，如果一个工人一生都在从事卑微的奴役性工作，并且她对这份工作没有发言权和权威，她就不可能发展出作为一个活跃的公民所需要的能力。（如果我们给她机会，她也不太可能成为一个忠诚的雇员。事实上，大量的研究表明，工人的高努力程度和高忠诚度都需要我们极力避免将劳动力当作纯粹商品来对待。）

33. 但也参见 Pollan, *The Omnivore's Dilemma*，关于大规模工业化食品生产对所生产食品质量的影响。

34. 参见本书第五章和第六章。

35. Schelling, *Choice and Consequence*, 116.

36. Hirschman, *Exit*.

37. Wolff, "Market Failure."

38. Loeb, "Estimating."

39. Adams, *Risk*, 121.

40. Wolff, "Market Failure."

41. 亦参见 Kanbur, "On Obnoxious Markets," 52。

42. 参见 Hausman and McPherson, *Economic Analysis*, 200。

43. Ibid., 201.

44. Kanbur, "On Obnoxious Markets."

45. 这样的市场很容易执行，因为市场交换在时间上接近于即时，而且对于那些不遵守规定的行为，此类市场也有高效的私人制裁方式。

46. Eric Rakowski 在我们的谈话中提出了一个超模卵（supermodel eggs）的例子。一个网络拍卖网站声称，他们将美丽女模特的卵子卖给出价最高的人。虽然该网站后来被揭露是一个骗局，但当时网站收到的出价高达 42000 美元。这证明，有些人的确愿意买账。

47. 重要的是要记住，有许多分配决定既不是由政府也不是由市场塑造的。这些分配方式包括赠予、抽签、优绩、家庭内部对工作和分配的调节，以及其他一些原则，比如资历和需求。

第五章

1. 我使用契约怀孕（contract pregnancy）和怀孕契约（pregnancy contract）这两个词来代替代孕（surrogacy）这个误导性的术语。所谓的代孕母亲（surrogate mother）不仅仅是一个代孕者；她是生物学母亲（biological mother）和（或）妊娠母亲（gestational mother）。在本章中，我不对谁是"真正的"母亲、谁不是"真正的"母亲做任何假设。

2. 参见 E. Anderson, "Is Women's Labor a Commodity?"; Overall, *Ethics*; Warnock, *A Question of Life*; Field, *Surrogate Motherhood*; Corea, *The Mother Machine*; Pateman, *The Sexual Contract*; Radin, *Contested*

Commodities。

3. E. Anderson, "Is Women's Labor a Commodity?," 75.

4. 我相信我的论证也可以适用于卖淫的案例，我在下一章中讨论它。

5. 参见 A. Allen, "Surrogacy"; Overvold, *Surrogate Parenting*; Kane, *Birth Mother*。

6. Radin, "Market–Inalienability" 称这种观点为"普遍商品化"（universal commodification）。

7. 一切皆可商品化的理论假设，是一系列现代经济理论的特征。正如前几章所讨论的，在自由主义福利经济学和芝加哥学派的保守经济学中，我们都可以看到这种观点。参见 Becker, *The Economic Approach*。关于将瓦尔拉斯式的均衡应用于某些领域的批评，参见 Stiglitz, "The Causes"; Putterman, "On Some Recent Explanations"; Bowles and Gintis, "Contested Exchange"。

8. 参见 Nozick, *Anarchy*, 331。

9. 参见 E. Anderson, "Is Women's Labor a Commodity?," 72。

10. 在体外受精的情况下，生殖劳动由两名妇女分担。

11. 参见 Katha Pollitt, "When Is a Mother Not a Mother?," *The Nation*, December 31, 1990, 843。

12. 参见 Patterson, *Slavery*, 其中有关于奴隶和运动员的对比。

13. 当然在服兵役的案例中，一旦你自愿服役，你就承诺了你的整个任期，无论你是否愿意一直服役。但在契约怀孕的案例中可以通过堕胎（至少到怀孕第六个月结束之前）的形式，或者以拒绝交出新生儿的方式来选择退出，就像退出其他劳动契约一样。后文我会讨论禁止"实际履行"的重要性。

14. Pateman, *The Sexual Contract*, 207.

15. 也许强调"自然"驱力的弗洛伊德式理论可以给我们提供这样的理由。但佩特曼并没有明确支持这样的理论。

16. 关于主张限制住房商品化的一个有趣的进路，参见Radin, "Residential Rent Control"。

17. Warnock, *A Question of Life*, 45.

18. E. Anderson, "Is Women's Labor a Commodity?," 81.

19. 参见奥兰治县高级法院法官Richard Parslow在*Johnson v. Calvert*一案中的裁决，即*Johnson v. Calvert*, 851 p.2d 776 (1993)。他将代孕生母Anna Johnson称为胚胎的"家"（home）而不是"母亲"（mother）。亦参见Seth Mydams, "Surrogate Denied Custody of Child," *New York Times*, October 23, 1990, A14。马里兰州最高法院把妊娠代孕者称为"妊娠宿主"（gestational host），即*In re Roberto B*, 923 A2d 115, 117 (2007)。

20. *In the Matter of Baby M*, 537 A.2d 1227 (N.J. 1988). 妊娠代孕者的母性主张（maternity claims）被拒绝的其他案件包括*In re Roberto B*, 923 A 2d 117 (2007)。在该案中，马里兰州最高法院裁定，即使没有一名指定的母亲（intended mother），妊娠代孕者的名字也不需要出现在出生证上。

21. Michael Bratman向我提议说，堕胎和契约怀孕之间的类比可能可以用这样的方式进行分解：在契约怀孕中，女性是带着放弃孩子的意图怀孕的；在堕胎的案例下，大概不存在类似的意图，几乎没有女性为了堕胎而故意怀孕。批评契约怀孕的人可能会声称，如果故意怀孕是为了放弃孩子以换取钱财，或者是为了堕胎，都是不道德的。我没有被这种论证说服，无论如何，从政策的角度来看，受孕前的意图是都不可能被确证的。我自己的观点是，支持堕胎权的最佳论证不会提到意图，而涉及堕胎遭限制对女性的后果，而且被这些限制直接施加了负担的只有女性。但我在这里并不展开这一思路。

22. 参见Rich, *Of Women Born*。

23. 但也参见Fogg-Davis, "Racial Randomization"。

24. Warnock, *A Question of Life*, 45.

25. E. Anderson, "Is Women's Labor a Commodity?," 78.

26. 当然，在收养过程中，没有人因为交出自己的孩子而直接得到报酬。因此，在收养和契约怀孕之间存在着一种不类似（disanalogy）。事实上，只要支付收养费会削弱父母与子女的关系（并带来关于平等的担忧）并导致对儿童的伤害，我们就有理由禁止它。在下文中，我将讨论对儿童的伤害。感谢Samuel Freeman促使我澄清这个问题。

27. 这个提议要归功于Rachel Cohon。

28. E. Anderson, "Is Women's Labor a Commodity?," 84.

29. Parker, "Motivation."亦参见Aigen, "Motivations"。

30. Okin, "A Critique."

31. 参见Elster, *Solomonic Judgments*，其中有关于确定儿童最佳利益的困难性的讨论。Elster也对监护权纠纷中一定要以儿童的最大利益为准的观点持有怀疑态度。我在第七章讨论了基本利益。现在，请回顾一下第四章中关于福利和能动性的基本利益的讨论。

32. E. Anderson, "Is Women's Labor a Commodity?," 80其中也提到了这个论点。

33. D. Gelman and E. Shapiro, "Infertility: Babies by Contract," *Newsweek*, November 4, 1985.

34. Elster, *Solomonic Judgments*, 134–150.

35. 参见Satz, "Remaking Families"。

36. 当然，怀孕契约给了另一个女性，即养母，对代孕母亲的身体的控制权。这里重要的一点是,在一个为性别不平等所刻画的社会中,这种契约将女性的身体交给他人处置。

37. 关于2007年男性和女性收入的差异,参见www.bls.gov/opub/ted/2008/oct/wk4/art03.htm。2008年,全职女性的平均周收入中位数是男性的79.9% (www.bls.gov/opub/ee/ empearn/2009.01.pdf)。关于离婚对生活水平的影响,参见Weitzman, *The Divorce Revolution*, 323。但也参见Peterson, "A Re-evaluation"。

38. 参见Bartels, *Beyond Baby M*, "Appendix: Baby M Contract"。

39. 为了胎儿的"最大利益"来规范女性的行为,这已经有了法律先例。美国马萨诸塞州的一名女性在一次车祸后胎儿死产,她被指控为车祸杀人。参见Eileen McNamara, "Fetal Endangerment Cases on the Rise," *Boston Globe*, October 3, 1989,转引自Tribe, *Abortion*。亦参见Campbell, "Women as Perpetrators," 463。

40. 由于契约的其他各方可能至少与孩子有某种生物学关系,这种类比可能会更为复杂。

41. E. Anderson在"Is Women's Labor a Commodity?" 84中同样提出了这个论点。

42. 参见Corea, *The Mother Machine*。

43. 参见Loury, *The Anatomy*,其中有对此的讨论。

44. Anita Allen在"Surrogacy, Slavery and the Ownership of Life"中指出了契约怀孕给种族平等开启的令人不安的可能性。在像*Johnson v. Calvert*这样的案例中,妊娠者(代孕者)Johnson是一名黑人妇女,而Calvert夫妇分别是白人和菲律宾人,很难想象法官会把孩子判给约翰逊。比如在收养案例中,几乎没有健康的白人婴儿被安置在黑人父母身边。在*Johnson v. Calvert*案的裁决中,Parslow法官将Johnson称为婴儿的"奶妈"(wet nurse)。对契约怀孕进行任何全面评估,都必须考虑这种做法对有色人种女性的影响。

45. 中世纪教会认为,男性在女性体内植入了一个完全成型的小人(它是完整的,拥有灵魂)。参见 Ehrenreich and English, *Witches*。

46. 当然在不同的条件下,父母和子女之间基于基因的联系的重要性可能会有所下降。

47. Saletan, "Fetal Foreclosure."

48. 在 *Birthpower* 中,Carmel Shalev 发展出了一个对契约怀孕的强有力的辩护。这个辩护取自对自由、福利和自由主义中立性的考量。她认为,个体根据其受孕前的意图来定义合法父母身份,这是一个"宪法隐私";契约怀孕将通过释放出新的经济财富来源,来赋予女性权力并改善其福利;对于关于人类关系的种种对立概念,市场是中立的。

49. 本章的一个早先版本曾发表为 Satz, "Markets in Women's Reproductive Labor"。

第六章

1. 尽管有时确实如此。见下文。

2. 如果男女之间是性别平等的,但还是有相当一部分非常贫穷的男人和女人为了生存而出卖性资源,这的确令人感到不安。我们应该怀疑任何在绝境之中签订的劳动契约,也就是当心我所说的交易主体潜在的脆弱性。全球各地的许多卖淫活动就是这种情况。

3. Laurie Shrage, "Should Feminists Oppose Prostitution?"是一个重要的例外。亦参见她的书 *Moral Dilemmas of Feminism*。

4. George Bernard Shaw 在 *Mrs. Warren's Profession* 中强调了金钱

交换在许多亲密关系的维持中发挥着作用这一事实。

5. 参见Walkowitz, *Prostitution and Victorian Society*; Rosen, *Prostitution in America*; Hobson, *Uneasy Virtue*。

6. 参见Danny Hakin and William Rasbaum, "Spitzer Linked to a Sex Ring as a Client, Gives Apology," *New York Times*, March 11, 2008, late ed., A1。

7. Decker, *Prostitution*, 191.

8. 参见Greenwald, *The Elegant Prostitute*, 10。

9. 关于向女性出售性服务的男妓的讨论，参见H. Smith and B. Van der Horst, "For Women Only—How It Feels to Be a Male Hooker," *Village Voice*, March 7, 1977。词典和惯用法都倾向于将娼妓与女性联系起来。向女性出售性服务的男子一般被称为小白脸（gigolos），而不是娼妓（prostitutes）。前一个术语包括出售伴侣身份（companionship）和性。

10. 在John Decker关于卖淫的巨著中，男妓只占了十几页。亦参见Drew and Drake, *Boys for Sale*; Deisher, "Young Male Prostitutes"; Sereny, *The Invisible Children*。我很感谢Vincent DiGirolamo让我注意到这些作品。亦参见D. Allen, "Young Male Prostitutes"。

11. P. Alexander, "Prostitution."最近的一篇经济学论文表明，由于互联网的出现，由街头拉客妓女进行的卖淫活动的比例正在下降。参见Cunningham and Kendall, "Prostitution 2.0"。

12. 此外，如果说绝望的背景条件是问题所在，那么取缔卖淫并不显然是一个解决方案。禁止卖淫可能只是取消了一个贫穷女性拥有的最佳选择；它绝不是要消除导致她做出这种选择的环境。参见Radin, "Market-Inalienability"，其中讨论了"双重束缚"（double bind）的问题。

13. 关于通过经济学进路来理解整个人类性经验的尝试，参见Posner, *Sex and Reason*。

14. 尽管三分之二的被调查的妓女说，她们对工作的选择没有遗憾。参见Decker, *Prostitution*, 165–66。这个数字很难解释，因为认为自己选错了职业的成本很高，而且对许多妓女来说，没有体面的替代就业选择。

15. 参见Calabresi and Melamed, "Property Rules"。

16. 然而，卖淫是一个持续不断地令女权主义者产生分歧的问题。一方面，一些女权主义者认为卖淫是去人化的（dehumanizing）、异化的，与男性统治有关。这是妓女组织WHISPER（Women Hurt in Systems of Prostitution Engaged in Revolt）的观点。另一方面，一些女权主义者认为，性行为市场肯定了女性的自主权、性快乐和经济福利。这是妓女组织COYOTE（Call Off Your Old Tired Ethics）的观点。

17. Pateman, *The Sexual Contract*, 207，强调为后加。

18. 因此，当Richard Posner声称"禁止强奸对于性和婚姻市场来说，就像禁止盗窃对于明确的商品和服务市场一样"时，他是错的。（"An Economic Theory," 1199.）关于身体器官和外部事物之间的类似性和不类似性的讨论，参见Harris, "The Survival Lottery"; Fabre, *Whose Body*。

19. 参见第九章中的讨论。

20. Radin, "Market-Inalienability," 1884.

21. Margaret Baldwin在"Split at the Root"中提出了一个类似的反驳。她担心，卖淫破坏了我们理解女性同意性行为的能力。她问道："妓女对性行为的同意，有没有可能被视为对20美元报酬的同意？在涉及妓女的强奸案审判中，法院会不会将强奸案的判决等同于违章停车罚款（例如，视为另一种20美元的罚款）？妓女对自己身体完整性的基本利益，难道就不会被打折扣吗？"我认为Baldwin的担忧是真实的，尤其是在当前妓女遭到污名化的背景下。在强奸案的审判中隐瞒有关女性职业的信息，能够部分解决这个问题。

22. 对于什么东西使得人们繁荣——它可能有多种解法——雷丁确实尝试给出一个相当抽象的解释。因此也许相比更具体的解释，她的解释争议较少。

23. E. Anderson, *Value*, 45.

24. Patterson, *Slavery and Social Death*.

25. 实际上，妓女的人性是性交易本身的一部分；这就是为何很少有人对非人类的性替代品感兴趣。嫖客总是认为自己比妓女要优越，确实对于这一体验来说，妓女的人性（和性别）可能至关重要。参见MacKinnon, *Toward a Feminist Theory*。

26. 然而，Scott Anderson最近论证了性自主权的特殊的重要性，称其超过了其他形式的自主权。参见他的"Prostitution"。我在下文中会重新回到这个观点。

27. 尽管Arlie Hochschild发现，空姐和保险推销员对"情感劳动"的销售扭曲了他们对痛苦和挫折的正常反应。参见*The Managed Heart*。

28. 这一点要归功于伊丽莎白·安德森，她强调我们需要区分不同版本的降格反驳，并提出了一些阐释的思路。

29. 参见www.npc.umich.edu/poverty/。

30. Rix, *The American Woman*. Rix指出，尽管人类发明出了节省劳动力的技术（如洗衣机和洗碗机），但自20世纪20年代以来，女性花在家务劳动上的时间并没有减少。亦参见Bianchi et al., "Is Anyone Doing the Housework?"，报告指出，女性所做的家务仍然是男性的两倍。

31. Haslanger, "Gender and Race."

32. "Full Report of the Prevalence, Incidence and Consequences of Violence against Women: Findings from the National Violence Against Women Survey," November 2000, p. 26, Washington, D.C: National Institute of Justice and the Centers for Disease Control and Prevention.

33. 我在这里要感谢Iris Young在 *Justice and the Politics of Difference* 中的讨论。

34. 参见www.cawp.rutgers.edu/fast_facts/levels_of_office/congress.php。

35. Shrage的 *Moral Dilemmas of Feminism* 论证，卖淫延续了以下压迫女性的信念：（1）男人普遍拥有强大的性欲，（2）男人"自然"的支配地位，（3）性接触对女性的污染，以及（4）性行为的物化性。

36. 参见Potterat et al., "Mortality"。亦参见Silbert, "Sexual Assault"，其中有对街头妓女的研究。70%的被调查者报告说，她们在街上行走时被强奸过。

37. Pateman, "Defending Prostitution," 563.

38. 亦参见Schwartzenbach, "Contractarians"。

39. 由一群人来改变某些社会实践的意义，尽管很困难，但当然是可能的。请考虑一下当代围绕婚姻的社会意义的争论。

40. 这一点我要归功于Arthur Kuflik。

41. S. Anderson, "Prostitution."

42. 在美国，只有内华达州的几个辖区内的卖淫是合法的。

43. 这些国家的男女薪酬平等情况，做得也比美国要好。有人可能认为，这破坏了卖淫加剧收入不平等的论证。此外，在一些打压卖淫的社会（如伊斯兰国家）中，女性的地位低于那些不打压卖淫的社会（如北欧国家）。但是，由于我们需要考虑各种文化、经济和政治因素，我们在得出草率的结论时必须非常谨慎。即使合法的卖淫活动与其他国家的性别不平等没有关联，但在美国，卖淫合法化还是可能会对性别平等产生负面影响。对色情作品和性别不平等之间的联系的怀疑，参见Richard Posner, "Obsession," *New Republic*, October 18, 1993, 31–36。

44. Lindquist et al., "Judicial Processing." 有几个州的禁止卖淫的法律受到了基于平等保护的理由的挑战。统计数字支持这样的观点，即卖淫的负面形象效应对男妓和女妓有着不相称的影响。

45. 参见Sunstein, "Neutrality"。

46. Brandt, *A Theory*, 11–12, 126–27, 333.

47. 本章的一个早先版本曾发表在*Ethics*中。参见Satz, "Markets in Women's Sexual Labor"。

第七章

1. Fallon and Tzannatos, *Child Labor*.

2. 亦参见Kanbur, "On Obnoxious Markets"。

3. 儿童尚未发展出重要的能力，这使得他们的情况与成年人有所不同。成年人已经发展出这些能力，但其能力在某些方面存在缺陷，例如，他们（成年人）会做糟糕的选择。参见Schapiro, "What Is a Child?"。

4. 儿童不应仅仅被看作是被动的"客体"（patients），仿佛从来不需要征求他们的意见。显然，儿童的能动性程度随着时间的推移而增加。因此，在有效的理性能动性程度上，3岁的孩子与16岁的孩子有很大的不同。儿童的能动性低于成年人的能动性这一事实，并没有贬低儿童对他们自己的福祉或对他人的福祉所做的贡献。

5. 因艾滋病或内战而成为孤儿的儿童，以及逃离虐待性家庭的年长儿童，确实能代表自己做出决定。但即使在这些情况下，由于他们的决策能力仍未得到发展，他们一般不能被看作是完全的行为主体。

6. Humphries, "Cliometrics."

7. Dreze and Gazar, "Uttar Pradesh," 86.

8. Burra, *Born to Work*.

9. 有证据表明，在许多国家中，女孩的价值被她所在的家庭系统地低估了。这种低估有助于帮我们解释为何阿玛蒂亚·森的戏剧性表述会发生："超过一亿的女性失踪了。"这主要发生在南亚。亦参见 Jejeebhoy, "Family Size"。

10. 参见 Haddad, Hoddinott, and Alderman, *Intrahousehold Resource Allocation*。参见 Agarwal, *A Field*，其中提供了证据表明，将土地分配给女性而不是男性，不仅能提高农业生产率，而且能使儿童获得更好的结果。

11. Sen, "Well-being."我在第四章中介绍了这两类利益。

12. 这里我借鉴自 Brighouse, "What Rights"。

13. 这是我在前面对玛格丽特·简·雷丁提出的反驳，她试图用人类繁荣的最佳概念作为杠杆，对某些市场进行取缔或监管。

14. 如果一个国家拒斥这些核心利益的存在呢？这时，人们可以诉诸某些生理和心理需求——无论其文化环境如何，人们都有这些需求——或者，人们可以借鉴其他人在有能力做出有意义的选择时的做法。

15. 由于在一个家庭中，父母的利益很可能胜过儿童的利益，因此，我们有实际的理由采取一种处理童工问题的进路：关注家庭中儿童的处境。

16. Weiner, *Child and State*.

17. 我当然不是假设全球数百万极度贫困的成年人也应得这样的处境。

18. Kabeer, "Deprivation," 4.

19. Kahneman, Knetch, and Thaler, "Fairness."

20. Basu, "Child Labor."

21. Bhatty, "Educational Deprivation."

22. D. Brown, Deardorff, and Stern, "Child Labor."

23. Murthi, Guio, and Dreze, "Mortality."

24. 参见 Grootaert and Kanbur, "Child Labor"，其中有更多提议。

25. 应当将语境主义者和相对主义者区别开来，后者否认普遍标准的存在。语境主义者承认这种标准的吸引力，但也承认在目前的条件下，我们可能无法实施这些标准。

26. Walzer, *Spheres*, xiii. 我在前面的导论中引用了这句话。

27. 国际贷款机构不应重复过去的政策。在过去的政策里，蒙博托等腐败的独裁者多次获得新的发展贷款，但这些贷款对改善扎伊尔（今刚果民主共和国）人民的生活毫无助益。参见 Easterly, *The Elusive Quest*。

28. Kabeer, "Deprivation."

29. Ibid.

30. 对童工的经济学分析倾向于将儿童的边际生产力视为儿童的一种属性，因为家庭生产的技术是固定的。正如我前面提到的，儿童并不类似于其他经济资源；他们的收益和成本不仅取决于外部。例如，父母可以以不同的方式分配家务，比如他们可以挑战性别规范，把更多的生产性工作托付给女孩。Vivianna Zelizer 在 *Pricing* 中论证，种种文化的力量，而不是劳动力市场结构的变化，改变了美国在 19 世纪对儿童的看法。

31. 本章的一个早先版本曾发表为 Satz, "Child Labor: A Normative Perspective"。

第八章

题记引用的是黑人牧师 E. P. Holmes 于 1883 年在国会委员会作证的内容。转引自 Foner, *Nothing but Freedom*, 7。

本章曾在下列场合做过报告：Equality and Markets Conference at Stanford University, at BAFFLE, University of Toronto Law School, NYU School of Law Colloquium on Law, Economics and Politics, 以及在特拉维夫举办的一场关于劳工权益的会议。这些人给我提供了书面意见与口头意见，我受惠良多：Barbara Fried, Josh Cohen, Yossi Dahan, Rob Reich, Seana Shiffrin, Elizabeth Anderson, Elizabeth Hansot, Paul Gowder, Marc Fleurbaey, Meir Dan–Cohen, Eric Rakowski, Andrew Levine, Lewis Kornhauser, Liam Murphy, Jonathan Wolff 以及许多其他听众成员。

1. Bardhan, "Labor Tying."
2. Schaffner, "Attached Farm Labor."
3. Bardhan, "A Note."
4. International Labour Organization, "A Global Alliance."
5. 参见 Patterson, *Slavery*, chap. 4。
6. 一些自由至上主义者愿意对具有外部第三方效应的交易进行监管。
7. Hill, *Autonomy*, 12.
8. Mill, *Utilitarianism*, 14. 密尔本人认为，任何为自愿奴役的辩护都是自相矛盾的：这种辩护实际上是说，我们应该有不自由的自由。参见他在 *On Liberty* 中的讨论。这个论证面临一些严重的问题。因为密尔是在为无干涉的自由辩护，而在无干涉的情况下，给予某人奴役的能力并不存在什么自相矛盾之处。当然，在针对违约情况进行强制执行时，干涉是存在的，但这对其他种类的契约来说也是一样的。

9. 参见 Mistry, *A Fine Balance*，其中有一位小说家对印度穷人生活的动人描述。在这些人的生活中，终身束缚于一位债权人似乎是对不合理的世界的合理反应。

10. Nozick, *Anarchy*, 163. 诺齐克有三个正义原则：获取的正义、转移的正义和一个纠正的原则。

11. Ibid., 30–35.

12. Ibid., 331. 当然，诺齐克没有考虑到，奴隶制契约要想是有效的，它就必须有法律的支持和强制执行。离家出走的奴隶必须被抓回；违反协议条款的人必须受到惩罚。

13. 事实上，令人奇怪的是，鉴于"相互同意的各方"（consenting parties）的观念对于市场交换的合理性来说具有核心意义，但经济学中却只有很少的人关注它。

14. Nozick, "Coercion."

15. 将强制的概念道德化也遭到了反驳，参见 Zimmerman, "Coercive Wage Offers"; G. A. Cohen, "The Structure of Proletarian Unfreedom"。一种担忧是，诺齐克的进路使得我们无法追问某种形式的强制——比如说，国家的强制——是不是合理的。它似乎还忽略了某些形式的强制可能是对人有益的。

16. 当然，要证成对于自然资源的最初占有，这是一个出了名的难题。洛克认为，这种证成基于一个事实，即一个人对于混有其劳动的东西拥有权利（只要它以前没有被别人拥有）。诺齐克在他的例子中指出了这一证成面临的困难：如果一个人把番茄汁扔进大海，那么大海就"混有了他的劳动"。

17. 参见 Nozick, *Anarchy*, 263–64。

18. Freeman, "Illiberal Libertarians."

19. 后面，我会重新回到自由至上主义不是一个稳定的理论这一点。

20. 一些债役的例子确实源于强力，并且由暴力维持。参见 Bales, *Disposable People*。

21. 参见 J. Buchanan, *The Limits of Liberty*, 59-60，其中讨论了这样一点：关于奴隶制在一个无政府主义式的平衡中，讨价还价的结果。

22. 在自由主义者中，Randy Barnett 可能是独一无二的，他主张应对那些以错误行为给他人带来代价的人，实行债务奴役。参见 *The Structure of Liberty*, 35。感谢 Arthur Ripstein 为我指出这个引用。

23. 甚至部分左翼自由至上主义者似乎也愿意容忍自愿奴隶制。参见 Otsuka, *Libertarianism*, especially 122–25。

24. 感谢 Barbara Fried 建议我区分开个体有权免于落入这些情境的不同方式——这些情境可能会导致债役的发生。

25. 事实上，在英美法中，实际履行是对违反合同的一种特殊补救措施。通常的补救措施是金钱赔偿。

26. 并非所有事实上的垄断市场都违反了诺齐克的洛克条款。见下文。

27. Nozick, *Anarchy*, 178-82.

28. 回顾一下，洛克的根本原则是保护和保存人类生命的积极义务。这种义务正是他限制个体财产权的基础。

29. 也有自由至上主义式论证强调，政府干预人们生活会在效率上带来负面后果，参见 Friedman, *Capitalism*; Epstein, *Principles*。

30. 由于自由至上主义理论强调，我们需要保护行为主体的自由权，包括做出自己的选择、追求自己的事业的平等，这种理论对于儿童的沉默是值得注意的。例如，诺齐克只是顺便指出："儿童带来了更多困难的问题。在某种程度上，必须确保他们了解到世界上各种不同的替代方案。但是，在家庭社群看来，他们可能认为重要的是不让他们的年轻人接触到这样的知识，即100英里外有一个极度性自由的社群等。"(*Anarchy*, 330)

31. 亦参见 ibid., 38，其中论证了儿童有不被父母吃掉的权利（！）。

32. 以自我所有权原则为基础的自由至上主义者一直在纠结于一个问题：为何儿童不是其养育者的所有物。参见 Steiner, "Self-Ownership"。关于对诺齐克观点的批评，参见 Okin, *Justice*, chap. 4。

33. 罗尔斯认为，长期的稳定性对于他的两项正义原则的合理性至关重要，并在《正义论》中用了很大篇幅来阐述这一问题。参见434–41。

34. 参见 E. Anderson, "Ethical Assumptions"。

35. 参见 Varian, *Microeconomic Analysis*, 94–97。

36. Bardhan, "Wages."

37. Bardhan, "Labor Tying."

38. Braverman and Stiglitz "Sharecropping."

39. Srinivasan, "On the Choice."

40. Genicot, "Bonded Labor" 论证了债役的存在"阻碍了能够让劳动者受惠的、能提高其福利的信贷机会的发展"。鉴于贫农缺乏抵押品、信息不对称，以及没有有效的执行制度，信贷契约往往是隐性的自我强化的协议。一旦农民借款人拖欠还款，他们就会失去从放款人那里再获得信贷的机会，这激励了他们不去拖欠。如果没有这种激励，执行的成本将会非常高，放款人就没有理由提供这种贷款。债役提供了人们在正规信贷机构之外获得信贷的机会，从而拉低了（正规渠道契约的）违约成本：债役使得从正规信贷机构还贷的隐含承诺，变得不可执行。Genicot认为，债役的存在会导致地方信贷机构拒绝向贫困劳动者提供贷款；甚至阻止这些信贷机构的产生或发展壮大。如果禁止债役有助于建立正规的信贷机构，那么我们就可以使一些贫穷的劳动者按照他们偏好的条款获得贷款，从而使他们的处境得到改善。

41. 参见 Parfit, *Reasons and Persons*。

42. 正如我在第二章中所讨论的，这是古典政治经济学家的一个核心关注点。

43. 参见 Sen, *Inequality Reexamined*。

44. 在许多这种案例中，可以说，我们在事实上面对着垄断定价。

45. 正如最近的次贷危机所示，即使是受过相对较好教育的美国人，也不了解他们的贷款条款。

46. 转引自 Schaffner, "Attached Farm Labor." Mariana Mota Prado 教授告诉我，这个案例中的语言可能可以有其他的阐释方法，基于阶级和文化。

47. 转引自 Bales, "The Social Psychology of Slavery," 2。

48. Hill, *Autonomy*.

49. Schaffner, "Attached Farm Labor." 其中论证了雇主会试图通过操纵雇员的心理，以减少执行奴役关系的成本。

50. 参见 Lane, *The Market Experience*, especially 235–59。

51. 感谢 Seana Shiffrin 建议我，应强调一下我对内生性词汇的扩大化处理，并着重表明其与技能和偏好的关系。

52. 在我们讨论中，Michael Blake 对我的论证提出了这个反驳。参见 Snyder, *A Well-Paid Slave*，其中有对即使是高薪也可能无法补偿退出权的论证。还值得指出的是，尽管 Curt Flood 被禁止为其他棒球队打球，但他总是可以自由地退出棒球职业。（兵役制在某些方面也是很特殊的，这也许可以证成其中的等级制和权威结构。）

53. 关于工作在维持个人福利、自尊以及社会和公民地位方面的作用的讨论，参见 Estlund, *Working Together*; Schultz, "Life's Work"。

54. 转引自 P. Brown, *Augustine*。

55. 参见 Weiner, *Child and State*。

第九章

1. 感谢 Caleb Perl 和 Jose Campos 的研究协助。还要感谢 Joe Shapiro，他在斯坦福大学的本科生荣誉论文《禁止出售人类肾脏的伦理和效力》（The Ethics and Efficacy of Banning Human Kidney Sales）促使我更加努力地思考这个话题。我和 Ken Arrow 是他论文的共同导师。感谢 Ben Hippen 对本章的一个更长版本的评论。还要感谢亚里士多德学会的听众、学会论文集的编辑 David Harris，以及 Annabelle Lever、Eric Maskin 和 Josh Cohen 的书面评论。

2. 这种自由至上主义观点面临着一个严重的问题，即一个人对其身体的控制的范围。例如，一个人是否有权利出售她所有的器官，即使这意味着死亡？我有权利随心所欲地使用我的身体，这是否意味着我可以裸体走进我的办公室？更重要的是，对于身体自主权和完整性的权利，是否包含出售个人身体或身体部位的权利？Cecile Fabre 最近论证到，在许多情况下，正义需要我们赋予病人一个这样的权利：他们可以没收健康人身上多余的身体部位。参见 Fabre, "Whose Body"。她的论证依靠的是身体部位和外部资源之间的一个紧密的类比，也许还有她对国家公平执行器官分配政策的能力过于乐观的看法。

3. 在不发达国家中，目前只有伊朗有合法的肾脏市场。

4. Goodwin, *Black Markets*, 119–22.

5. 在 *McFall v. Shimp*, 10 Pa. D&C.3d 90 (Ch. Ct. 1978) 中，一个没有骨髓移植就一定会死的人（McFall）向法院寻求强制令，要求他的表弟（Shimp）捐献骨髓。这个过程没有什么风险，但会带来相当大的痛苦。法院拒绝批准该强制令，McFall 随后死亡。在 *Curran v. Bosze*, 566 N.E.2d 1319 (Ill. 1990) 中，伊利诺伊州最高法院拒绝批准一个非监护人的请求，这个人强迫他自己的两个双胞胎3岁小孩接受血液测试和可能的骨髓采集，以挽救他们12岁同父异母兄弟的生命。（该同父异母的兄弟没能撑到该案裁决结果公布。）

6. 也许我应该说多张名单（lists），因为在美国既有一个全国性的名单，还有一个区域性移植中心的名单。

7. Goodwin, *Black Markets*, 40. Goodwin 还特别指出，人们在等待肾脏的时间上存在种族差异，在器官捐赠率上也存在种族差异。例如，非裔美国人在名单上等待的时间更长，而且捐赠器官的频率也比白人低。

8. 这个数字还包括那些在等待心脏移植时死亡的人。

9. 参见 Living Legacy Registry, Donation Statistics, at http://livinglegacy.org。

10. 有些人反驳说，选择退出的体系并不真正地允许个体同意，因为许多人并没有充分了解他们的社会处理尸体器官的默认立场是什么。根据批评者的说法，选择退出体系实际上是器官征用体系。如果那些人在世时能适当地考虑这一点，他们就不会希望在死后捐献器官，但他们却被强行征召去捐献：他们的实际同意被回避掉了。但是即便果真如此，也就是说即使大多数人遵守这种制度的原因只是出于无知，批评者的论证也不足以驳斥那些赞成这种制度的人，因为我们也可以对选择进入的体系提出类似的指控。在选择进入的体系中，可能有一些人从未想过，他们的器官在他们死后是否应该提供给其他人，但他们却在先地希望自己的器官用于提供给他人。在选择进入的捐献体系中，这些人被简单地假定为同意不捐献（consent to nondonation），因此被强行征召加入不捐献的行列；换句话说，他们对不捐献的同意也被回避了。人们关于选择退出体系和选择进入体系各自强制程度的不同态度，无疑反映了人们在一个问题上的不同看法：个体（即使在死后）对她的身体部位拥有多强大的所有权。不同的默认起始位置至少部分反映出，关于社会对遗体器官的要求，人们有不同的态度和偏好。但这些态度和偏好本身也会受到框架效应和起始点的相互影响。也就是说，无论我们为器官捐赠选择何种默认立场——选择进入或选择退出——都有可能改变某些选择的可能性。关于一个人的器官的最初分配、期望和法律构成了一个起始点，这影响着她的个体偏好和判断。因为每个社会都必须有一些捐赠或不捐赠的起始点，每个社会都面临着这个起点应该如何确定的问题。

11. 参见西班牙的Organizacion Nacional de Transplantes提供的数据，见于http://ont.es。亦参见Newsletter *Transplant: International Figures on Organ Donation and Transplantation* vol. 10, no 1. Madrid, SpainFundacion Renal, 2005。

12. Coppen et al., "Opting-out Systems."

13. 那些从活体捐赠者那里获得肾脏的人，往往比从尸体上获得肾脏的人的情况要更好。参见Editorial, "Renal Transplantation from Living Donors," *British Medical Journal* 318 (1999): 409–10; Terasaki et al., "High Survival Rate"。

14. 参见Healy, *Last Best Gifts*。

15. 转引自 Seabright, *The Company*, 151–52。

16. Titmuss, *The Gift Relationship*.

17. Ibid., 314.

18. Arrow, "Gifts and Exchanges."

19. 参见 Gneezy and Rustichini, "A Fine"。

20. Frey and Oberholzer-Gee, "The Cost."

21. 参见 E. Anderson, *Value*。

22. Strahilevitz, "How Changes."

23. Gneezy and Rustichini, "Pay Enough." Frey 对迪伦马特的剧本有所讨论，见 Frey, Oberholzer-Gee, and Eichenberger, "The Old Lady"。

24. 感谢 Ben Hippen 提出这个论点：并非所有的外在奖励都需要给利他主义捐赠带来相同的后果。

25. Ghods, Savaj, and Khosravani, "Adverse Effects."

26. Scheper-Hughes, "Keeping," 1645.

27. 如果我们关注的是绝望的处境，那么取缔肾脏市场本身则完全无法纠正那些导致这些出售发生的绝境。如果关于肾脏市场，我们担心的是导致这些出售发生的绝望处境，那么，只是将出售行为取缔掉，而让导致绝望的境况继续存在，这也是没有好处的。事实上，在这种绝望的境况下，卖家和买家仍然可能诉诸黑市，而随之而来的一系列滥用行为，甚至比合法化的市场更具有剥削性、更过分、更不公平。

28. Goyal et al., "Economic."

29. 在卖肾广泛传播的许多地区，负债是一项生活中的事实。Goyal 的研究发现，96%的受访卖家卖肾是为了还债；74%的卖家在调查时仍有债务，这是在出售六年之后。事实上，这项对印度钦奈的 305 名卖肾者的研究发现，卖肾后的家庭收入实际上是下降的。许多卖家经历了痛苦，无法参加工作。参与者得到的器官报酬也很少，而且往往比买家承诺的要少得多。因此，即使他们能够在几年内依赖放债人过活，他们很快又会继续负债。

30. Goyal et al., "Economic." 报告指出，尽管人们出售肾脏以摆脱债务，但出售者往往在出售后的几年内再次负债。

31. 在利他主义捐赠的案例中，我们对卖家能动性的担忧大概会有所缓解。因为肾脏的提供者可能来自许多经济群体，而不仅仅是来自极端贫困的、往往没有受过教育的人。

32. 最近的研究发现，捐赠肾脏并不会损害捐赠者的健康，或减短他们的寿命，而且他们比一般人出现肾衰竭的可能性更低。参见 Ibrahim et al., "Long-Term Consequences"。当然，正如我所强调的，发达国家的肾脏捐赠结果，可能无法很好地说明不发达国家的肾脏捐赠情况。其中一个原因是，这项研究是在美国进行的，捐赠者需要经过非常仔细的健康风险筛选。

33. Joe Shapiro 提出了这个观察，这是他讨论肾脏市场的道德性的框架背景。See "The Ethics."

34. C. Williams, "Note."

35. Titmuss, *The Gift Relationship*. Goodwin 的 *Black Markets* 提醒我们注意在器官受赠方面的种族差异。

36. Ishiguro, *Never Let Me Go*. 最近，Andrew Pollack 在《纽约时报》上发表的一篇文章提醒我们关注，贫困墨西哥人向美国和墨西哥边境的制药公司经营的医疗中心出售血浆。这篇文章就此提出了一些担忧。See "Is Money Tainting the Plasma Supply?" December 6, 2010, Sunday Business section, p. 1.

37. Nancy Scheper-Hughes, quoted in Michael Finkel, "Complications," *New York Times Magazine*, May 27, 2001, 32. "移植旅行"（transplant tourism）一词是指，发达国家的富人或其经纪人为了

寻找器官卖家，会飞越半个地球来到欠发达国家。

38. 参见 Shapiro, "The Ethics," 120。

39. 通过提高市场提供肾脏的可用性，我们能在多大程度上使个体免受糟糕的健康选择的影响？感谢 Annabelle Lever 强调这一论点。

40. L. Cohen, "Where It Hurts."

41. Ibid., 673.

42. 回顾一下，在第七章中，我对童工提出了一个类似的论证：童工的存在降低了无技能的成人劳动力的价格，从而使家庭更难避免让他们的孩子去参加工作。

43. R. Dworkin, "Comment on Narveson," 39.

44. Walzer, *Spheres*, 102.

45. Roth, Sonmez, and Unver, "Pairwise Kidney Exchange."

46. 这个表格的早先想法来自 Kanbur, "On Obnoxious Markets"。

47. 本章的一个早先版本曾发表为 Satz, "The Moral Limits of Markets: The Case of Human Kidneys"。

结 论

1. Ashley Conrad Walker 指出，我的框架可能适用于分析金融工具。他还写了一篇论文，试图应用这个框架。我对他的讨论表示感谢。

2. 对于教育可能给国家带来的利益的讨论，参见 Reich, *Bridging Liberalism*, 151–55。一个重要的问题是，私立教育的存在是否有可能带来许多封闭性的、排他性的群体，他们在社会中占据精英地位。

3. 需要强调的是，尽管基于正义的考量在我的理论中发挥着明显的作用，但我在这里提出的有毒市场理论并非要替代一个完整的正义理论。

参考文献

Adams, John. *Risk*. London: University College London Press, 1995.
Agarwal, Bina. *A Field of One's Own: Gender and Land Rights in South Asia*. Cambridge: Cambridge University Press, 1995.
Aigen, Betsy P. "Motivations of Surrogate Mothers: Parenthood, Altruism and Self Actualization." 1996. Available at www.surrogacy.com/psychres/article/motiv.html.
Akerlof, George. "The Market for 'Lemons': Quality Uncertainty and the Market Mechanism." *Quarterly Journal of Economics* 84, no. 3 (1970): 488–500.
Alexander, C. F. "All Things Bright and Beautiful." In *The Oxford English Dictionary of Quotations*. London: Oxford University Press, 1954.
Alexander, Priscilla. "Prostitution: A Difficult Issue for Feminists." In *Sex Work: Writings by Women in the Sex Industry*, ed. P. Alexander and F. Delacoste. Pittsburgh: Cleis Press, 1987.
Allen, Anita. "Surrogacy, Slavery and the Ownership of Life." *Harvard Journal of Law and Public Policy* 13, no. 1 (1990): 139–49.
Allen, D. "Young Male Prostitutes: A Psychosocial Study." *Archives of Sexual Behavior* 9, no. 5 (1980): 399–426.
Anderson, Elizabeth. "Against Desert: Markets, Equality and Pure Procedural Justice." Paper on file with author, 2006.
———. "Ethical Assumptions of Economic Theory: Some Lessons from the History of Credit and Bankruptcy." *Ethical Theory and Practice* 7 (2004): 347–60.
———. "Is Women's Labor a Commodity?" *Philosophy and Public Affairs* 19, no. 1 (1990): 71–92.
———. *Value in Ethics and Economics*. Cambridge, MA: Harvard University Press, 1993.
———. "What Is the Point of Equality?" *Ethics* 109, no. 2 (1999): 287–337.
Anderson, Scott. "Prostitution and Sexual Autonomy: Making Sense of the Prohibition of Prostitution." *Ethics* 112 (2002): 748–80.
Arrow, Kenneth. "Gifts and Exchanges." *Philosophy and Public Affairs* 1, no. 4 (1972): 343–62.
———. "Uncertainty and the Welfare Economics of Medical Care." *Journal of Health Politics, Policy and Law* 26, no. 5 (2001): 851–83.
Baldwin, James. "A Talk to Teachers." In *The Price of the Ticket: Collected Non-Fiction 1948–1985*. New York: St. Martin's Press, 1985. (Originally delivered October 16,

1963, as "The Negro Child—His Self-Image," published in *The Saturday Review*, December 21, 1963.)

Baldwin, Margaret. "Split at the Root: Prostitution and Feminist Discourses of Law Reform." *Yale Journal of Law and Feminism* 5 (1992): 47–120.

Bales, Kevin. *Disposable People: New Slavery in the Global Economy*. Berkeley: University of California Press, 1999.

———. "The Social Psychology of Slavery." *Scientific American*, April 24, 2002.

Bardhan, Pranab. "Labor Tying in a Poor Agrarian Economy: A Theoretical and Empirical Analysis." *Quarterly Journal of Economics* 98, no. 3 (1983): 501–14.

———. "A Note on Interlinked Rural Economic Arrangements." In *The Economic Theory of Agrarian Institutions*, ed. Pranab Bardhan. Oxford: Clarendon Press, 1991.

———. "Wages and Employment in a Poor Agrarian Economy: A Theoretical and Empirical Analysis." *Journal of Political Economy* 87, no. 3 (1979): 479–500.

Barnett, Randy. *The Structure of Liberty*. Oxford: Oxford University Press, 1998.

Bartels, Dianne, R. Priester, D. Vawter, A. Caplan. *Beyond Baby M*. New York: Springer Verlag, 1990.

Basu, Kaushik. "Child Labor: Cause, Consequence and Cure." *Journal of Economic Literature* 37, no. 3 (1999): 1083–1119.

———. "Economics and Law of Sexual Harassment in the Workplace." *Journal of Economic Perspectives* 17 (2003): 141–57.

Becker, Gary. *The Economic Approach to Human Behavior*. Chicago: University of Chicago Press, 1976.

Bennett, John G. "Ethics and Markets." *Philosophy and Public Affairs* 14, no. 2 (1985): 195–204.

Bhatty, K. "Educational Deprivation in India: A Survey of Field Investigations." *Economic and Political Weekly*, July 4 and 18, 1998, 1731–40.

Bianchi, Suzanne, et al. "Is Anyone Doing the Housework? Trends in the Gender Division of Household Labor." *Social Forces* 79, no. 1 (2000): 191–228.

Birdsall, Nancy. "The World Is Not Flat: Inequality and Injustice in Our Global Economy." WIDER Annual Lecture. 2005.

Blaug, Mark. *Economic Theory in Retrospect*. 3rd ed. Cambridge: Cambridge University Press, 1978.

Bloch, Marc. *Feudal Society*. Trans. L. A. Manyon. Chicago: University of Chicago Press, 1961.

Bohm-Bawerk, Eugen V. *Capital and Interest: A Critical History of Economical Theory*. Whitefish, MT: Kessinger Publishing, 2007. (Originally published in 1884.)

Bowen, William, and Derek Bok. *The Shape of the River: Long-Term Consequences of Considering Race in College and University Admissions*. Princeton, NJ: Princeton University Press, 1998.

Bowles, Samuel. "Endogenous Preferences: The Cultural Consequences of Markets and Other Economic Institutions." *Journal of Economic Literature* 36 (1998): 75–111.

———. "Mandeville's Mistake." Working paper, University of Massachusetts, 1989.

———. "What Markets Can and Cannot Do." *Challenge*, July–August 1991: 11–16.

Bowles, Samuel, and Herbert Gintis. "Contested Exchange: New Microfoundations for the Political Economy of Capitalism." *Politics and Society* 18, no. 2 (1990): 165–222.

Brandt, Richard. *A Theory of the Good and the Right*. New York: Prometheus Books, 1979.

Braverman, A., and J. Stiglitz. "Sharecropping and the Interlinking of Agrarian Markets." *American Economic Review* 72, no. 4 (1982): 695–715.

Brighouse, Harry. "Egalitarianism and Equal Availability of Political Influence." *Journal of Political Philosophy*, vol. 4, no. 2 (1996): 118–41.

———. "What Rights (If Any) Do Children Have?" In *The Moral and Political Status of Children*, ed. David Archard and Colin Macleod. Oxford: Oxford University Press, 2002.

Brown, D., A. Deardorff, and R. Stern. "Child Labor: Theory, Evidence and Policy." In *International Labor Standards—Issues, Theories and Policy Options*, ed. Kaushik Basu, H. Horn, L. Roman, and J. Shapiro. Oxford, UK: Basil Blackwell, 2003.

Brown, Peter. *Augustine of Hippo*. Berkeley: University of California Press, 2000.

Browne, J., and M. Stears. "Capabilities, Resources and Systematic Injustice." *Politics, Philosophy and Economics* 4, no. 3 (2005): 355–73.

Buchanan, Allen. *Ethics, Efficiency and the Market*. Totowa, NJ: Rowman & Allanheld, 1985.

Buchanan, James. *The Limits of Liberty: Between Anarchy and Leviathan*. Chicago: University of Chicago Press, 1975.

Burra, N. *Born to Work: Child Labor in India*. Oxford: Oxford University Press, 1995.

Calabresi, Guido, and Philip Bobbitt. *Tragic Choices: The Conflicts Society Confronts in the Allocation of Tragically Scarce Resources*. New York: Norton, 1978.

Calabresi, Guido, and Douglas Melamed. "Property Rules, Liability Rules and Inalienability: One View of the Cathedral." *Harvard Law Review* 85 (1972): 1089–128.

Campbell, Nancy. "The Construction of Pregnant Drug Using Women as Criminal Perpetrators," *Fordham Urban Law Journal* 33 (January 2006): 101–121.

Cohen, G. A. "The Pareto Argument for Inequality." *Social Philosophy and Policy* 12 (Winter 1995): 160–85.

———. *Rescuing Justice and Equality*. Cambridge, MA: Harvard University Press, 2008.

———. "The Structure of Proletarian Unfreedom." *Philosophy and Public Affairs* 12, no. 3 (1983): 3–33.

Cohen, Lawrence. "Where It Hurts: Indian Material for an Ethics of Organ Transplantation." *Daedalus* 128, no. 4 (1999): 135–65.

Coppen, Remco, et al. "Opting-out Systems: No Guarantee for Higher Donation Rates." *Transplant International* 18 (2005): 1275–79.

Corea, Gena. *The Mother Machine*. New York: Harper and Row, 1985.

Crow, Ben. *The Diversity of Markets: How the Grain Trade Shapes Wealth and Poverty in Rural South Asia*. London: Macmillan, 2001.

Cunningham, Scott, and Todd Kendall. "Prostitution 2.0: The Internet and the Call Girl." Paper presented at the first annual meeting of the Economics of Risky Behavior conference, Washington, DC, March 2009. Available at www.iza.org/conference_files/riskonomics2009/Cunningham_S4817.pdf.

Decker, John. *Prostitution: Regulation and Control*. Littleton, CO: Fred Rothman, 1979.

Drew, D., and J. Drake. *Boys for Sale: A Sociological Study of Boy Prostitution*. Deer Park, NY: Brown Book, 1969.

Dreze, J., and H. Gazar. "Uttar Pradesh: The Burden of Inertia." In *Indian Development: Selected Regional Perspectives*, ed. J. Dreze and A. Sen. Delhi: Oxford University Press 1996.

Dworkin, Gerald. "Paternalism." In *Morality and the Law*, ed. Richard Wasserstrom. Belmont, CA: Wadsworth, 1971.

Dworkin, Ronald. "Comment on Narveson: In Defense of Equality." *Social Philosophy and Policy* 1 (1983): 24–40.

———. *Sovereign Virtue*. Cambridge, MA: Harvard University Press, 2000.

———. "Sovereign Virtue Revisited." *Ethics* 113, no. 1 (2003): 106–43.

———. "What Is Equality, Part 2: Equality of Resources." *Philosophy and Public Affairs* 10, no. 4 (1981): 283–345.

Easterly, William. *The Elusive Quest for Growth*. Cambridge, MA: MIT Press, 2001.

Ehrenreich, Barbara, and Deidre English. *Witches, Midwives and Nurses: A History of Women Healers*. Old Westbury, NY: Feminist Press, 1973.

Elster, Jon. *Solomonic Judgments*. Cambridge: Cambridge University Press, 1989.

Epstein, Richard. *Principles for a Free Society: Reconciling Individual Liberty with the Common Good*. Reading, MA: Perseus Books, 1998.

Estlund, Cynthia. *Working Together*. Oxford: Oxford University Press, 2003.

Fabre, Cecile. *Whose Body Is It Anyway?* Oxford: Oxford University Press, 2006.

Fallon, P., and Z. Tzannatos. *Child Labor: Issues and Directions for the World Bank*. Washington, DC: World Bank Publications, 1998.

Field, Martha. *Surrogate Motherhood: The Legal and Human Issues*. Cambridge, MA: Harvard University Press, 1988.

Fogg-Davis, Hawley. "Racial Randomization: Imagining Nondiscrimination in Adoption." In *Adoption Matters*, ed. Sally Haslanger and Charlotte Witt. Ithaca, NY: Cornell University Press, 2005.

Foner, Eric. *Nothing but Freedom: Emancipation and Its Legacy*. Baton Rouge: Louisiana State University Press, 1983.

Frank, Robert. *Luxury Fever: Money and Happiness in an Era of Excess*. New York: Free Press, 1999.

Fraser, Nancy, and Axel Honneth, eds. *Redistribution or Recognition? A Political Philosophical Exchange*. London: Verso, 2003.

Freeman, Samuel. "Illiberal Libertarians: Why Libertarianism Is Not a Liberal View." *Philosophy and Public Affairs* 30, no. 2 (2001): 105–51.

———. "Rawls and Luck Egalitarianism." In *Justice and the Social Contract: Essays on Rawlsian Political Philosophy*. Oxford: Oxford University Press, 2007.

Frey, Bruno, and Felix Oberholzer-Gee. "The Cost of Price Incentives: An Empirical Analysis of Motivation Crowding Out." *American Economic Review* 87, no. 4 (1997): 746–55.

Frey, Bruno, Felix Oberholzer-Gee, and Reiner Eichenberger. "The Old Lady Visits Your Backyard: A Tale of Markets and Morals." *Journal of Political Economy* 104, no. 6 (1996): 1297–313.

Fried, Barbara. *The Progressive Assault on Laissez Faire: Robert Hale and the First Law and Economics Movement*. Cambridge, MA: Harvard University Press, 1998.

Friedman, Milton. *Capitalism and Freedom*. Chicago: University of Chicago Press, 1962.

Gandy, Patrick, and D. Deisher. "Young Male Prostitutes." *Journal of the American Medical Association* 212 (1970): 1661–66.

Gauthier, David. *Morals by Agreement*. New York: Oxford University Press, 1986.

Genicot, Garance. "Bonded Labor and Serfdom: A Paradox of Voluntary Choice." *Journal of Development Economics* 67, no. 1 (2002): 101–27.

Ghods, A. J., S. Savaj, and P. Khosravani. "Adverse Effects of a Controlled Living Unrelated Donor Renal Transplant Program on Living Related and Cadaveric Kidney Transplantation." *Transplantation Proceedings* 32, no. 3 (2000): 541.

Gneezy, Uri, and Aldo Rustichini. "A Fine Is a Price." *Journal of Legal Studies* 29, no. 1 (2000): 1–17.

———. "Pay Enough or Don't Pay at All." *Quarterly Journal of Economics* 115, no. 3 (2000): 791–810.

Goodwin, Michelle. *Black Markets: The Supply and Demand of Body Parts*. Cambridge: Cambridge University Press, 2006.

Gordon, Deborah. *Ants at Work: How an Insect Society Is Organized*. New York: Free Press, 1999.

Goyal, Madhav, et al. "Economic and Health Consequences of Selling a Kidney in India." *Journal of the American Medical Association* 288 (2002): 1589–93.

Greenwald, Harold. *The Elegant Prostitute: A Social and Psychoanalytic Study*. New York: Walker, 1970.

Grootaert, C., and R. Kanbur. "Child Labor: An Economic Perspective." *International Labour Review* 134, no. 2 (1995): 187–203.

Haddad, L., J. Hoddinott, and H. Alderman, eds. *Intrahousehold Resource Allocation in Developing Countries: Models, Methods and Policy*. Baltimore: Johns Hopkins University Press, 1977.

Harris, J. "The Survival Lottery." *Philosophy* 50 (1975): 81–87.

Haslanger, Sally. "Gender and Race: (What) Are They? (What) Do We Want Them to Be?" *Nous* 34, no. 1 (2000): 31–55.

Hausman, Daniel, and Michael McPherson. *Economic Analysis and Moral Philosophy*. Cambridge: Cambridge University Press, 1996.

Havel, Vaclav. *Summer Meditations: On Politics, Morality and Civility in a Time of Transition*. London: Faber and Faber, 1992.

Healy, Kieran. *Last Best Gifts: Altruism and the Market for Human Blood and Organs*. Chicago: University of Chicago Press, 2006.

Herzog, Don. "Externalities and Other Parasites." *University of Chicago Law Review* 67, no. 3 (2000): 895–923.

Hill, Thomas. *Autonomy and Self Respect*. Cambridge, England: Cambridge University Press, 1991.

Hirschman, Albert O. *Exit, Voice and Loyalty: Responses to Decline in Firms, Organizations and States.* Cambridge, MA: Harvard University Press, 1970.

———. *The Passions and the Interests: Political Arguments for Capitalism before Its Triumph.* Princeton, NJ: Princeton University Press, 1977.

———. *Rival Views of Market Society.* Cambridge, MA: Harvard University Press, 1992.

Hobbes, Thomas. *Leviathan.* Indianapolis: Hackett, 1994. (Originally published in 1651.)

Hobson, B. *Uneasy Virtue: The Politics of Prostitution and the American Reform Tradition.* Chicago: University of Chicago Press, 1990.

Hochschild, Arlie. *The Managed Heart: The Commercialization of Human Feeling.* New York: Basic Books, 1983.

Humphries, Jane. "Cliometrics, Child Labor and the Industrial Revolution." *Critical Review* 13, nos. 3–4 (1999): 269–83.

Ibrahim, Hassan N., Robert Foley, LiPing Tan, Tyson Rogers, Robert F. Bailey, Hongfei Guo, Cynthia R. Gross, and Arthur J. Matas. "Long-Term Consequences of Kidney Donation." *New England Journal of Medicine* 360 (January 29, 2009): 459–69.

International Labour Organization, "A Global Alliance against Forced Labour: Global Report under the Follow up of the ILO Declaration on Fundamental Principles and Rights at Work. Report of the Director-General." 2005. Available at: www.ilo.org/public/english/region/asro/manila/downloads/flexsum.pdf.

Ishiguro, Kazuo. *Never Let Me Go.* New York: Knopf, 2005.

Jejeebhoy, S. J. "Family Size, Outcomes for Children and Gender Disparities: The Case of Rural Maharashtra." In *Fertility, Family Size, and Structure: Consequences for Families and Children,* ed. C. B. Lloyd. New York, Population Council, 1992.

Jevons, W. Stanley. *The Theory of Political Economy.* New York: Penguin, 1970. (Originally published in 1871.)

Kabeer, Naila. "Deprivation, Discrimination and Delivery: Competing Explanations for Child Labor and Educational Failure in South Asia." Working Paper 135, Institute of Development Studies, University of Sussex, 2001.

Kahneman, Daniel, J. Knetch, and R. Thaler. "Fairness and the Assumptions of Economics." In *Rational Choice: The Contrasts between Economics and Psychology,* ed. Robin M. Hograth and Melvin Reder. Chicago: University of Chicago Press, 1987.

Kahneman, Daniel, and Amos Tversky. "Prospect Theory. An Analysis of Decision under Risk." *Econometrica* 47 (1979): 263–91.

Kanbur, Ravi, "On Obnoxious Markets." In *Globalization, Culture and the Limits of the Market: Essays in Economics and Philosophy,* ed. Stephen Cullenberg and Prasanta Pattanaik. New Delhi: Oxford University Press, 2004.

Kane, E. *Birth Mother.* New York: Harcourt Brace Jovanovich, 1988.

Kant, Immanuel. *Groundwork of the Metaphysics of Morals.* Cambridge: Cambridge University Press, 1998. (Originally published in 1785.)

Kymlicka, Will. *Contemporary Political Philosophy: An Introduction.* Oxford: Oxford University Press, 2002.

Lane, Robert. *The Market Experience.* Cambridge: Cambridge University Press, 1991.

Lindblom, Charles. *The Market System: What It Is, How It Works, and What to Make of It*. New Haven, CT: Yale University Press, 2002.

Lindquist, John, et al. "Judicial Processing of Males and Females Charged with Prostitution." *Journal of Criminal Justice* 17 (1989): 277–91.

Loeb, Susanna. "Estimating the Effects of School Finance Reform: A Framework for a Federalist System." *Journal of Public Economics* 80 (2001): 225–47.

Loury, Glenn. *The Anatomy of Racial Inequality*. Cambridge, MA: Harvard University Press, 2002.

MacKinnon, Catherine. *Toward a Feminist Theory of the State*. Cambridge, MA: Harvard University Press, 1989.

MacLeod, Colin. *Liberalism, Justice, and Markets*. Oxford: Clarendon Press, 1998.

Marglin, Stephen. *The Dismal Science*. Cambridge, MA: Harvard University Press, 2008.

———. "What Do Bosses Do? The Origins and Functions of Hierarchy in Capitalist Production. Part I." *Review of Radical Political Economics* 6, no. 2 (1974): 60–112.

Marshall, T. H. "Citizenship and Social Class." In *Class, Citizenship and Social Development: Essays by T. H. Marshall*. Chicago: University of Chicago Press, 1977.

Marx, Karl. *Capital*. Vol. 1. New York: Vintage, 1977. (Originally published in 1867.)

———. "The Communist Manifesto." In *The Marx-Engels Reader*, ed. Robert Tucker. New York: Norton, 1978.

———. "Critique of the Gotha Program." In *The Marx-Engels Reader*, ed. Robert Tucker. New York: Norton, 1978.

———. "Economic and Philosophic Manuscripts of 1844." In *The Marx-Engels Reader*, ed. Robert Tucker. New York: Norton, 1978.

McMillan, John. *Reinventing the Bazaar: A Natural History of Markets*. New York: Norton, 2002.

Mill, John Stuart. *Utilitarianism*. New York: Macmillan, 1957. (Originally published in 1863.)

Mistry, Rohinton. *A Fine Balance*. New York: Vintage, 2001.

Mnookin, Robert H., and Lewis Kornhauser. "Bargaining in the Shadow of the Law: The Case of Divorce." *Yale Law Journal* 88, no. 5 (1979): 950–97.

Murphy, Liam, and Thomas Nagel. *The Myth of Ownership: Taxes and Justice*. Oxford: Oxford University Press, 2002.

Murthi, M., A. Guio, and J. Dreze. "Mortality, Fertility and Gender Bias in India: A District Level Analysis." *Population and Development Review* 21, no. 4 (1995): 745–82.

New Shorter Oxford English Dictionary. Oxford: Clarendon Press, 1993.

Nozick, Robert. *Anarchy, State and Utopia*. New York: Basic Books, 1974.

———. "Coercion." In *Philosophy, Science and Method: Essays in Honor of Ernest Nagel*, ed. Sidney Morgenbesser, Patrick Suppes, and Morton White. New York: St. Martin's Press, 1969.

Okin, Susan Moller. "A Critique of Pregnancy Contracts: Comments on Articles by Hill, Merrick, Shevory, and Woliver." *Politics and the Life Sciences* 8, no. 2 (1990): 205–10.

———. *Justice, Gender and the Family*. New York: Basic Books, 1989.

Okun, Arthur. *Equality and Efficiency: The Big Tradeoff.* Washington, DC: Brookings Institution Press, 1975.

Ostrom, Elinor. *Governing the Commons.* Cambridge: Cambridge University Press, 1990.

Otsuka, Michael. *Libertarianism without Inequality.* Oxford: Oxford University Press, 2003.

Overall, Christine. *Ethics and Human Reproduction: A Feminist Analysis.* Boston: Allen and Unwin, 1987.

Overvold, A. Z. *Surrogate Parenting.* New York: Pharos, 1988.

Parfit, Derek. *Reasons and Persons.* Oxford: Clarendon Press, 1984.

Parker, Philip. "Motivation of Surrogate Mothers: Initial Findings." *American Journal of Psychiatry* 140 (1983): 117–18.

Pateman, Carole. "Defending Prostitution: Charges against Ericsson." *Ethics* 93 (1983): 561–65.

———. *The Sexual Contract.* Stanford, CA: Stanford University Press, 1988.

Patterson, Orlando. *Slavery and Social Death.* Cambridge, MA: Harvard University Press, 1982.

Peterson, Richard. "A Re-evaluation of the Economic Consequences of Divorce." *American Sociological Review* 61, no. 3 (1996): 528–36.

Pettit, Philip. *Republicanism: A Theory of Freedom and Government.* Oxford: Oxford University Press, 1997.

Philips, Anne. *Which Equalities Matter?* Cambridge, UK: Polity Press, 1999.

Polanyi, Karl. *The Great Transformation: The Political and Economic Origins of Our Time.* Boston: Beacon Press, 2001.

Pollan, Michael. *The Omnivore's Dilemma: A Natural History of Four Meals.* New York: Penguin, 2006.

Posner, Richard. "An Economic Theory of Criminal Law." *Columbia Law Review* 85 (1985): 1193–231.

———. *Sex and Reason.* Cambridge, MA: Harvard University Press, 1992.

Potterat, John, et al. "Mortality in a Long Term Cohort of Prostitute Women." *American Journal of Epidemiology* 159, no. 8 (2004): 778–85.

Putterman, Louis. "On Some Recent Explanations of Why Capital Hires Labor." *Economic Inquiry* 22, no. 2 (1984): 171–87.

Radin, Margaret Jane. *Contested Commodities.* Cambridge, MA: Harvard University Press, 1996.

———. "Market Inalienability." *Harvard Law Review,* volume 100, no. 8 (1987): 1849–1937.

———. "Residential Rent Control." *Philosophy and Public Affairs* 15, no. 4 (1986): 350–80.

Rawls, John. *A Theory of Justice.* Revised ed. Cambridge, MA: Harvard University Press, 1999.

Reich, Rob. *Bridging Liberalism and Multiculturalism in American Education.* Chicago: University of Chicago Press, 2002.

Ricardo, David. "An Essay on Profits: An Essay on the Influence of a Low Price of Corn on the Profits of Stock." John Murray: London, 1815. Available at http://socserv.mcmaster.ca/econ/ugcm/3ll3/ricardo/profits.txt.

———. *On the Principles of Political Economy and Taxation*. Ed. Piero Sraffa. Cambridge: Cambridge University Press, 1986. (Originally published in 1817.)

Rich, Adrienne. *Of Women Born: Motherhood as Experience and Institution*. New York: Norton, 1976.

Rix, S., ed. *The American Woman 1990–91*. New York: Norton, 1990.

Robbins, Lionel. *An Essay into the Nature and Significance of Economic Science*. New York: New York University Press, 1932.

Roemer, John. "Equality and Responsibility." *Boston Review* 20 (April–May 1995): 3–16.

Rosen, Ruth. *Prostitution in America: 1900–1918*. Baltimore: Johns Hopkins University Press, 1982.

Roth, Alvin, Tayfun Sonmez, and M. Utku Unver. "Pairwise Kidney Exchange." *Journal of Economic Theory* 125, no. 2 (2005): 151–88.

Rothschild, Emma. *Economic Sentiments: Adam Smith, Condorcet and the Enlightenment*. Cambridge, MA: Harvard University Press, 2001.

Rousseau, J. J. *Social Contract and Discourses*. London: J. M. Dent. (Originally published in 1762.)

Saletan, William. "Fetal Foreclosure." *Slate*, March 24, 2009. Available at www.slate.com.

Sandel, Michael J. *What Money Can't Buy: The Moral Limits of Markets*. Tanner Lectures on Human Values, vol. 21, ed. Grete B. Peterson. Salt Lake City: University of Utah Press, 2000.

Satz, Debra. "Child Labor: A Normative Perspective." *World Bank Economic Review* 17, no. 2 (2003): 297–309.

———. "Equality, Adequacy and Education for Citizenship." *Ethics* 117, no. 4 (2007): 623–48.

———. "The Limits of the Market: A Map of the Major Debates." In *International Encyclopedia of the Social and Behavioral Sciences*, ed. J. Smelser and Paul Baltes. Oxford: Pergamon, 2001.

———. "Markets in Women's Reproductive Labor." *Philosophy and Public Affairs* 21, no. 2 (1992): 107–31.

———. "Markets in Women's Sexual Labor." *Ethics* 106, no. 1 (1995): 63–85.

———. "The Moral Limits of Markets: The Case of Human Kidneys." *Proceedings of the Aristotelian Society* 108, part 3 (2008): 269–88.

———. "Noxious Markets: Why Some Things Should Not be for Sale." In *Globalization, Culture, and the Limits of the Market: Essays in Economics and Philosophy*, ed. Stephen Cullenberg and Prasanta Pattanaik. New Delhi: Oxford University Press, 2004.

———. "Remaking Families: A Review Essay." *Signs* 32, no. 2 (2007): 523–38.

———. "Voluntary Slavery and the Limits of the Market." *Law and Ethics of Human Rights* 3, no. 1 (2009): article 5.

Scanlon, T. M. "Preference and Urgency." *Journal of Philosophy* 72, no. 19 (1975): 655–69.
Schaffner, Julie. "Attached Farm Labor, Limited Horizons and Servility." *Journal of Development Economics* 47 (1995): 241–70.
Schapiro, Tamar. "What Is a Child?" *Ethics* 109, no. 4 (1999): 715–38.
Schelling, Thomas. *Choice and Consequence*. Cambridge, MA: Harvard University Press, 1984.
Scheper-Hughes, Nancy. "Keeping an Eye on the Global Traffic in Human Organs." *Lancet* 361 (2003): 1645–48.
Schultz, Vicky. "Life's Work." *Columbia Law Review* 100 (2000): 1881–1964.
Schwartzenbach, Sybil. "Contractarians and Feminists Debate Prostitution." *New York University Review of Law and Social Change* 18 (1990–91): 103–30.
Seabright, Paul. *The Company of Strangers: A Natural History of Economic Life*. Princeton, NJ: Princeton University Press, 2004.
Sen, Amartya. *Development as Freedom*. New York: Knopf, 2000.
———. *Inequality Reexamined*. Cambridge, MA: Harvard University Press, 1992.
———. *On Economic Inequality*. Oxford: Oxford University Press, 1997.
———. "Well-being, Agency, and Freedom: The Dewey Lectures 1984." *Journal of Philosophy* 82, no. 4 (1985): 169–221.
———. *On Ethics and Economics*. Oxford: Blackwell Publishing, 1987.
Sereny, Gita. *The Invisible Children: Child Prostitution in America, West Germany and Great Britain*. London: Andre Deutsch, 1984.
Shalev, Carmel. *Birthpower*. New Haven, CT: Yale University Press, 1989.
Shapiro, Joseph. "The Ethics and Efficacy of Banning Human Kidney Sales." Honors thesis, Ethics in Society Program, Stanford University, 2003.
Shaw, George Bernard. *Mrs. Warren's Profession*. New York: Cosimo Classics, 2006. (Originally published in 1906.)
Shrage, Laurie. *Moral Dilemmas of Feminism: Prostitution, Adultery and Abortion*. New York: Routledge, 1994.
———. "Should Feminists Oppose Prostitution?" *Ethics* 99 (1989): 347–61.
Shue, Henry. *Basic Rights: Subsistence, Affluence and U.S. Foreign Policy*. Princeton, NJ: Princeton University Press, 1996.
Silbert, Mimi. "Sexual Assault on Prostitutes. Phase II, Final Report, Grant 1 RO1 MH 32782." Washington, DC: National Institute of Mental Health, 1982.
Smith, Adam. *An Inquiry into the Nature and Causes of the Wealth of Nations*. Indianapolis: Liberty Classics, 1976. (Originally published in 1776.)
———. *The Theory of the Moral Sentiments*. Ed. D. D. Raphael and Al Macfie. Indianapolis: Liberty Classics, 1976. (Originally published in 1759.)
Snyder, Brad. *A Well-Paid Slave: Curt Flood's Fight for Free Agency in Professional Sports*. New York: Viking, 2006.
Srinivasan, T. N. "On the Choice among Creditors and Bonded Labor Contracts." In *The Economic Theory of Agrarian Institutions*, ed. P. K. Bardhan. Oxford: Oxford University Press, 1989.

Steiner, Hillel. "Self-Ownership, Begetting and Germ-Line Information." In *A Companion to Genethics*, ed. Justine Burley and John Harris. London: Blackwell, 2002.

Steinfeld, Robert J. *Coercion, Contract and Free Labor in the Nineteenth Century*. Cambridge: Cambridge University Press, 2001.

Stiglitz, Joseph. "The Causes and Consequences of the Dependence of Quality on Price." *Journal of Economic Literature* 25 (March 1987): 1–48.

Strahilevitz, Lior Jacob. "How Changes in Property Regimes Influence Social Norms: Commodifying California's Carpool Lanes." *Indiana Law Journal* 75 (2000): 1231–96.

Sunstein, Cass. "Neutrality in Constitutional Law (with Special Reference to Pornography, Abortion, and Surrogacy." *Columbia Law Review* 92, no. 1 (1992): 1–52.

Sunstein, Cass, and Richard Thaler. "Libertarian Paternalism Is Not an Oxymoron." *University of Chicago Law Review* 70, no. 4 (2003): 1159–1202.

Taylor, Michael. *Anarchy and Cooperation*. London: Wiley, 1976.

Terasaki, Paul I., et al. "High Survival Rate of Kidney Transplants from Spousal and Living Unrelated Donors." *New England Journal of Medicine* 333 (1995): 333–36.

Titmuss, Richard. *The Gift Relationship: From Human Blood to Social Policy*. New York: Pantheon, 1971.

Tobin, James. "On Limiting the Domain of Inequality." *Journal of Law and Economics* 13, no. 2 (1970): 263–77.

Treblicock, Michael. *The Limits of Freedom of Contract*. Cambridge, MA: Harvard University Press, 1997.

Tremain, Shelley. "Dworkin on Disablement and Resources." *Canadian Journal of Law and Jurisprudence* 9 (1996): 343–59.

Tribe, Lawrence. *Abortion: The Clash of Absolutes*. New York: Norton, 1990.

Varian, Hal. *Intermediate Microeconomics: A Modern Approach*. 5th ed. New York: Norton, 1999.

Veblen, Thorstein. *The Theory of the Leisure Class*. New York: Macmillan, 1899.

Walkowitz, Judith. *Prostitution and Victorian Society*. Cambridge: Cambridge University Press, 1980.

Walzer, Michael. *Spheres of Justice: A Defense of Pluralism and Equality*. New York: Basic Books, 1983.

Warnock, Mary. *A Question of Life: The Warnock Report on Human Fertilisation and Embryology*. Oxford: Basil Blackwell, 1985.

Weiner, Myron. *Child and State in India*. Princeton, NJ: Princeton University Press, 1992.

Weitzman, L. J. *The Divorce Revolution: The Unexpected Social and Economic Consequences for Women and Children in America*. New York: Free Press, 1985.

Wertheimer, Alan. *Coercion*. Princeton, NJ: Princeton University Press, 1987.

White, Stuart. *The Civic Minimum: On the Right and Obligations of Economic Citizenship*. Oxford: Oxford University Press, 2002.

Williams, Andrew. "Dworkin on Capability." *Ethics* 113, no. 1 (2002): 23–39.

Williams, Bernard. Book review of Thomas Schelling, *Choice and Consequence*. *Economics and Philosophy* 1 (1985): 142–46.

Williams, Christian. "Note. Combating the Problems of Human Rights Abuses and Inadequate Organ Supply through Presumed Donative Consent." *Case Western Reserve Journal of International Law* 26 (1994): 315.

Wolff, Jonathan. "Addressing Disadvantage and the Human Good." *Journal of Applied Philosophy* 19, no. 3 (2002): 207–18.

———. "Market Failure, Common Interests, and the Titanic Puzzle." In *Egalitarianism: New Essays on the Nature and Value of Equality*, ed. K. Lippert-Rasmussen and N. Holtung. Oxford: Oxford University Press, 2007.

Young, Iris. *Justice and the Politics of Difference*. Princeton: Princeton University Press, 1990.

Zelizer, Vivianna. *Pricing the Priceless Child: The Changing Social Value of Children*. New York: Basic Books, 1985.

Zimmerman, David. "Coercive Wage Offers." *Philosophy and Public Affairs* 10, no. 1 (1981): 121–45.

索 引

（表中的页码为原书页码，对应本书边码）

A

约翰·亚当斯 Adams, John, 108

能动性利益 agency interests

    参见利益 interests

伊丽莎白·安德森 Anderson, Elizabeth, 101

    论对益品的最佳理解 on best understandings of a good's value, 81

    论契约怀孕 on contract pregnancy, 121, 124–25

    论卖淫中的降格 on degradation in prostitution, 142–43

斯科特·安德森 Anderson, Scott, 149

阿罗－德布鲁一般均衡模型 Arrow–Debreu general equilibrium model, 33

不对称论题 asymmetry thesis, 115–19

奥古斯丁 Augustine, 188

B

"婴儿M"案 Baby M case, 122, 129

出售婴儿 baby selling, 123–24

詹姆斯·鲍德温 Baldwin, James, 48

巴丹 Bardhan, Pranab, 180

基本利益 basic interests

    参见利益

Bennett, Jonathan, 216

边沁 Bentham, Jeremy 51

血钻 blood diamonds, 33, 98

身体完整性 bodily integrity

    参见肾脏市场

债役 bonded labor, 171–88

    和奴隶制 and slavery, 171–72

    作为一种心理现象 as a psychological phenomenon, 184

Bowles, Sam, 211n2, 212n33

理查德·勃兰特 Brandt, Richard, 153

布拉弗曼 Braverman, A., 180

沃伦·巴菲特 Buffett, Warren, 207

C

能力 capabilities, 50, 182

    受市场影响的 as endogenous to markets, 103, 186

儿童 child

    其最佳利益相对于基本利益 best versus basic interests of, 161–62

    其定义 defined, 156–57

童工 child labor, 155–69

    和不对称的脆弱性 and asymmetric vulnerability, 159

和极端有害的结果 and extremely harmful outcomes, 159–62

和女孩 and girls, 168

政策 policy, 162–66

相对于强迫劳动 versus forced labor, 159–60

和弱能动性 and weak agency, 157–59

选项集的内生性 choice sets, endogeneity of, 180–81

古典政治经济学家的视野 classical political economists, vision of, 39, 61

强制 coercion, 174–75

劳伦斯·科恩 Cohen, Lawrence, 200

商业代孕 commercial surrogacy

参见契约怀孕 contract pregnancy

契约怀孕 contract pregnancy

和不对称论题 and asymmetry thesis, 115–17

和收养、体外受精对比 contrasted with adoption and in vitro fertilization, 127

和人工授精对比 contrasted with artificial insemination, 128–29

和对女性身体的控制 and control over women's bodies, 128–30

本质主义论题的辩护 essentialist defense of, 117–21

和性别平等 and gender equality, 127–34

和孩子的利益 and interests of children, 125–27

其市场 markets in, 115–34

和母亲与孩子的纽带 and mother's bonds with children, 123–25

和母亲与胎儿的纽带 and mother's bonds with fetus, 121–122

和种族 and race, 131

和实际履行 and specific performance, 129

相对于雇佣劳动 versus wage labor, 132–34

《玉米法》Corn Laws, 53–54

生产成本理论 cost of production theory, 51–52

成本－收益分析 cost-benefit analysis, 19

信贷衍生品 credit derivatives, 207–8

信贷市场 credit market, 47–48

排挤和内在动机 crowding out, and intrinsic motivation, 193–95

D

债务苦工 debt peonage

 参见债役 bonded labor

债务奴隶制 debt slavery

 参见债役 bonded labor

民主 democracy

 和益品的平等供给 and equal provision of goods, 106–9

德沃金论身障 disability, Dworkin on, 71–72

分配平等 distributional equality

 参见一般平等主义 general egalitarianism

德雷兹 Dreze, Jean, 158

弗里德里希·迪伦马特 Durrenmatt, Friedrich, 194

杰拉德·德沃金 Dworkin, Gerald, 87

罗纳德·德沃金 Dworkin, Ronald, 8, 35, 66–75, 86–87, 92, 201

 和冒险决定 and bad gambles, 74–76

 资源平等 equality of resources, 66–76

 拍卖的作用 role of the auction, 67–68

 假想中的保险市场的作用 role of the hypothetical insurance market, 68–69

E

经济学 economics, 4, 31–33
  亦参见古典政治经济学家 classical political economists
福利经济学 welfare economics
  教育、市场和 education, markets and, 48–49, 101–2, 106
效率 efficiency, 18
  亦参见卡尔多-希克斯效率 Kaldor-Hicks efficiency; 帕累托主义 Paretianism
平等主义 egalitarianism, 8, 76–79, 112
  亦参见一般平等主义 general egalitarianism; 特殊平等主义 specific egalitarianism
无嫉妒 envy free, 67
平等的关注与尊重 equal concern and respect, 66, 72
平等地位 equal status, 99, 100–101
  在民主国家中 in a democratic society, 100–104, 208–9
  和肾脏市场 and kidney markets, 197–99
本质主义论题 essentialist thesis, 117–18, 140–44
退出 exit, 25, 107
外部性 externality, 31–32
  和道德主义 and moralisms, 139
极大伤害 extreme harms
  参见有毒市场 noxious markets
极端脆弱性 extreme vulnerability
  参见有毒市场 noxious markets

F

阿纳托尔·法朗士 France, Anatole, 27

信息自由 free information, 27–28

自由 freedom

和市场 and markets, 21–26

消极自由 negative, 23

积极自由 positive, 24

布鲁诺·弗雷 Frey, Bruno, 193

Fried, Barbara, 215n37, 215n38, 215n47, 215n48, 215n50, 231n24

G

盖兹达 Gazdar, H., 158

性别不平等 gender inequality, 73–74, 128–32, 144–50

一般平等主义 general egalitarianism, 8, 76–79, 209

其定义 definition of, 63

H

丹尼尔·豪斯曼 Hausman, Daniel, 109

瓦茨拉夫·哈维尔 Havel, Vaclav, 207

托马斯·希尔 Hill, Thomas, 184

阿尔伯特·赫希曼 Hirschman, Albert

退出相对于呼吁 exit versus voice, 107

激情相对于利益 passion versus interest, 24

 论视野 on vision, 213n1

托马斯·霍布斯 Hobbes, Thomas, 41

大卫·休谟 Hume, David, 26

简·汉弗莱斯 Humphries, Jane, 157

I

体外受精 in vitro fertilization, 127

契约奴役 indentured servitude

 参见债役 bonded labor

不平等 inequality

 参见一般平等主义 general egalitarianism

以平等者的身份互动 interacting as equals, 89, 95

利益 interests

 能动性利益 agency interests, 95

 基本利益 basic interests, 95

 最佳利益 best interests, 161

 福利利益 welfare interests, 95, 160

国际劳工组织 International Labour Organization, 155, 159, 164, 168

看不见的手 invisible hand, 28, 208

石黑一雄 Ishiguro, Kazuo, 198

J

杰文斯 Jevons, William Stanley, 51, 57

安娜·约翰逊 Johnson, Anna, 131

正义 justice, 19

K

卡比尔 Kabeer, Naila, 169

卡尔多-希克斯效率 Kaldor–Hicks efficiency, 19–20, 182

拉维·坎伯 Kanbur, Ravi, 94, 99, 211n8, 211n10, 212n5, 219n6, 220n9, 220n15, 221n22, 221n41, 228n2

康德 Kant, Immanuel, 80

肾脏捐献 kidney donation, 190

肾脏市场 kidney market, 189–205

    替代性监管 alternative re6gulations, 202–5

    和黑市 and black market, 202–3

    和身体完整性 and bodily integrity, 199–202

    绝境中的交换 as a desperate exchange, 194

    和平等地位 and equal status, 197–99

    和与金钱相关的外部性 and pecuniary externalities, 200–201

刘易斯·科恩豪泽 Kornhauser, Lewis, 16

L

劳动 labor, 132–34

    斯密的看法 Smithean view of, 44–46

    亦参见债役 bonded labor; 童工 child labor; 契约怀孕 contract pregnancy

劳动力市场 labor markets, 34, 50

马克思的观点 Marxist view of, 54–57

自由主义中立性 liberal neutrality, 133

自由至上主义 libertarianism

 和孩子 and children, 178–79

 和对债役的证成 and justification of bonded labor, 174–79

洛克 Locke, John, 22

洛克条款 Lockean proviso, 177–78

苏珊娜·洛布 Loeb, Susanna, 107

M

马尔萨斯 Malthus, Robert, 7, 53

边际主义 marginalism, 57–60

 和生产成本理论 and cost of production theory, 58–59

 和效用理论 and utility theory, 59

边缘化 marginalization, 145

市场 market

 抽象市场 abstract, 91

 和黑市 and black market, 111

 完整的市场 complete, 32–33

 其定义 definition of, 15–16

 和效率 and efficiency, 17–21

 和自由 and freedom, 21–26

 和劳动的性别化分工 and gendered division of labor, 72–74

 异质性市场 heterogeneous, 7, 44–49, 210

 作为一种机制 as a mechanism, 65

关于市场的道德观点 moral view of, 65, 66–76

调节市场和取缔市场 regulating versus blocking, 104–5

和信任 and trust, 28–29

选票市场 in votes, 34, 102–3

亦参见有毒市场 noxious market

无处不在的市场失灵 market failure, omnipresence of, 31

市场体系 market system, 16, 91

T. H. 马歇尔 Marshall, T. H., 6

其公民资格观点 view of citizenship, 100–102

马克思 Marx, Karl, 39, 51, 58, 60, 61

论资本主义社会的核心特征 on capitalism's defining features, 55

论工人的贫困化 on immiseration of workers, 56

论劳动力市场 on labor markets, 54–57

论市场体系的解放性 on liberating character of a market system, 23

McMillan, John, 212n27, 212n30

迈克尔·麦克弗森 McPherson, Michael, 109

卡尔·门格尔 Menger, Carl, 57

兵役和市场 military service, and markets, 34, 103

密尔论自主权 Mill, John Stuart, on autonomy, 61, 173

罗伯特·姆努金 Mnookin, Robert, 16

垄断 monopolies, 29–31

孟德斯鸠 Montesquieu, Baron de, 40

道德冒险 moral hazard, 74

多重均衡 multiple equilibria, 181

N

美国《国家器官移植法》National Organ Transplantation Act, 190

自然彩票 natural lottery, 71

有毒市场 noxious markets

    基本参数 basic parameters, 9, 94–100

    对民主的影响 effects on democracy, 10, 100–104

    和益品的平等供给 and equal provision of goods, 108

    对个体和社会的极大伤害 extreme harms for individuals and for society, 94–96

    极端脆弱性 extreme vulnerability, 97–98

    我的进路的局限性 limits of my approach to, 110–12

    参数的刻画对象 parameters, characterized, 9

    弱能动性 weak agency, 96–97

罗伯特·诺齐克 Nozick, Robert

    论强制 on coercion, 174–75

    论互相同意的行为 consenting acts, 16

    论洛克条款 on Lockean proviso, 177–78

O

苏珊·莫勒·奥金论契约怀孕给孩子带来的后果 Okin, Susan Moller, on consequences of contract pregnancy for children, 125–26

器官捐赠"选择退出"体系相对于"选择进入"体系 opt out versus opt in organ donation, 78, 191

P

帕累托主义 Paretianism

    和债役 and bonded labor, 179–82

    其道德局限 moral limits of, 18–19

    和斯密 and Smith, 49–51

帕累托改进 Pareto improvement, 77, 180

帕累托最优 Pareto Optimum, 18, 180–81

帕累托 Pareto, Vilfredo, 39, 49

德里克·帕菲特 Parfit, Derek, 181

卡罗尔·佩特曼 Pateman, Carole, 119, 120, 140–41

父爱主义 paternalism, 78, 87, 157, 159

奥兰多·帕特森 Patterson, Orlando, 143

与金钱相关的外部性 pecuniary externalities

    参见肾脏市场 kidney market

皮古 Pigou, A. C., 39

卡尔·波兰尼和市场的社会嵌入性 Polanyi, Karl, social embeddedness of markets, 39

偏好 preferences, 20, 61, 69–70

    相对于紧迫性 versus urgency, 79

推定同意 presumed consent, 190

委托—代理问题 principal–agent problem, 77

教育、健康和食品计划 Programa de Educación, Salud y Alimentación, 166

财产权 property rights, 26–27, 176–79

卖淫（问题）prostitution, 135–53

其定义 definition of, 137–38

其经济学进路 economic approach to, 138–40

其平等主义进路 egalitarian approach to, 144–50

其本质主义进路 essentialist approach to, 140–44

合法化 legalization of, 150–53

和负面形象效应 and negative image effect, 149

和性自主权 and sexual autonomy, 149

作为不平等的一个剧场 as theater of inequality, 147

Q

魁奈 Quesnay, Francois, 40

玛格丽特·简·雷丁 Radin, Margaret Jane, 142

论人类繁荣 on flourishing, 81

R

约翰·罗尔斯 Rawls, John, 71

李嘉图 Ricardo, David, 7, 39, 51, 53–54, 57–60

权利 rights, 6, 100, 105

莱昂内尔·罗宾斯 Robbins, Lionel, 33

罗德贝图斯 Rodbertus, Karl, 43

卢梭 Rousseau, J. J., 22, 97

S

迈克尔·桑德尔 Sandel, Michael, 81, 101

《桑德斯修正案》Sanders Amendment, 159

T. M. 斯坎伦，偏好与紧迫性 Scanlon, Thomas, preference and urgency, 79

托马斯·谢林 Schelling, Thomas, 77, 78, 87–88, 106

    论泰坦尼克号案例 on Titanic cases, 84–85

南希·谢珀－休斯 Scheper-Hughes, Nancy, 198

阿玛蒂亚·森 Sen, Amartya, 40, 160, 212, 214, 215

    论能力 on capabilities, 50

    和自由的内在价值 and intrinsic value of freedom, 22

    论福利利益相对于能动性利益 on welfare interests versus agency interests, 95

奴役性 servility, 183–85, 188

    被市场破坏 undermined by markets, 24–25, 42–43

性行为市场 Sex markets

    参见卖淫（问题）prostitution

奴隶制 slavery, 140, 143

亚当·斯密 Smith, Adam, 7, 26, 28, 39, 58, 60, 61, 93

    作为与帕累托主义对照的进路 approach as opposed to Paretianism, 48–51

    论市场对封建依赖的影响 on effects of market on feudal dependency, 24–25

    论劳动力市场 on labor markets, 44–47, 50–51

    论价格与价值 on price and value, 51–52

    对市场的观点 view of markets, 41–51

自我尊重的社会基础 social bases of self respect, 187

社会民主理论 social democratic account, 209

特殊平等主义 specific egalitarianism, 79–84, 209–10

　其定义 definition of, 64

实际履行 specific performance, 129, 187

斯里尼瓦桑 Srinivasan, T. N., 180

马戈·圣詹姆斯 St. James, Margo, 148

稳定性和自由意志主义 stability, and libertarianism, 179

地位不平等 status inequality, 110, 153

刻板印象化 stereotyping, 130–31, 145

威廉·斯特恩 Stern, William

　参见"婴儿M"案 Baby M case

约瑟夫·斯蒂格利茨 Stiglitz, Joseph, 180

　论看不见的手 on the invisible hand, 28

污名化 stigma, 146

劳伦斯·萨默斯 Summers, Lawrence, 82

　其有毒废料市场的备忘录 memo on toxic waste markets, 83–84

T

收益递减理论 theory of diminishing returns, 53–54

泰坦尼克号案例 Titanic cases, 64–65, 84–89

　和有毒市场 and noxious markets, 105–6

理查德·蒂特马斯 Titmuss, Richard, 80, 192–193

詹姆斯·托宾 Tobin, James, 8, 34, 63–64, 209

罗伯特·托伦 Torrens, Robert, 53

有毒废料市场 toxic waste markets, 109–10

　亦参见劳伦斯·萨默斯 Summers, Lawrence

悲剧性选择 tragic choices, 91

迈克尔·特雷布利科克 Treblicock, Michael, 99, 219

U

《统一器官捐献法》Uniform Anatomical Gift Act, 190

效用 Utility, 59–60

V

选票市场 votes, markets in, 34, 102–3

W

瓦尔拉斯 Walras, Leon, 49, 51, 57, 58

迈克尔·沃尔泽 Walzer, Michael, 35, 80–81, 101, 106, 167

《人类受精和胚胎学的沃诺克报告》Warnock Report on Human Fertilisation and Embryology, 120, 122, 124

弱能动性 weak agency, 96–97

 亦参见有毒市场 noxious markets

马克斯·韦伯 Weber, Max, 22

迈隆·韦纳 Weiner, Myron, 162

福利经济学 welfare economics, 179–82

 基本定理 fundamental theorem of, 18

福利利益 welfare interests

 参见利益 interests

爱德华·韦斯特爵士 West, Sir Edward, 53

玛丽·贝丝·怀特海德 Whitehead, Mary Beth

 参见"婴儿M"案 Baby M case

乔纳森·沃尔夫 Wolff, Jonathan, 108, 216

工作 work, 185–86

《最恶劣形式的童工公约》Worst Forms of Child Labor Convention, 159